明治时期

日本人的对外认识

The Japanese Perceptions of the External World during Meiji Period

熊淑娥　著

知识产权出版社
全国百佳图书出版单位
—北 京—

图书在版编目（CIP）数据

明治时期日本人的对外认识/熊淑娥著．—北京：知识产权出版社，2021.10
ISBN 978-7-5130-7763-7

Ⅰ.①明… Ⅱ.①熊… Ⅲ.①思想史—研究—日本—明治时代 Ⅳ.①B313.4

中国版本图书馆 CIP 数据核字（2021）第 204183 号

责任编辑：李　硕　　　　**责任校对：**谷　洋
封面设计：杰意飞扬·张　悦　　　　**责任印制：**孙婷婷

明治时期日本人的对外认识

熊淑娥　著

出版发行：知识产权出版社有限责任公司	**网　　址：**http://www.ipph.cn
社　　址：北京市海淀区气象路 50 号院	**邮　　编：**100081
责编电话：010-82000860 转 8342	**责编邮箱：**lishuo@cnipr.com
发行电话：010-82000860 转 8101/8102	**发行传真：**010-82000893/82005070/82000270
印　　刷：北京建宏印刷有限公司	**经　　销：**各大网上书店、新华书店及相关专业书店
开　　本：720mm×1000mm　1/16	**印　　张：**18.25
版　　次：2021 年 10 月第 1 版	**印　　次：**2021 年 10 月第 1 次印刷
字　　数：290 千字	**定　　价：**88.00 元

ISBN 978-7-5130-7763-7

目 录

绪论　日本对外认识研究鸟瞰

第一节　明治时期日本对外认识研究的重要性

一、明治日本的使命

19世纪是近代国际体系不断调整的时代。19世纪中期以后，日本借助明治维新的成功，开启了建设近代国家的阀门，自此进入明治时期。明治日本历经40余年，恰好从19世纪中期横跨至20世纪的第一个10年。在这半个世纪之内，亚洲不仅被卷入资本主义的世界市场，而且被纳入近代的国际秩序体系。这一变化导致亚洲内部原有秩序土崩瓦解，影响了亚洲近代史以及近代国际关系的格局。所以，这段历史在世界近代史上占据举足轻重的地位。日本作为亚洲诸国的一员，在19世纪同样遭遇强烈的外来危机，也面对不同路线的选择。此外，在实现近代化的过程中，日本与外部世界建立联系并且迅速融入国际社会。日本对于国家发展道路的选择，一方面令日本实现了国家的独立，另一方面为其日后坠入战争的深渊埋下伏笔。

关于明治日本的对外关系、外交政策和实践行动，国内外学界已经积累了一定数量的研究成果。这些研究的基本特点在于大多围绕明治日本的外交政策的形成机制、出台背景、实践结果和历史影响等开展，注重对历史事实的阐述，却少见关注当时隐藏在外交政策背后的“人”。然而实际上，明治日本的对外政策与当时的“日本人”的对外认识密不可分。这里的“日本人”不仅包括当时直接参与国策制定的政治家，也可以指虽然在野却能对社会形成强大影响力的思想家。而且，思想家作为社会舆论的发起者和引领者，其言论往往更容易引发民众的共鸣，继而获得较高的民意支持率，最终在一定程度上影响执政的政治家。在日本思想史研究领域，对于不同历史阶段、不同思想主张的思想家的研究并不少见，而且大多围绕着思想家在引领日本社会思潮和开启民智方面的作用开展，但是对于思想家就外部世界和国际关系的认识和理解却鲜有论及。换言之，近代日本思想史中的思想人物研究主要着重于对日本典型思潮中典型思想人物的研究，即聚焦于日本国内政治思想方面，但对国际政治思想方面的关注并不多见。

其实，内政与外交之间是作用与反作用的关系。享有近代德国“历史学之父”美誉的利奥波德·冯·兰克曾经指出，法国大革命爆发最重要的原因之一潜藏于法国对外关系的变化当中。[1] 具体而言，就是在法国大革命爆发前百年间的重要事件，例如英国、俄国、法国等强国的出现，这些国家的勃兴对法国而言无疑意味着自身的失败，即路易十四时代的法国在欧洲国际政治中的优势地位已不复存在。这种恢复国家往昔地位的强烈愿望，使法国大革命既具有改革的性质——其后瞬间转变为革命的性质，又从一开始就带有抵抗外国的倾向。兰克以法国大革命为例，论证了内政与外交之间在各个方面都存在密切的作用与反作用关系。

既然内政与外交密不可分，那么日本思想史研究就有理由将触角伸向日本对外部世界的认识、态度等国际政治思想的层面。芝原拓自认为，对外认识是与日本人的内外能动性、实践性密切相关的精神领域的重要组成部分。[2] 具体而言，是指日本以及日本人表现的对外态度与行动，总与其对国际形势、外国事务的判断相关。不仅是对外行动，内治，即从政治、军事、经济、社会，直至以教育、宗教为代表的思想文化等多方面，其改良与变革的强烈意愿，也与对国际形势、他国状况的认识和判断有深刻联系。这些认识与判断充分发挥着或积极或消极的作用。以此类推，近代日

---

[1] 渡辺昭夫「近代日本における対外関係の諸特徴」、中村隆英・伊藤隆編『近代日本研究入門』、東京：東京大学出版会、1977年版、第136頁。

[2] 芝原拓自「対外観とナショナリズム」、芝原拓自・猪飼隆明・池田正博校注『日本近代思想大系：12　対外観』、東京：岩波書店、1988年版、第458-459頁。

本外交研究可以不囿于政治家的政治纲领与实践，转而发掘政治人物的思想认识和情感动机；近代日本思想史研究则可以将思想家对国际形势、国际政治的观察与思考纳入考察范围之内。

明治维新后，日本以欧美为榜样取得了长足的发展，并率先步入发达国家行列，成为亚洲最具影响力的国家之一。100多年来，日本明治维新以后国家转型和社会变革的成功，吸引了诸多日本以外的学者前赴后继地尝试从各种角度对其进行解读，对他们而言，“日本一直是一块充满魅力、引发赞叹、诱导嫌恶的磁石，或者说是由此产生某种混合情感的磁石”。[1]日本国内的政治、经济、外交、舆论等动向更是牵动着其他亚洲国家的神经，是各国注目的焦点。其中原因，既与日本在经济上取得的令人赞叹的成就所引发的亚洲诸国的关注和效仿有关，也与近代日本推行的对外政策给亚洲造成的惨痛记忆有关。以上背景引出了本书的研究主题，即探索与指明日本人在近代日本国家发端时的对外认识。

本书将围绕以下四个问题展开论述：（1）当近代欧美诸国高举西洋文明的旗号在世界范围内推行以其为主导的国际秩序时，明治时期的日本人如何认知近代西洋文明？（2）在“近代化=西洋文明”思潮迅速蔓延的时代认知之中，明治日本如何回应来自现代化的压力和刺激，同时如何认知近代国际秩序及其本质？（3）在近代西洋文明的冲击下，地处亚洲边缘的日本如何认知自身所处的地理位置意义上的东洋以及东洋所涵盖的语境？当然，这一问题在很大程度上取决于明治时期日本人对日本传统文化最重要的源头——对中国的认知，因为中国是日本人叙述东亚（东洋）与西洋时不可回避的重要因素。毋庸置疑，把明治时期日本人的对外认识仅归结于其对东洋和西洋的认知显然不够。日本人的对外认识问题，归根结底是其对自身认知的问题。（4）在近代西洋文明的冲击与传统中国的影响之下，日本人如何看待自身的困境，以及其为冲出自身困境的努力背后隐含着对外认识的何种变化？本书将通过探讨明治时期日本人的对外认识，归纳其在感受和认知日本以外世界的思维框架。

---

[1] S. N. 艾森斯塔特：《日本文明：一个比较的视角》，王晓山、戴茸译，商务印书馆，2008，第1页。

二、日本思想史研究的地位

19 世纪是近代历史中最黑暗的世纪。[1] 按照弗里德里希·希尔的说法，19 世纪是在第二次世界大战末欧洲城市的残垣断壁中宣告终结的。[2] 尽管历史的时间在直线式地推进，但是在 19 世纪时被奠定的世界秩序，并没有随着 20 世纪的到来而终结，直到给全世界人民带去空前劫难的第二次世界大战结束，它才被画上句号。同样，尽管第二次世界大战的结束距离现在已经过去四分之三个世纪，但 21 世纪黎明的曙光并没有将第二次世界大战遗留给当代的阴霾全部驱散。海德格尔的“最黑暗”的 19 世纪的论述，不仅适用于描绘欧洲近代史，也适用于描述亚洲的近代状况。因为，中国和日本作为近代亚洲两个最重要的国家，原来基本维持着长期稳定的关系，但从 19 世纪中叶开始，两国的关系逐渐下滑至黑暗的谷底。19 世纪也是中日两国国力发生逆转的时期。国力的逆转不仅影响了两国的关系，也影响了两国人民的相互认知，而且这种影响仍在持续。

一切历史都是当代史——贝内德托·克罗齐的这一论断广为人知。克罗齐在此强调的是历史寓于现实之中，而现实是历史的积淀。从思想文化研究的角度来看，这一论断也可以被理解为一个民族的文化心理是在长期的历史过程中形成的。民族文化心理，简单而言是指一个民族特有的民族精神、价值观念和思维方式。一个民族的文化心理的形成和发展需要经历长期的历史过程，是特定的民族在特定的自然和社会环境的影响下以及历史文化的积淀中逐渐形成，并且体现在生产生活、思维方式、价值观念等多个方面。美国文化人类学家莱斯利·A. 怀特曾经指出，“中国人的意识，法国人、祖鲁人或科曼契人的意识等等，作为人类行为的一种特殊结构，只能从文化上得到解释，而不能从生物学上获得说明”。[3] 怀特所言表明，民族国家相互区别的标志在于他们的文化心理特征，而非生物人种上的特征。因此，在研究不同民族或民族国家的交往、民族关系或国家关系变化的时候，在现有的政治、经济、军事、安全等视角之外，思想文化也

---

[1] 孙周兴选编《海德格尔选集》（下卷），上海三联书店，1996，第 909 页。

[2] 弗里德里希·希尔：《欧洲思想史》，赵复三译，广西师范大学出版社，2007，第 475 页。

[3] 莱斯利·A. 怀特：《文化的科学：人类与文明研究》，沈原、黄克克、黄玲伊译，山东人民出版社，1988，第 145 页。

可以成为一个重要并且有效的考察角度。

既然一个国家或民族对外部世界的认识与判断，是一个与现实生活密切相关、也与历史紧密联系的问题。而且，一个国家采取的某项政策或行动，往往基于某种价值判断之上。一方面，明治时期上承江户而下接大正，是近代日本历史之发端，也是日本近代化急速发展的时期，还是日本试图挣脱近代西方国际秩序束缚、取得与欧美国家平等地位的时代。另一方面，明治时期是日本在选择自身前进道路方向的重要时期，也是日本人对外认识产生重大转换的时期。那么，日本人的价值判断在近代日本国家体制形成过程中是如何体现呢？明治时期的日本人对于国家的未来有着怎样的构想呢？他们是如何认识包括亚洲在内的外部世界呢？对于自身国家所处的国际地位又有着怎样的认识呢？

对明治时期日本人的对外认识开展研究，可以将其学术价值与实践意义概括如下。

第一，对明治时期日本人的对外认识的探讨，是一个解读近代日本思想史的独特视角。明治时期日本人的对外认识，归根结底反映了日本人的历史认识和自我认知。一项政策的实施或一场社会运动的兴起，总是伴随着人们对外部环境和自身认识的变化。因此，结合明治时期的政策、社会运动等历史背景，旨在阐明明治时期日本人对外认识的变迁过程、阶段特征、历史意义和深远影响。考察日本人精神状况的变迁、传统与近代的关系等问题，不仅有助于准确考察明治思想的含义，也有利于描绘明治思想界的总体特征，更有利于把握近代日本人的思想状况。

第二，梳理和探讨明治时期日本人的对外认识，有助于重新审视日本近代历史。明治时期是日本近代化历程的起点和迅速发展时期。当时的日本在“文明开化、殖产兴业、富国强兵”三大政策的指引下，从政治思想、经济政策、社会制度和生活方式等方面，全面向西方学习。诚如加藤周一所言，“日本人如何认识欧美与日本人如何理解‘近代化’息息相关”。[1] 近代国家初创时期的日本人能否辩证地看待西方文明，以及如何将这些认识转化为现实的内外决策，直接影响到日本近代化道路的选择及其

[1] 唐木順三・竹内好共編『近代日本思想史講座：8　世界のなかの日本』、東京：筑摩書房、1961年版、第228頁。

进程。

第三，考察明治时期日本人的对外认识，是解读日本文化的重要视角。明治时期日本的对外交流重心明显由亚洲转向欧美，在价值观念和文化取向上都由东方转向西方。日本处于东西方的交汇点上，需要面对如何调和传统文化与近代文化的问题。日本对于传统与近代文化的比较、选择和取舍，一方面可以反映日本人思维框架和逻辑结构，另一方面是日本独特文化心理的体现。

第四，历史上的中国曾经是日本与西方接触的媒介，近代中国则通过日本了解西方，西洋因素在近代中日历史上都占据重要地位。近代日本与中国对西方文明的接受，既有相似之处，更有不同之处，但是，近代历史上的中国、日本、朝鲜需要共同面对近代西洋之于东亚（东洋）的意义；从当前世界形势来看，全球化浪潮冲击下的亚太命运共同体建构需要一个建立在共同认知基础上的文化价值作为支撑。因此，反思明治时期日本人的对外认识，有助于增强人们对于亚太命运共同体的认知。

第五，从现实层面来看，研究明治时期日本人的对外认识，有助于人们更加深刻了解日本，以及理性看待当代中日关系。日本是中国的近邻，无论是回顾历史还是着眼现实，中日关系始终都是我国重要的对外关系之一。中日两国人民的相互认知和文化因素在中日关系研究中越来越受到重视。所以，开展明治时期日本人对外认识的研究，有助于人们加深对日本近代史以及近代思想史的了解，从而达到理性构建双边关系的目的。

第二节　国内外学界关于日本人对外认识研究的成果概述

什么是日本人的“对外认识”？关于近代日本人对外认识主体的探讨，有研究是依据社会分层和社会意识生成等理论，主张近代日本人对外认识主体具体可分为政界（政治家、政府部门、军队）层面；学界（学者、思想家、舆论媒体）层面；民界（社会团体、经济界、大众意识）层面。[1]还有研究指出，对外认识的变化与国内外政策的出台，“都是政府、知识分子和民众三者相互作用的产物”。[2] 与此相关联，日本的对外认识研究，成为一个指涉对象众多、研究内容丰富的主题。接下来笔者主要集中于对国内外学界有关日本人对于外部世界状况的判断与行动的研究展开论述。

日本的历史可以分为古代、中世、近世、近代和当代五大阶段。相对于西方史中古代史、中世史和近代史的划分方式，近世是日本史中的特有范畴。[3] 通常，安土桃山时代和江户时代被称为“近世”。如果按照时代划分，国内外学者对日本人对外认识的研究主要可以分为近世以前、近世和近代三大部分。

一、对近世以前日本人对外认识的研究

虽然国内外学界有关近世以前日本人对外认识研究的成果不多，但是1994 年《季刊日本思想史》杂志刊登的一组讨论古代和中世日本人对外认识的论文颇为值得关注。田崎笃郎以《日本灵异记》中的地狱观为视角，分析古代日本人对中国文化的憧憬及其本土意识被确立的过程。[4] 市川浩史从觉宪的《三国传灯记》与天竺、震旦、本朝（日本）的三种秩序关系出发，认为中世初期的日本人对外认识中存在将宗教权威相对化的倾向。[5]古濑奈津子指出，日本四面环海、远离大陆，在地理条件上几乎无须应对外来战争，这促使近世以前的日本人形成了希望通过与中国保持一定距离、从而保持自我独立性的对外认识，并且这种认识在遣隋使与遣唐使以后成为日本的外交方针。[6]

非常巧合的是，在关于近世以前日本人对外认识的研究成果中，有两

---

[1] 周维宏：《日本近代以来对华认识研究现状分析》，《日本研究》2009 年第 3 期。

[2] 崔世广：《日本现代化过程中文化建设的主要力量及其作用机制》，《日本学刊》2008 年第 6 期。

[3] 丸山真男：《丸山真男讲义录》（第 6 册），唐永亮译，四川教育出版社，2017，第 1 页。

[4] 田崎篤郎「古代に見られる中国文化への憧憬と自土意識：『日本霊異記』における地獄観の成立をめぐって」、『季刊日本思想史』第 44 号、1994 年、第 3-22 頁。

[5] 市川浩史「覚憲『三国伝燈記』と三国：中世初期における対外感の一側面」、『季刊日本思想史』第 44 号、1994 年、第 23-37 頁。

[6] 古濑奈津子、小岛康敬：《日本人与中国人的相互认识》，载步平、北冈伸一主编《中日共同历史研究报告：古代史卷》，社会科学文献出版社，2014，第 337-351 页。

本著作恰好分别对应了两次战争。一是森公章的《古代日本的对外认识与通交》[1]。该书以事大主义（权势主义）和日本中心主义两重构造作为古代日本人对外认识的关键词，从天皇称号的使用、对唐观、在日外国人观等方面分析了古代日本的外交，反映了白村江战役（663）之前的东亚形势。二是北岛万次的《丰臣政权的对外认识与朝鲜侵略》[2]。该书分析了丰臣秀吉政权时期日本人的对外认识、文禄庆长之役[3]与当时东亚形势之间的关系。作者北岛万次认为丰臣秀吉的朝鲜侵略与神功皇后的三韩征伐有相似之处，均由日本对朝鲜的蔑视而起。

上述两本著作的共同点在于突破了研究视域聚焦日本一国之内的局限，将其扩宽至东亚；不同之处在于所研究的对外认识的对象国不同，一本是对唐朝时期中国的认识，另一本是对丰臣秀吉时代朝鲜的认识。由此可知，基于历史上日本国家实力的增强，日本人对外认识的视野乃至对外交往范围都在逐渐扩大。

二、对近世日本人对外认识的研究

自从葡萄牙传教士沙勿略于1549年到达日本后，日本大名及民众开始信奉天主教，而且天主教的传播为日本带来了一场以宗教文化为核心的文化变革，“南蛮”文化由此兴起。对此感到恐惧的江户幕府于1613年颁布禁教令，1633年又颁布禁止日本人从事海外贸易的法令，截至1639年禁止葡萄牙船只到日本为止，共颁布五次“海禁”政策。根据幕府“海禁”政策，抵达日本的葡萄牙人和荷兰人只能聚居于今天的长崎县出岛。例如，德国医生坎贝尔就曾在1690年以出岛荷兰商馆医生的身份在日本逗留了约两年时间，他生前完成的《日本志》一书，在其去世多年后才得以出版。1801年原长崎荷兰语通事志筑忠雄在翻译《日本志》的附录论文时，将原标题《对日本帝国禁止本国人渡海出国、禁止外国人进入日本，以及

[1] 森公章『古代日本の対外認識と通交』、東京：吉川弘文館、1998年版。

[2] 北島万次『豊臣政権の対外認識と朝鮮侵略』、東京：校倉書房、1990年版。

[3] 由丰臣秀吉发动的侵略朝鲜的战争，以日军在1592年（文禄一年）4月从釜山湾登陆为开端，以1598年（庆长三年）丰臣秀吉之死告终。此次侵略不仅给朝鲜的民众带来深重的灾难，而且动摇了丰臣政权的基础。朝鲜称此次侵略为“壬辰－丁酉倭乱”。

完全禁止这个国家与海外世界的交流是源于极为妥当的根据的论证》[1]，翻译为《锁国论》。[2] 此后，“锁国”成为后世形容近世日本对外关系特征的关键词。

日本学者荒野泰典在《近世日本与东亚》一书中从对外关系的角度探讨了近世日本人对外认识的变化，认为“锁国”是在舍去与东亚的关系时才能成立的概念，所以它并不能正确地体现近世日本对外关系的全部内涵，因此不提倡使用“锁国”，而提倡使用“海禁”与“华夷秩序”。荒野泰典还把近世日本人的对外认识划分为本朝（日本）、唐、西洋三个层次，同时把日本人的自我意识概括为“日本型华夷意识”。[3]

“华夷”之说，缘起于我国上古华夏族体的形成时期，其所指的主要是黄河流域特别是黄河中下游地区的华夏族体与其他族体之间的差异。这个发轫于上古时代的“华夷”观念，在汉帝国时期开始被引入“中华帝国”的对外关系中，并逐步发展出一种古代类型的国际关系体系，即所谓的“华夷秩序”。[4] 有关日本与“华夷秩序”关系的研究，国内外已经积累了非常丰富的成果。“华夷秩序”往往与朝贡制度相关，张双智指出，“朝贡”一词在汉代才正式出现，并且随着历史的推移逐渐被广泛使用，一直延至清代。[5] 韩东育认为，东亚封贡体系源于西周封建制原理，其雏形形成于汉魏至隋唐期间。源自三代的“天下主义”，要求“皇帝”与“天子”的职能必须合一；而古今一贯的“中华礼序”，还为“郡县制”与“册封制”的璧合赋予了前近代东亚世界的最高价值。在这一前提下，“幕府制”和“律令制”在东亚各国间的对接，不过是实现封贡体系的必要条件，而非充分条件。[6]

中国学者徐静波在《大航海时代以后日本人对外界与自身的新认识》一文中指出，大航海时代以后西洋人的到来、从西洋输入的新知识，特别是传来的与整个世界相关的地理知识，是促成日本人对外界与自身形成新

---

[1] 荒野泰典『近世日本と東アジア・序』、東京：東京大学出版会、1988 年版、第 ii 頁。
[2] 有关“锁国”的缘起，详见本书附录中的《日本思想家横井小楠的对外认识》。
[3] 荒野泰典『近世日本と東アジア』、東京：東京大学出版会、1988 年版。
[4] 何芳川：《“华夷秩序”论》，《北京大学学报（哲学社会科学版）》1998 年第 6 期。
[5] 参阅张双智：《清代朝觐制度研究》，学苑出版社，2010。
[6] 韩东育：《明清前东亚封贡体系的演变实态》，《社会科学战线》2018 年第 12 期。

认识的一个非常重要的因素。这种具有强烈民族主义情绪特征的日本人意识与西洋先进的观念在江户中期即18世纪以后，逐渐形成并日益凸显，其与后来明治时期形成的“脱亚入欧”的社会思潮也存在内在关联。❶

国内外学界对近世日本人对外认识的研究可概括为三类。第一类研究是从日本汉学家、国学家、洋学家对“华”和“夷”概念的分析出发，阐述近世日本人对同时代中国和朝鲜的认识及其变化。❷ 第二类研究基于近世日本在锁国体制下的对外关系，认为近世日本在原有的朝贡体制之下又确立了一个以自身为主导的小的朝贡体系。❸ 第三类研究认为“华夷秩序”的解体过程其实就是日本脱离儒教的过程，因此，后来明治时期日本的“脱亚”与“脱儒”之间有一脉相承的关系。❹

如上，荒野泰典侧重的是对外关系视野中的日本对外认识问题，邢永凤则采用的是代表性思想家的个案研究法。她以时间为轴线，列举了新井白石、杉田玄白、渡边华山、吉田松阴等近世日本思想家是如何认识亚洲和欧洲的，批判了日本历史上的思想人物将日本神话传说当成信史的做法，认为在这种历史认识基础上构筑对外关系，会导致国际关系的扭曲。❺以上两种研究探讨的历史时期都限定在近世，同时，两种研究都已经将日本人对西洋的认识纳入研究视野，指出近世日本人的对外认识与自我认识的关系。

在上述两种研究视角之外，郭丽在对幕末遣欧美使节为主题的研究中，以大量的日记为素材，聚焦幕末日本先后派出的6个出访欧美使节团的成员，还原并分析那些处于激荡时代浪尖的亲历者的精神世界和心理活动。在此需要指出的是，虽然此书的主标题为“近代日本的对外认识”，但整体研究主要围绕幕末时期展开。❻ 另外，郭著可谓是对王家骅《幕末

---

❶ 徐静波：《大航海时代以后日本人对外界与自身的新认识》，《日本学刊》2009年第5期。

❷ 许赛锋：《从“夷狄观”到“人种论”：近代日本对外视角的一个变动》，载王启龙主编《跨语言文化研究》（第12辑），中国社会科学出版社，2019，第226－235页；渡边浩：《东亚的王权与思想》，区建英译，上海古籍出版社，2016，第145－198页。

❸ 山添博史「江戸時代中期に胚胎した日本型『近代的』国際秩序観」、『国際政治』第139号、2004年、第13－28頁。

❹ 韩东育：《从“脱儒入法”到“脱亚入欧”》，《读书》2001年第3期。

❺ 参阅邢永凤：《前近代日本人的对外认识》，中国社会科学出版社，2007。

❻ 郭丽：《近代日本的对外认识：以幕末遣欧美使节为中心》，北京大学出版社，2011。

日本人西洋观的变迁》[1] 一文的继承与发展。王家骅的《幕末日本人西洋观的变迁》虽然带有时代烙印，但详细阐述了幕末日本人对西洋认识的变迁过程。

近世日本人对外认识范围广泛，对华认识是其中的重要内容。关于近世日本人对华认识的研究，有的研究围绕日本近代社会转型期即德川中后期，考察当时日本对华观的变迁，并且将这一时期日本人的对华观分为仰视、平视、俯视三个阶段。[2] 这些研究基于中国晚清时国力衰弱和外交失败的历史背景，着重考察当时日本人对华观的变化。

除了上述学者的独立研究，一些跨国合作的研究成果也具有深刻意义。21 世纪伊始，日韩两国之间相互认识的研究成果引人注目。日本与韩国的学者分别从思想史的角度，阐述了 17—19 世纪日韩两国民众对各自国家的认识，进而基于日韩关系，从多角度分析了近代化勃发进程中的民族主义和对外认识。[3] 这项研究是在 21 世纪各民族国家对外关系既竞争又合作的国际秩序形态中，将“国家理念”重新置于日韩各自的历史条件下，探讨其内涵及其与对外认识的关系，现实意义可谓特别突出。

特别值得一提的是，日本学者桂岛宣弘摆脱了单一研究的形式，将自他认识纳入研究范围，以近世日本人从德川到明治的对外认识及其深层的自我认识为切入点，考察了近代的儒学、宗教、天皇制、民族主义等内容，对日本思想史即东亚思想史学做出反思和批判。[4]

三、对近代日本人对外认识的研究

对于近代日本人对外认识的研究，大致可以分为关于西洋认识、东洋认识的研究，与日本对外认识相关的研究，关于日本国际秩序观的研究三类。

（一）关于西洋认识、东洋认识的研究

提到近代日本人对外认识的研究，首先想到的便是对“西洋”和“东

---

[1] 王家骅：《幕末日本人西洋观的变迁》，《历史研究》1980 年第 6 期。

[2] 杨栋梁、王美平：《近代社会转型期日本对华观的变迁》，《日本研究》2008 年第 3 期。

[3] 朴忠錫・渡辺浩編『国家理念と対外認識』、東京：慶応大学出版会、2001 年版。

[4] 桂岛宣弘：《从德川到明治：自他认识的思想史》，殷晓星译，中国社会科学出版社，2019。

洋”概念内涵的探讨。最初，“西洋”和“东洋”均是用于表示海域的词语，但自17世纪以后，日本开始使用“西洋”称呼欧洲国家，并赋予“西洋”文化上的意涵——代表与东亚即日本异质的社会形态。❶“西洋”和“东洋”问题之所以能够持续引发学界的研究兴趣，是因为它们反映了“Pacific Ocean”和“Atlantic Ocean”两个英语概念自幕府末期传入日本之后，日本对于海洋标记方式的变化过程。❷不仅如此，日本从幕末开始使用“东洋”称呼东方国家，而且给予其文化意涵。❸所以，“东洋”亦带有文化意义，而“东洋”和“西洋”在日本意识中，则代表世界上的两大文化圈。日本学者河原美耶子指出，“东洋”一词在思想史上的意义在于其内含的文化关联性：所谓的“西洋”概念是由一个整体的文化圈构成，而“东洋”概念的产生则源于与西欧的接触。将“东洋”和“西洋”作为相对概念理解并把二者统一起来思考世界的认识方法，是近代以后日本人认识世界的根本方法。❹

学界关于近代日本人对“西洋”认识的研究，多以其对“西洋”文明的反思为主。例如，筑后则在《明治初期日本关于近代文明的三大争论》一文中，以福泽谕吉、西村茂树和中江兆民这三位明治启蒙思想家的代表人物为研究对象，从西洋观的视角出发，综合分析了他们对近代文明的论述。❺此外，植手通有在《日本近代思想的形成》一书中，具体考察了在对“西洋”认识的转变和启蒙思想的形成过程中，日本人对“西洋”各国的态度和对“西洋”文明的看法，指出“西洋观的转变和启蒙思想的形成，有待于克服传统思想而实现”。❻

李小白在《明治维新时期日本人西洋意识的诸类型》一文中，对维新时期日本的西洋观进行分类，指出该时期的日本人对“西洋”认识的矛

---

❶ 严绍璗：《日本中国学史》，江西人民出版社，1993，第317页。

❷ 佐藤正幸：《历史认识的时空》，郭海良译，上海三联书店，2019，第163页。

❸ 陈玮芬：《自我的客体化与普遍化：近代日本的“东洋”论及藏匿其中的“西洋”与“支那”》，《中国文史哲研究集刊》2001年第18期。

❹ 河原美耶子「日本近代思想の形成過程その一——東洋対西洋観を中心として」、『教育学雑誌』第27号、1993年、第16-27頁。

❺ 筑后则：《明治初期日本关于近代文明的三大争论》，王铁军译，《日本研究》2007年第2期。

❻ 植手通有『日本近代思想の形成』、東京：岩波書店、1974年版。

盾，奠定了日本近代思想的基调。❶ 另外，钱国红在《在日本与中国的"西洋"之发现》一书中，从对19世纪中日两国知识分子的世界观形成的角度出发，运用对比研究的方法，分析了中国与日本对于"西洋"的不同认识，在日本、中国、"西洋"的互动关系中探讨"近代化"的差异问题，进而把原因归结于中日两国文化与社会的关系不同。❷ 钱国红的这一著作，在文化与政治、文化与社会秩序的关联性研究成果中具有积极意义。

学界关于近代日本人对"东洋"认识的研究，已经取得比较系统的成果。现有的研究都在不同程度上指明"东洋"概念具有多重内涵。日本学界对"东洋"和"东洋史"的诠释都隐藏着日本人试图消除中国在历史和传统方面对于自身影响的意图，这些诠释本身也是一个试图确立能够与西洋相抗衡的日本独特性的过程。在这些研究中，选取近代日本思想史上的典型人物为分析对象，分析他们的亚洲认识、中国认识等的研究不在少数。因为从具有文化内涵的"东洋"角度开展的研究中，中国始终是无法回避的存在。

例如，刘岳兵的研究认为，清政府在1840年鸦片战争的失败和日本幕府在1862年向上海派遣"千岁丸"均促使日本人的对华观发生了由崇拜到蔑视的变化。❸ 另外，关于近代日本的中国观研究，南开大学杨栋梁教授主编的六卷本系列丛书《近代以来日本的中国观》❹ 具有一定的代表性。其中，第一卷《总论》回顾了1600年以前日本的中国观，其他五卷分别论述了1603—2010年日本的中国观及其变迁。这套丛书可以说是中国国内首次以日本的中国观为主题进行全面深入研究的系列著作，也是国内关于日本对外认识研究方面的佳作。

无论是文化还是地理意义上的"东洋"认识研究，对近代朝鲜的认识亦应纳入日本人对外认识的考察对象，无论是从新闻媒体的视角❺，还是

---

❶ 李小白：《明治维新时期日本人西洋意识的诸类型》，《东北师大学报（哲学社会科学版）》2006年第5期。

❷ 銭国紅『日本と中国における「西洋」の発見』、東京：山川出版社、2004年版。

❸ 刘岳兵：《近代日本中国认识的原型及其变化机制》，《历史研究》2010年第6期。

❹ 杨栋梁主编《近代以来日本的中国观》，江苏人民出版社，2012。

❺ 冯玮：《从新闻媒体的宣传看近代日本对朝鲜的认识和政策的演变——兼论对中国的认识》，载复旦大学韩国研究中心主编《韩国研究论丛》（第2辑），上海人民出版社，1996，第356-379页。

文学的视角[1]，研究日本对朝鲜的认识能使明治时期日本人对外认识的研究更具完整性。此外，从相互交流的视角来重新认识包括中国在内的亚洲的视角[2]，以及重新反思日本和美国的相互认识[3]等的研究也值得注目。

（二）与日本对外认识相关的研究

近代日本对外认识研究中的开创性研究，当属信夫淳平的《国际政治的进化及现状趋势》，此文概述了明治维新以来日本的外交思潮。[4] 几乎同一时期出现的尾佐竹猛的《维新前后的立宪思想》[5]（1925）与《从国际法看幕末外交物语》[6]（1926），以及吉野作造的《我国近代史中政治意识的发生》[7]（1927），是该领域的早期经典研究。后来，吉野作造的学生冈义武在《明治初期自由民权论者眼中当时的国际形势》[8]（1935）中阐发了不同创见。战后日本学者的相关研究中，以佐藤诚三郎的作品为代表。其研究以明治维新时期的国际状况为中心，分析了近代日本的主要认识框架，在近代日本对外认识研究中具有重要意义。[9]

近代日本对外认识研究有以下两个特征。第一个比较显著的特征是以地域、国别为对象的研究。其中，又以日本对亚洲的认识[10]、对中国的

---

[1] 朴春日『近代日本文学における朝鮮像』、東京：未来社、1985年増補版。

[2] 山室信一『思想課題としてのアジア：基軸・連鎖・投企』、東京：岩波書店、2001年版。

[3] 加藤秀俊・亀井俊介編『日本とアメリカ：相手国のイメージ研究』、東京：日本学術振興会、1991年版。

[4] 信夫淳平『国際政治の進化及現勢』、東京：日本評論社、1925年版、第253-262頁。

[5] 明治大学大学史資料センター編『尾佐竹猛著作集』（第9巻）、東京：ゆまに書房、2006年版。

[6] 明治大学大学史資料センター編『尾佐竹猛著作集』（第14巻）、東京：ゆまに書房、2006年版。

[7] 松尾尊兊等編『吉野作造選集：11 開国と明治文化』、東京：岩波書店、1995年版。

[8] 篠原一・三谷太一郎編『岡義武著作集：第6巻　国民的独立と国家理性』東京：岩波書店、1994年版。

[9] 佐藤誠三郎「幕末・維新期における対外意識の書類型」、佐藤誠三郎・R. ディングマン編『近代日本の対外態度』、東京：東京大学出版会、1974年版、第1-34頁。

[10] 古屋哲夫編『近代日本のアジア認識』、東京：緑蔭書房、1996年版；岡本幸治編『近代日本のアジア観』、京都：ミネルヴァ書房、1998年版；子安宣邦：《近代日本的亚洲观》，赵京华译，生活・读书・新知三联书店，2019；安川寿之辅：《福泽谕吉的亚洲观》，孙卫东、徐伟桥、邱海水译，香港社会科学出版社有限公司，2004。

认识[1]、对朝鲜的认识[2]、对美国的认识[3]等研究居多。上文提到的杨栋梁主编的六卷本《近代以来日本的中国观》，发掘并使用了大量的日本原始公文资料、报刊时论文章、各类调查文献及学者著述，在分析总结古代日本中国观的基础上，深度考察了1603年以来日本对华认知的特点及其演变，是中国学者在该领域研究水平的一次集中展示。第二个特征是出现了为增进相互认知而开展的合作研究。[4] 这种合作研究通常集结了不同背景的学者，研究成果以研究所在国和研究对象国的两种语言同时出版，达到了良好的研究效果。可惜的是，由于政治和历史因素，共同研究似乎无以为继。近年来以"近代日本对外认识"为题的研究成果，则出现了一些新的特点。

第一，打破常规的考察政治家、官僚、财界、军界等人士的言论如何对现实政策产生影响的政治外交史研究范式，以及将代表时代思潮的思想家言论的结构、背景等作为研究对象的思想史研究范式的壁垒。这种做法与本书在研究对象选择上的思路可谓不谋而合。例如，伊藤信哉选择国际法学者、法制官僚、日本外交史的奠基人有贺长雄为研究对象，以其在《外交时报》上的著述为内容，分析了其从日俄战争到第一次世界大战的对外认识，指出与抽象的观念和一以贯之的外交思想相比，在国际政治中有贺长雄更重视的是维护国家利益和扩张民族生存空间，发挥了作为"帝国主义外交"传道者的作用。[5] 服部聪在《二战结束前后日本外务省的国际联盟认识》中，分析了日本加入国际联盟的动机、活动和效果，认为国际联盟没有发挥想象中的作用，日本因此开始对国际协调持否定态度。[6]

---

[1] 野村浩一『近代日本の中国認識：アジアへの航跡』、東京：研文出版、1981年版。松本三之介『近代日本の中国認識：徳川期儒学から東亜協同体論まで』、東京：以文社、2011年版。子安宣邦：《近代日本的中国观》，王升远译，生活·读书·新知三联书店，2020。

[2] 中塚明『近代日本の朝鮮認識』、東京：研文出版、1995年版。

[3] 澤田次郎『近代日本のアメリカ観：日露戦争以降を中心に』、東京：慶應義塾大学出版会、1999年版；長谷川雄一編『大正期日本のアメリカ認識』、東京：慶應義塾大学出版会、2001年版。

[4] 此类研究例如：刘杰、三谷博、杨大庆等：《超越国境的历史认识：来自日本学者及海外中国学者的视角》，社会科学文献出版社，2006；劉杰·三谷博·楊大慶編『国境を越える歴史認識：日中対話の試み』、東京：東京大学出版会、2006年版。

[5] 伊藤信哉「有賀長雄の対外認識——ある学者官僚の栄光と蹉跌」、伊藤信哉·萩原稔編『近代日本の対外認識：I』、東京：彩流社、2015年版、第29–75頁。

[6] 服部聡「終戦前後における日本外務省の国連認識：国際連盟での教訓と国際社会への復帰」、伊藤信哉·萩原稔編『近代日本の対外認識：I』、東京：彩流社、2015年版、第268–303頁。

第二，与传统的亚洲与欧美、“东洋”与“西洋”等特定对象和概念的研究不同，有些研究并不拘泥于地理范围。同时，还对相近类型的思想家的对外认识进行对比研究。例如，萩原稔就对活跃于20世纪30年代的两位右翼思想家满川亀太郎和北一辉对于“大东亚战争”“九一八”事变的反应，以及其对中国和西洋列强认识的异同等进行对比，指出日本对于“泛亚主义”理念的执着在一定程度上引发了战争，并提出“日本在亚洲的战争对于‘右翼’而言之意义为何”的问题。❶

在近代日本思想家的个案研究方面，熊淑娥以明治中期日本思想言论界的重要人物陆羯南为研究对象，结合报纸《日本》等政论，剖析了陆羯南的国民主义思想主张，指出陆羯南的对外认识内含双重结构：以文明为标尺将世界划分为文明的“西洋”和落后的“东洋”，而“东洋”要实现文明获得国家独立；同样以文明为标尺将“东洋”划分为“文明”的日本与“落后”的朝鲜和中国，而“文明”的明治政府有责任“帮助”朝鲜王朝摆脱清政府的影响，实现独立开化。❷

第三，在现实政策和构想之外，一些学者还以未能付诸实践的构想和认识为研究对象。中谷直司指出，关于从巴黎和会到华盛顿会议的交涉过程，一方面既往的日美关系史研究强调它是美国“新外交”理念的实践结果，形成了一种有别于传统大国间政治的新秩序，即“华盛顿体系”；另一方面日英关系史研究则强调这种有别于第一次世界大战前的新秩序并非在华盛顿会议中形成，因为华盛顿会议缺乏计划性和组织性的议程和理念，只是各国相互交易与妥协的结果。在此基础上，中谷直司认为“华盛顿体系”内潜藏着日美英三国的理念对立，而美国未能加入国际联盟是“一战”后东亚秩序逐步走向紧张的原因之一，并在很大程度上影响了英国的亚洲外交政策。❸

第四，还有从世界中的日本，即将日本的对外认识置于同时代东亚和国际社会的变化与特质中重新考察的动向。其中一种表现就是将大正、昭

---

❶ 萩原稔「1930年代の日本の右翼思想家の対外認識：滿川亀太郎・北一輝を中心に」、伊藤信哉・萩原稔編『近代日本の対外認識：Ⅰ』、東京：彩流社、2015年版、第228-267頁。

❷ 熊淑娥：《日本近代思想家陆羯南对外认识的双重结构》，《东北亚学刊》2016年第6期。

❸ 中谷直司「『強いアメリカ』と『弱いアメリカ』の狭間で——『ワシントン体制』への国際政治過程」、伊藤信哉・萩原稔編『近代日本の対外認識：Ⅰ』、東京：彩流社、2015年版、第113-157頁。

和时期视为近代日本的“转型期”，出现了“转型期”日本的国际认识、日本的“转型期”构想与现实等相关研究。❶

第五，提出了近代日本对外认识研究中的“现实”“认识”与“表现”的三分法。坂野润治是这一观点的首创者。他通过对比福泽谕吉发表于1885年的《脱亚论》和1881年的《时事小言》，指出福泽谕吉在前者中提出欧美对亚洲的侵略不仅危及中国、朝鲜，也危及日本；在后者中提出日本也可能参与欧美对亚洲的侵略，两种认识的差异背后是对当时国际形势认识的一种“夸张表现”。❷ 在此基础上，坂野润治进一步指出必须区分：（1）客观国际形势的“现实”；（2）著述者对“现实”的“认识”；（3）著述者对“现实”的“表现”。换言之，研究者必须清醒地认识著述者的“表现”只是其对外观的表象，“表现”后隐藏着著述者对“现实”的“认识”，必须从著述者的具体对外政策等对外论中分析其“思想”。❸ 这种“三分法”，在近代日本对外认识的研究中具有方法论的指导意义。

（三）关于日本国际秩序观的研究

权力，是近代日本国际秩序观研究的重要关键词。例如，韩东育指出，在东亚区域史上，先后出现了在中国礼乐价值主导下的前近代“落差—权力”结构、日本以殖民扩张为特征的所谓近现代“落差—权力”结构和“二战”后美国建立于欧美价值优越论基础上的“落差—权力”结构。在这三个形似而实异的结构中，“华夷秩序”主要由中华文明之向心力凝聚而成，而日本主导一时的东亚秩序，则主要是军事扩张的结果。❹

在实证研究风气的影响下，近年的国际政治研究在“权力”之外，还出现了重视“文化”“理念”“认识”等要素的动向。❺ 酒井哲哉运用这种

---

❶ 武田知己・萩原稔編『大正・昭和期の日本政治と国際秩序：転換期における「未発の可能性」をめぐって』、京都：思文閣出版、2014年版。

❷ 坂野潤治『近代日本とアジア：明治・思想の実像』、東京：筑摩書房、2013年版、第14–16頁。

❸ 坂野潤治『近代日本とアジア：明治・思想の実像』、東京：筑摩書房、2013年版、第21頁。

❹ 韩东育：《东亚世界的“落差”与“权力”：从“华夷秩序”到“条约体系”》，《经济社会史评论》2016年第2期。

❺ 篠原初枝「コンストラクティヴィズムと歴史研究：接点あるいは親和性」、『アジア太平洋討究』第8号、2005年、第1–16頁。Ernest May，Richard Rosecrance，Zara Steiner，*History and Neorealism*（Cambridge：Cambridge University Press，2010）.

方法论，将国际关系的谱系置于20世纪思想史中，从思想史和政治史两个角度考察近代日本国际秩序论的发展，分析了近代日本对外思想中的亚洲主义与“脱亚论”的二元对立。❶

同样是运用思想史与国际关系结合的方法论，吴怀中讨论了“文明史观”对近代日本对华认识的影响。❷ 大木康充以“二战”前德国陷入本民族文化至上主义的教训为例，从与“军国主义”对抗的角度，指出“文化主义”在思想史上的意义，并明确“文化主义”与“二战”后“文化国家”理念之间的关系。❸

这些研究近代日本发动一系列对外侵略战争的原因、逻辑等的成果，丰富了近代日本对外认识研究的内容。韩东育的研究以“日本独占东亚”形成另一个“中华体系”的战略为着眼点，重新审视日本近代以来发动的战争，联系日本在东亚地区先后发动的壬辰－丁酉倭乱、甲午战争和侵华战争，认为丰臣秀吉出兵朝鲜以后呈现于前近代东亚地区的偏正两极结构，引发了日本“去中心化”的“中心化”冲动，前赴后继地开展替代“中国中心”的武装行动。❹

近代日本对外认识研究，总的来说呈现两个特点。第一，近代日本国际秩序论的研究受到“冷战”后至21世纪世界秩序的现实影响。如松本三之介的“东亚协同体论”研究便是其中的典型例子。❺ 2004年刊登在日本国际政治学会的杂志《国际政治》的“日本外交的国际认识与秩序构想”的专题论文亦是如此。❻ 第二，关于媒体、舆论历史研究的兴起。信息技术的发展促进报纸、杂志文章的电子化，有利于研究者开展检索，进

---

❶ 酒井哲哉『近代日本の国際秩序論』、東京：岩波書店、2007年版。类似的尝试还有：高蘭『アジア主義における脱亜論：明治外交思想の虚像と実像』、東京：明德出版社、2007年版。

❷ 吴怀中：《“文明史观”在近代日本对华认识及关系中的影响：从思想史与国际关系的接点出发》，《日本学刊》1998年第5期。

❸ 大木康充「近代日本における『文化主義』の登場とその展開：桑木厳翼・金子筑水・土田杏村」、伊藤信哉・萩原稔編『近代日本の対外認識：Ⅱ』、東京：彩流社、2017年版、第110–153頁。

❹ 韩东育：《日本对外战争的隐秘逻辑（1592—1945）》，《中国社会科学》2013年第4期。

❺ 同类主题的研究还有：石井知明・小林英夫・米谷匡史編『一九三〇年代のアジア社会論：「東亜協同体」論を中心とする言説空間の諸相』、東京：社会評論社、2010年版。

❻ 「日本外交の国際認識と秩序構想」、『国際政治』第139号、2004年、第1–158頁。

行系统研究。近代日本的朝鲜认识研究就是以杂志和出版物为研究材料，考察近代日本人的朝鲜观。❶ 伊藤信哉以《外交时报》为中心的研究，采用了同样的研究方式。❷ 同时，还出现了在对同一时期报纸论调比较基础上，归纳出其后舆论趋势的研究❸，这种研究颇具启发意义。

同时，目前的研究中存在着以下不足。第一，可能由于中日两国的历史渊源以及相互交织的近代历史关系，中日两国学者的研究主要集中在日本人的亚洲认识或中国认识方面，并且主要围绕个别思想家或政治家进行，对某一时期或整个近代日本对外认识整体状况把握的研究相对较少。第二，对近代日本的对外认识研究多集中于近代日本对同时代中国的认识、朝鲜的认识和亚洲的认识，而类似对同时代美国的认识等对欧美认识的研究较少。而且，对于如英国等这种在第二次世界大战前的重要国家的认识等研究，以及将对外认识研究纳入国际关系多边互动中的研究略显不足。第三，尽管国内已经出现了如“近代以来日本人的中国观”这样的专题性研究，但是目前中国学者综合运用思想史与政治史方法的跨学科研究，以及融合中国认识在内的近代日本对外认识的整体性、综合性研究尚不多见。

第三节　本书的研究框架

本书从国际政治学与思想史的研究视角出发，试图在明治时期日本的对外政策研究与同时代思想认识研究的两大领域之间架设连接的桥梁，

---

❶ 里上竜平「近代日本の朝鮮認識：朝鮮保護政治期の雑誌・出版物にみる日本人の朝鮮観」；尾崎ムゲン「教育雑誌にみるアジア認識の展開」、古屋哲夫編『近代日本のアジア認識』、東京：緑蔭書房、1996 年版。琴秉洞編『資料・雑誌にみる近代日本の朝鮮認識：韓国併合期前後・解説』、東京：緑蔭書房、1999 年版。

❷ 伊藤信哉「一九二〇年代『外交時報』にみる日本知識人の対外認識：半沢玉城と末広重雄を中心に」、武田知己・萩原稔編『大正・昭和期の日本政治と国際秩序：転換期における「未発の可能性」をめぐって』、京都：思文閣出版、2014 年版、第 82～112 頁。

❸ 片山慶隆『日露戦争と新聞：「世界の中の日本」をどう論じたか』、東京：講談社、2009 年版。

力图在两大领域的交汇处做出创新研究，从明治时期日本人的对外认识角度深入探索“明治时期日本如何迅速崛起”的原因。本书由绪论、正文及结论三部分构成。绪论介绍明治时期日本对外认识研究的意义、国内外学界的先行研究情况，以及本书的研究框架。正文一共分为四章。第一章介绍幕末开国时期日本的国内外环境状况、应对外来压力的思想类型，围绕“锁国”与“开国”的思想论争，结合日本文化特点归纳该时期日本对外认识的类型特征。第二章以岩仓使节团和启蒙思想家的对外认识为主要内容，对文明开化时期日本人的对外认识进行分析和阐释，揭示文明开化的思想结构。第三章首先介绍明治二十年代日本人的对外认识概况，着重考察日本国粹主义者志贺重昂、三宅雪岭、陆羯南的对外认识特征。第四章首先介绍中日甲午战争的思想史意义，然后论述德富苏峰与竹越三叉的思想从平民主义到帝国主义的转变，最后集中介绍高山樗牛的日本主义思想和浮田和民的伦理帝国主义思想。终章主要对全书进行回顾与归纳，阐述明治时期日本人对外认识的变化过程以及同时代社会思潮的主要代表人物的思想发展历程，同时从日本文化研究视角，分析日本民族的文化心理，考察明治时期日本人对外认识范式的转移轨迹。

本书研究的创新点可基本概括为三点。第一，从研究角度看，对外认识研究涉及思想史与国际关系两个领域，本书对于明治时期日本人对外认识的研究，为认识明治时期日本的对外政策提供了新思路。第二，从研究主体看，本书不同于以往单纯的思想人物研究或政治人物研究，以思想家为主，政治家为辅，研究对象范围较之于现有研究是一种突破。第三，从研究内容看，本书主要从西洋、东洋以及日本人的自我认识三个层面着手，从总体上把握明治时期日本人对外认识的变化。另外，本书的一个重要目标就是通过探寻明治时期日本人对外认识的变化，构建日本人认知框架的转换轨迹——这也是本书的独特之处。

当然，由于笔者的学识精力所限，本书还存在以下需要突破的难点。第一，目前学界对明治时期日本人对外认识进行总体概括的研究成果较少。现有的研究或是围绕日本与“东洋”（亚洲），或是围绕日本与“西洋”（欧美），少见整体性的研究。已有的同领域研究几乎都是对知识分子的个案研究，对群体意识的把握很少。第二，本书研究涉及的时间跨度有

40 多年，而且需要描绘明治时期日本人对外认识的全貌以及各阶段特征。日本人的对外认识涉及日本人的文明观、秩序观，而且其中伴随着日本人对“东洋”与“西洋”，传统与近代的认识。对明治时期日本人对外认识的研究，实质是对日本人在近代化过程中自我认识的考察。

第一章　幕末日本人的对外认识

近代世界体系的特征，是以由相互排他性的国境线为标志的主权国家组成的国际体系，与跨越国境线的世界经济体系相互并存。❶ 18—19 世纪，西欧列强在强大的军事力量支持下不断向东亚扩张，开拓新的市场。中国清政府首先经历了这股“欧风美雨”的洗礼。作为中国一衣带水的邻国，近代日本也难以逃脱被这阵暴风雨袭击的命运。自 17 世纪中叶起，日本的实际掌权者德川幕府开始实行禁止日本人走向海外、在国内严厉打击以葡萄牙为代表的天主教势力以及将外界的通商联络窗口固定在长崎出岛的锁国政策。

18 世纪末，一直奉行锁国政策的德川幕府遭遇了沙俄不断南下的压力；进入 19 世纪以后，日本又接连受到来自英国、法国和美国等国家的施压。对日本而言，西方列强的不断接近，无疑是事关本国体制存亡的危机。应该如何应对外国提出的通商等要求，便成为当时日本举国关心的话题。有识之士们纷纷抛出自己的思想主张，有的狂热地主张“尊王攘夷”论，有的以务实的态度提倡“开国佐幕”论，还有一些思想家的主张发生了变化。例如横井小楠（1809—1869），他最初主张锁国攘夷，后来受到魏源《海国图志》的影响，转变为一个开国论者。

最终，德川幕府选择放弃“锁国”走向“开国”。幕末时期日本人的对外认识由此发生了巨大变化。幕末开国时期日本的社会思潮以及思想家个人都经历了巨大的思想转换，所以通过对风云变幻的幕末时期和纷繁复杂的社会思潮之变化进行分析，可以归纳幕末开国时期日本人对外认识的

❶ 田中明彦・川島真編『20 世紀の東アジア史：Ⅰ　国際関係史概論』、東京：東京大学出版会、2020 年版、第Ⅵ頁。

一些基本特征。本章主要叙述日本德川时期日本人对外认识的变化、幕末开国时期围绕“锁国”与“开国”的思想论争，并且据此归纳幕末开国时期日本人对外认识的特点。

第一节　幕末开国时期日本人的对外认识状况

一般而言，近代日本的起点是以1853年美国人提督马修·佩里（1794—1858）率领舰队叩关日本为标志。这种观点遵循的是把日本明治维新视为外来冲击下反应结果的思想路径。不过，如果从思想史的角度探寻日本内部寻求变革的原因，日本开国的起点应该可以追溯至更早的时期。

如果要理解幕末日本选择开国的思想动因，首先必须弄清19世纪中叶日本所处的国际环境。19世纪上半叶，世界形势发生急剧变化。在经历了英国产业革命、美国独立战争和法国大革命以后，一些国家在19世纪初期逐渐完善了近代国家的形态，法国于1848年爆发了二月革命。在此之前，马克思与恩格斯撰写了著名的《共产党宣言》。沙俄在1861年颁布了农奴解放令，逐步动摇了沙皇的统治。从1861年开始，美国经历了四年的南北战争，公布了《解放奴隶宣言》。1867年，马克思出版了《资本论》第一卷。明治政府为了实现全国统一，在1871年推行废藩置县改革，同年，法国的巴黎公社和德意志帝国宣告成立。结合当时世界形势和日本国内状况，可以说明治维新的出现是世界历史进程和日本历史发展的结果。

一、“锁国”的缘起

众所周知，日本幕末开国变革是一个以西欧冲击为契机带来的国内关系变化与重新调整的过程。引发幕府瓦解的契机与其说是开国这一事实，不如说是幕府在做开国选择时所表现的不明智和不果断给日本民众留下了开国意味着不光彩之印象。[1] 借用本尼迪克特的话说，这种不光彩在日本

---

[1] 田辺太一『幕末外交談』、東京：富山房、1898年版、第7-18頁；第532-535頁。

人看来可以称得上是蒙“耻”。[1] 正如中国古语所说的“知耻而后勇”，日本把西方国家对日本开国通商的要求转变为意欲恢复民族威势的热切愿望。因此，可以认为幕末开国时期日本国内变动与对外关系变化互为表里关系。

与“开国”相对的词语是“锁国”。一般认为，“锁国”最早起源于原长崎通事志筑忠雄（1760—1806）在1801年翻译的《日本志》附录中论文的标题《锁国论》。[2] 通事，特指江户幕府在长崎从事翻译或贸易事务的官员。《日本志》的作者是德国医生坎贝尔（Engelbert Kaempher，1651—1716）。他曾在1690年（元禄三年）以出岛荷兰商馆医生的身份在日本逗留了约两年。坎贝尔的原题是《对日本帝国禁止本国人渡海出国、禁止外国人进入日本，以及完全禁止这个国家与海外世界的交流是源于极为妥当的根据的论证》[3]。在坎贝尔看来，日本德川幕府的对外政策极为妥当。志筑忠雄是荷兰语翻译，所以翻译时依据的是荷兰语版本，题为《论今之日本人闭锁全国、无论国内国外使国民未敢与异域之人通商之举是否获得了利益》[4]。为什么日译者志筑忠雄要把原作者坎贝尔肯定的意思翻译成怀疑的语气呢？这无疑是一次“误译”，属于翻译上的硬伤。在此，需要明确志筑忠雄的“误译”动机。

《日本志》的日译本出现在1801年，正是希尔所谓的“黑暗”的19世纪的开端。1801年，距离德川幕府最后一次颁布“宽永锁国令”（1639）已经过去了162年，距离原作者德国医生坎贝尔逝世（1716）过去了85年，但是距离改变日本历史的美国提督佩里叩关（1853）和明治维新（1868）开端，分别只相距52年和67年。也就是说，德川幕府长达约250年的统治，从19世纪初开始遭遇急剧的变化，以致半个世纪后便土

---

[1] 鲁斯·本尼迪克特：《菊与刀》，吕万和、熊达云、王智新译，商务印书馆，2005。

[2] 板沢武雄「鎖国および『鎖国論』」、板沢武雄『日蘭文化交渉史の研究』、東京：吉川弘文館、1959年版。

[3] 坎贝尔论文日文原题：日本帝国に於いて本国人には海外渡航が、外国人には入国が禁ぜられ、且つこの国と海彼の世界との交流はすべて禁ぜられているのが極めて妥当なる根拠に出でたるものなることの論証。小堀桂一郎「鎖国の思想」、荒野泰典『近世日本と東アジア・序』、東京：東京大学出版会、1988年版、第ii頁。

[4] 志筑忠雄的日译题目：今の日本人全国を鎖して国中国外に限らすあえて異域の人と通商せざらしむること、実に所益なるに与れりや否やの論。朝尾直弘『鎖国』、東京：岩波書店、2004年版、第32頁。

崩瓦解。

的确，从18世纪后半期开始，日本面临的国际环境和国内环境都发生了巨大的变化。国际方面，1778年沙俄商人登上国后岛，要求与松前藩通商。在日本内外交困的背景下，仙台藩医师工藤平助（1734—1800）在1783年写作完成《赤虾夷风说考》，阐述沙俄南下对虾夷一带的威胁，主张同沙俄开始正式的贸易，系统论述日本应当积极北进的海防思想。❶

其后，林子平（1738—1793）在1783年写下《三国通览图说》，主张首先要确保虾夷、朝鲜和琉球才能保护日本。他的《海国兵谈》在1787—1791年刊行，书中提出沙俄占领西伯利亚后逐步南下，对日本形成了严重的威胁，因而强调海防是日本全民族的任务。林子平第一次使用“海国”定位日本，给后世留下了深远的影响。在林子平的理解中，海国就是四方沿海、没有陆地邻国的国家。❷ 林子平强调，“日本的当务之急是整顿武备，掌握防御外寇的方法”。❸《海国兵谈》一书体现了在西方列强来临之前日本对于海防的基本态度。

1792年，林子平在《三国通览图说》和《海国兵谈》的言论，被时任幕府老中❹松平定信批驳为“奇谈怪论”而禁止出版，他本人也被判处监禁。就在这一年的9月3日，沙俄特使拉克斯曼（A. K. Laksman）率领船只亲自护送遇难漂流的日本人抵达北海道根室，并且携带了叶卡捷琳娜二世的国书要求通商。松平定信拒绝了叶卡捷琳娜二世的国书，发给拉克斯曼准许进入长崎港的信牌（入港许可证），但拉克斯曼最终没有入港且被遣返回国。

面对日本遭遇的前所未有的内忧外患，大原左金吾（1761—1810）于1797年在《北地危言》中指出：“外寇乃天下之寇，非一国之寇，要尽天下智力。”❺ 在此，要理解大原左金吾的意思，就要理解幕藩体制的结构。此处的“天下”指整个日本，而“一国”是一藩的意思。日本学者石田一

---

❶ “虾夷”是古代日本对今北海道、千岛群岛、萨哈林岛（库页岛）的统称。因为斯拉夫人发色赤红的缘故，江户时代的日本人使用“赤虾夷”指称俄国人。

❷❸ 参阅林子平述『海国兵談』、村岡典嗣校訂、東京：岩波文庫、1939年版。

❹ “老中”为幕府时代直属于将军且总理政务的长官。

❺ 丸山真男：《日本政治思想史研究》，王中江译，生活·读书·新知三联书店，2000，第282页。

良曾经指出："幕藩体制与锁国体制是被成对确立起来的，锁国是幕藩体制得以维系的外部条件。"❶ 简单来说，幕藩体制的基础是一个横纵交织的结构，横向是幕府控制下各藩独立割据的政治结构，这种政治结构并不是在德川时代才形成的，其实从邪马台国统一各大氏族到庄园制的经济结构中都可以窥见幕藩体制政治结构的雏形；纵向是指身份等级制度，德川幕府禁止社会阶层的纵向流动。日本著名社会学家中根千枝说过，"在我看来，日本社会组织最典型的特征，产生于社会关系中联系的单一性：人与人之间，集团与集团之间，从来只有一种单一的明确关系。"❷ 中根千枝对日本社会结构的分析富有洞见，因为幕藩体制建立的基础正是这种社会结构。

回到大原左金吾的话题上来，保卫"天下"要求"一国（藩）"联合与团结，如果幕府需要维系"天下"，那么必须要改变"各国（藩）"分散联合的局面。大原左金吾的言论绝非危言耸听，"北地"面临的现实危险迫使幕府统治的体制发生变革。1871 年，明治政府"废藩置县"政策的目的就在于建立"天下—国家"，加强统治，后来的日本历史也证明了变革是大势所趋。

当然，幕府领导者并不是不具备危机意识。自 18 世纪中期开始，第八代将军德川吉宗（1684—1751）推行"享保改革"（1716—1745），试图化解幕府在财政方面的困难。1727 年，荻生徂徕向吉宗进献《政谈》，主张解决武士阶层的贫困问题。1787 年，幕府老中松平定信开始推行"宽政改革"（1787—1793），但改革遭遇各方压力，松平定信本人也不得不在 1793 年辞去老中的职务。天明大饥荒（1782—1788）以来，日本国内社会矛盾日趋严重。很快，对外的海防强兵与对内的富强主张联合起来，汇成了富国强兵论，为幕末尊王攘夷论的兴起做好了思想上的准备。

志筑忠雄就是在日本面临上述内外困境的时候翻译了《日本志》。他在阐述自己翻译该书的动机时称：

> 今予翻译此书，不徒为玩娱之具。我辈生于此难得之国，逢此难

❶ 石田一良：《日本文化：历史的展开与特征》，许极燉译，上海外语教育出版社，1989，第 164 页。

❷ 中根千枝：《日本社会·原序》，许真、宋峻岭译，天津人民出版社，1982，第 3–4 页。

得盛世，与太平之草木共蒙无上雨露之惠，此亦为添言此乐时之兴一助。兼及异国异风之可怖、邪说暴行之可恶，求于普天之下，得悟无更可尊之人与可仰之教，唯愿此书于固御外亲内之最切用之心之道，亦有些微裨益。❶

志筑忠雄在“例言”中叙述了沙俄南下的外在威胁，并且在译注中指出欧洲势力的要求与传统“华夷”体制下的“通商”性质不同，这在当时是非常有见地的思想。

在志筑忠雄翻译的《日本志》出现以前，日本人不曾用“锁国”来形容本国的体制。尽管坎贝尔的《锁国论》原本是对近代以前日本政治经济自给自足的一种肯定，但是当时的知识分子对“锁国”这个词的接受和认识具有体制批判的色彩。❷ 如果志筑忠雄阅读的是德语原文而不是荷兰语译本，可能《日本志》就不会进入他的视野了。虽然志筑忠雄《锁国论》的日译本直到49年后才由日本国学家黑泽翁满（1795—1859）以《异人恐怖传》为题出版问世，但是其手抄本早已在幕末知识分子中广为流传，影响力极大。❸

“锁国论”的流行与“锁国”观念的形成，是日本知识分子从“把‘锁国’理解为德川体制的保护性措施”转变为“为德川体制带来潜在危险”的这一对外危机意识发生变化的结果。其实，以“锁国”形象概括德川日本，是从近代世界体系的视角审视德川日本。这种视角为近代日本“脱亚”作铺垫，过滤日本处于“中华帝国”周边的事实性、开放性，突出强调其在与荷兰、葡萄牙、英国、法国、美国等欧美国家关系中的封闭性、孤立性。

二、日本的对外危机及日本的外国研究

日本四面环海，有些学者不同意用“锁国”来描述德川日本的对外关系，主张使用“海禁”一词。但是从18世纪末到19世纪初，无论是称为

---

❶ 刘岳兵：《日本近现代思想史》，世界知识出版社，2010，第26页。

❷ 荒野泰典『近世日本と東アジア・序』、東京：東京大学出版会、1988年版、第ii頁。

❸ 源了圓「横井小楠における攘夷論から開国論への転回」、『アジア文化研究』第26号、2000年、第197－224頁。

“锁国”还是“海禁”，日本在思想上都处于“锁而不绝、禁而不止”的状态。

（一）持续不断的“外患”

在沙俄使节拉克斯曼抵达日本要求通商的12年之后，他的同胞列扎诺夫（N. P. Rezanov）在1804年携带幕府颁发给拉克斯曼的信牌（入港许可证）出现在长崎港，继续要求与日本通商。列扎诺夫的要求被幕府以恪守“祖法”为由拒绝。作为对此的报复行动，沙俄军舰袭击了虾夷地区。其实，幕府在拉克斯曼离开后，也认识到北方的局势正在逐年紧张，如果放任沙俄“蚕食虾夷地”，则“终必使国家产生后患”，[1] 于是在1798年派遣官吏前往巡视，在择捉岛当地写上“大日本惠登吕府”。“惠登吕府”是“择捉”的日语读音，读作“Etorohu”。对于沙俄军舰袭击虾夷地区，幕府考虑放宽“锁国”政策并在1806年颁布“文化薪水给予令”接待外国船只，向驶抵日本的外国船只提供食物、薪炭补给。1807年，幕府又把虾夷地区全部变为直辖地，设置奉行，指令沿线各藩加强警备。其实，幕府对于虾夷地区的控制和扩张与沙俄势力的南下互为因果关系。沙俄的威胁使幕府产生了危机认识：幕府一方面固守“祖法”不予通商，另一方面没有放松对外扩张的机会。由此可见，日本从来都不是一个被动挨打和坐以待毙的国家，只要有适当的机会和条件，即使国力薄弱，也不会妨碍它主动向外出击。现实的利益是让日本采取现实主义态度和行为的主要原因。

众所周知，自古以来日本文化的一个重要特征就是对外来文化的吸收和融合。自从拉克斯曼于1792年抵达日本以后，幕府就开始着手进行沙俄研究。幕府命令将军的侍医桂川甫周（四代，兰学家，1751—1809）向跟随拉克斯曼回到日本的大黑屋光太夫了解沙俄的地理情况、风俗人情。桂川甫周根据大黑屋光太夫的口述整理编成《北槎闻略》（1794）。该书共十一卷以及一卷附录，可谓日本的俄罗斯研究之滥觞。与大黑屋光太夫的漂流经历相关的文献还包括《俄国睡梦谈》《俄国漂民记》等。[2] 从此，日本人根据大黑屋光太夫记录的一千多条俄语条目开始学习俄语。不过，历经千

---

[1] 田保橋潔『近代日本外国関係史』、東京：原書房、1976年増訂版、第225頁。

[2] 高野明『日本とロシア：両国交渉の源流』、東京：紀伊国屋書店、1971年版、第206-207頁。

辛万苦重回祖国日本的大黑屋光太夫却一直处于被监禁的状态，未能如愿告老还乡，原因就在于幕府依然禁止日本人与任何有海外经历的人接触。

无独有偶，沙俄海军少校戈夫洛宁于1811年率领“季阿娜”号军舰停泊在国后岛水域，被幕府扣留了约两年。其间，日本的翻译和医生前来向他学习俄语，并且就世界形势与他交换意见。日本的俄罗斯研究是在沙俄的威胁下开始的。同样，1824年的大津滨事件，1837年的美国“莫里逊号”军舰闯入江户湾事件，也分别成为日本的英国研究和美国研究的契机。因此可以说，日本的外国研究的开展与其受威胁的顺序对应。这与以鲁斯·本尼迪克特的《菊与刀》为代表的欧美国家的亚洲研究不同，由此也体现出日本的危机意识与务实精神。

除了沙俄的骚扰，19世纪初的英美等西方国家也给日本带来不小的压力。1808年，英国军舰“费顿号”（Phaeton）为了追捕由荷兰开往日本长崎的东印度公司的船只，闯入长崎，袭击了出岛的荷兰商馆。但是，因为荷兰船只并未到来，“费顿号”在获得补给后离开日本。“费顿号”硬闯长崎的事件释放出一个信号，即西方国家对海外殖民地的争夺已经延伸至亚洲地区，日本随时面临外来危险。

（二）大津滨事件的影响

1819年在日本近海发现大量抹香鲸的消息传开后，美英两国的捕鲸船便迅速出现在北太平洋海域，这导致每年驶入日本周围水域的美国和英国的捕鲸船数量急剧增加。1822年，仅美国一个国家的船只就达30艘以上。1824年5月，英国捕鲸船的船员携枪强行登陆水户藩的大津滨，要求水炭供给但被水户藩逮捕，史称大津滨事件。该事件再次强化了幕府和水户藩的危机感。1825年，幕府颁布了“异国船驱逐令”，其实这并不是鲁莽的强硬政策。因为当时许多捕鲸船在日本近海作业，要求供给粮食、淡水、燃料，天气不好时更有不少船只要求驶抵日本沿岸避难。对于每一次要求，幕府都需要戒备海岸，接待船员。这对幕府和各藩而言都是烦琐的工作，并且产生不小的开支。

大津滨事件同样冲击了日本知识分子对外部世界的认识。水户藩的会泽正志斋（1781—1863）以这次事件为契机写作了《新论》（1825），并提交给水户藩藩主。大津滨事件在一定程度上可以说是会泽正志斋《新论》

的直接创作原因。《新论》的主要内容包括：（1）国体，以论神圣以忠孝建国，而遂及其尚武重民命之说；（2）形势，以论四海万国之大势；（3）虏情，以论戎狄觊觎之情实；（4）守御，以论富国强兵之要务；（5）长计，以论化民成俗之远图。[1]《新论》因触犯德川幕府的禁忌，没有获准出版，所以最初是以手抄本的形式流传于世。尽管如此，《新论》仍然影响巨大，以至于后来出现了“不读《新论》不足以称志士”的说法。

仔细分析会泽正志斋的《新论》，发现其主要思想具备以下特征：第一，“国体”篇主张尊重皇室；第二，“形势”“虏情”和“守御”三篇是作者对当时日本面临的外部形势的分析和主张；第三，“长计”篇主张巩固忠孝观念，提倡神儒合一。会泽正志斋写作《新论》的动机与他自身对天下形势的认识是分不开的。会泽正志斋认为，当时的形势与宽永时期相比变化剧烈，与外国通好已是不得已之势，呼吁幕府应该采取新的对外政策。[2]尽管会泽正志斋已深刻认识到外部危机，但没有摆脱传统神道和儒学的思维框架，其主张都是以维护幕府统治为前提。

（三）“蛮学社”的兴起与意义

世界近代史是欧洲的殖民扩张史，也是世界的“欧化”史，当然亚洲也不能幸免。1839 年，渡边华山（1793—1841）在《慎机论》（1838）中说道：“今天下五大洲中，美洲、澳洲、非洲均已为欧洲所有。即使亚洲仅剩中国、日本和波斯三国幸免于难。三国中，惟有我国不与西人通信。真乃万分危急，实在不堪杞忧。”[3]《慎机论》的成书时间正是美国“莫里逊”号驶入江户湾、幕府依照“异国船驱逐令”将其击退的次年。幕府炮击“莫里逊”号军舰的意义在于把幕末海防论与现实紧密地联系在一起，让幕府的海防不再停留在纸上谈兵的阶段。渡边华山在《慎机论》中批评了幕府的“异国船驱逐令”，同时对日本的未来表示忧虑。这也让他陷入“蛮社之狱”，被幕府问罪并被处以禁闭。最终，渡边华山选择以自杀的方式告别这个世界。

---

[1][2] 会沢正志斎「新論」、今井宇三郎・瀬谷義彦・尾藤正英校注『日本思想大系：53　水戸学』、東京：岩波書店、1973 年版。

[3] 渡辺崋山「慎機論」、佐藤昌介・植手通有・山口宗之校註『日本思想大系：55　渡辺華山・高野長英・佐久間象山・横井小楠・橋本左内』、東京：岩波書店、1971 年版、第 69 頁。

渡边华山是幕末三河国（今日本爱知县东部）田原藩的藩士。他出生时正值幕府宽政改革失败、武士生活日渐困顿，其家庭亦不能幸免。渡边华山幼年时学习儒学，师从著名的儒学家佐藤一斋；因为家庭贫困，又决心学习绘画以贴补家用。尽管渡边华山在30岁时便学习过西洋绘画，但他真正开始关心西洋，是在被提拔为田原藩家老兼任海防挂（负责海防事务）职务之后。田原藩靠近太平洋，是三河地区仅有的海防据点，海防责任重大。渡边华山也是从此时热心海防事务和兰学，成为最具代表性的幕末思想家之一。

渡边华山与高野长英、小关三英等人结成了“蛮学社”，专门用于学习和交流有关西洋的知识与信息。高野长英曾这样叙述渡边华山写作《慎机论》的初衷，“近岁凶欠延绵，人心慌乱不安，富者愈富，贫者愈贫，穷民处处骚扰，世间颇为动荡，故以慷慨之心，于兰书中抄出万国国体、政务、人情、世态等。又添集传闻之事，以《鴂舌小记》为题编辑成章。近者马礼逊之事，世间评论颇高，杞忧之余，从英吉利之风俗、国情以至马礼逊事件考究，议论和汉古今旧弊，当今政务得失，遂成书，名为《慎机论》。”❶ 在此，高野长英道出渡边华山与其他前辈兰学家的不同之处，具体来说包括以下三点。

第一，认为解决日本内外问题的策略不仅在于要学习医学、天文、地理、航海等“物理”知识，而且要学习西方的政治和文化形态。渡边华山把西学分为“天、地、人”三类，他说：“按说推步学以天为主。自然学为自然物理，取代地志以地为主。人文学以人情、风俗、政事以及沿革等为主。”❷ 自然，渡边华山对西学进行的分类沿袭了儒学传统中天地人的思维框架，或者说，渡边华山对西学的认识是站在日本传统思维的延长线上。

第二，日本国内因为天保大饥荒❸造成的社会动荡以及1837年“莫里

---

❶ 高野長英「鳥の鳴音」、佐藤昌介・植手通有・山口宗之校註『日本思想大系：55　渡辺華山・高野長英・佐久間象山・横井小楠・橋本左内』、東京：岩波書店、1971年版、第179頁。

❷ 渡辺崋山「慎機論」、佐藤昌介・植手通有・山口宗之校註『日本思想大系：55　渡辺華山・高野長英・佐久間象山・横井小楠・橋本左内』、東京：岩波書店、1971年版、第81頁。

❸ 1833—1836年在日本发生的全国性大饥荒。因为气候异常，持续低温、洪涝，造成米价暴涨，田地荒芜，各地暴动和抢掠事件不断发生。

逊号”事件，促使渡边华山把国内危机与对外危机结合在一起，批判幕府安于现状，主张研究西方国家。渡边华山在《外国事情书》中说：“大凡人之安否，皆同知与不知相关。目前之治，实为井蛙之见而固不足论，又高明尚古之士，亦同蟹眼之向空，灯台下之暗影。总之，可归其为盲者不惧蛇，聋者不避雷。又岛人不患盗，农夫疏于火，皆可以惩。闻风腥而知虎在，听雉鸣而悟地震将至。搜索西洋诸番之事情，实乃今日之急务。”❶又说“古来唐山御戎之论，我邦之神风皆不足恃”❷。渡边华山批判了当时日本国内外形势危急的“井蛙之见”，主张取消“异国船驱逐令”，认为向西方学习乃第一要务，显示了他想通过学习西洋改变日本状况的迫切心理。渡边华山也因此开创了借助兰学批判社会现实寻求变革的新风气。

第三，无论是基于儒学思维延伸至洋学的学问领域，还是立足日本现实寻求变革的主张，都源于渡边华山对处在变化之中的世界的相对认识。渡边华山曾就日本“不与西人通信”表示担忧，认为欧洲的扩张是天下大势，日本倘若不变革便难以自保，终究要落得与“美洲、澳洲、非洲”同样被殖民的命运。他在《外国事情书》中说道：“由上可知，天下古今之变，古之夷狄为古之夷狄，今之夷狄为今之夷狄，难以古之夷狄定今之夷狄。”❸ 渡边华山认为世界形势已今非昔比，不能以古论今，需要在变化中认清一国的定位。接着，他指出西方之所以能够强大的原因不仅在于“物理”的发达，更在于西方审视世界时并没有把一个国家作为“天下”，而是“以天下为天下”，日本应该紧随世界大势，挣脱“一国（一藩）”的天下认知枷锁，以世界万国为天下，只有这样才能避免沦落为欧洲殖民地的下场。

三、鸦片战争对日本人对外认识的影响

1840 年爆发的鸦片战争，是西洋列强侵略中国的发端。清政府在对外

---

❶ 渡辺崋山「外国事情書」、佐藤昌介・植手通有・山口宗之校註『日本思想大系：55　渡辺華山・高野長英・佐久間象山・横井小楠・橋本左内』、東京：岩波書店、1971 年版、第 44 頁。

❷ 渡辺崋山「初稿西洋事情」、佐藤昌介・植手通有・山口宗之校註『日本思想大系：55　渡辺華山・高野長英・佐久間象山・横井小楠・橋本左内』、東京：岩波書店、1971 年版、第 61 頁。

❸ 渡辺崋山「外国事情書」、佐藤昌介・植手通有・山口宗之校註『日本思想大系：55　渡辺華山・高野長英・佐久間象山・横井小楠・橋本左内』、東京：岩波書店、1971 年版、第 9 頁。

关系上，自以为是居于他国之上的“天朝”，不承认有与之平等的国家的存在，即所谓的“敌国”。从某种意义上来说，“天朝”对外体制使中国成为一个“世界”，而不是世界的一部分。❶清政府在鸦片战争中溃败，被迫进入近代世界体系，不仅动摇了“天朝”的权威，也彻底颠覆了日本知识分子的对外认识。❷鸦片战争对于日本的直接影响之一就是幕府在1842年7月取消了1825年颁布的“异国船驱逐令”，发布了“薪水给予令”（“天保薪水给予令”），为驶入日本海域的外国船只提供炭、水和粮食。从“炮击”到“给予”的转变，一方面可见鸦片战争带给日本朝野的震动，另一方面足见日本的现实态度。

（一）《鸦片始末》中的中国、英国认识

1844年，昌平黉书生寮舍长斋藤竹堂（1815—1852）创作了《鸦片始末》，叙述鸦片战争的原因、经过和结果。该书因批评幕府政治而被禁止发行，所以以手抄本的形式普及于世。该书中，斋藤竹堂在结尾处写道：

> 谓曰，清奄有汉土二百年，北起鞑靼，西至回部诸域，幅员万里，纤尘不扬。其疆之大力之强，自有汉土以来，未闻之也。而鸦片之变，幺麽小丑，阅四岁不定。江南殆陷，天下骚然，是其何故哉？吾考清英二国之名义顺逆，愈有怪焉。夫鸦片之物，英夷已不自食，嫁祸于清，清不知买之尚可也。知而绝之。英夷固宜收函敛囊以补前日之愆，不然。抗颜强请、唯贪己利而不顾他人生死利害，是何不知礼义廉耻之甚也。吾于本邦闻之，犹不能不生唾骂之心，何况当日立其朝之君臣乎。痛绝而极戮之，固其宜矣。而一败不振，日以萎靡，事势颠倒，彼此变局，至以无礼无义之丑虏挫衄堂堂仁义之大邦，是亦何也？吾反复考之，而后知清英之胜败利钝在平日，不在鸦片之事也。何有此言？宇宙万国，风土自异，孰夷？孰夏？而汉土常以中夏自居，侮视海外诸国如犬彘猫鼠之冥顽不灵之物，不知其机智之敏、

❶ 茅海建：《天朝的崩溃：鸦片战争再研究》，生活·读书·新知三联书店，2014，第8页。

❷ 有关鸦片战争对当时日本人对外认识的影响的最新研究成果，可参阅日本学者西泽美穗子对荷兰驻日商馆馆长向日本传递鸦片战争情报过程的研究，西澤美穂子「アヘン戦争と駐日オランダ商館長ヒック」、友田昌宏編『幕末維新期の日本と世界：外交経験と相互認識』、東京：吉川弘文館、2019年版、第26–53頁。

器械之精，或中夏未曾知有不识之物，茫乎不讲防备之术，开口辄曰夷曰蛮。而彼航海纵横，称雄西域。而受其侮，其心必愤愤久矣。而窥视累岁，颇得清国要领，及鸦片之事起，尚未敢遽然抗之，先卑其辞，必请听之，清主果下严急峻酷之法。而夷怨益深，夷谋益固。鸦片之事，英曲清直。而今反变之，清失于骄盈疏傲，英有发愤思报之志。即一战仅发数炮，汉军皆辟易，如行无人之地。清主虽欲和而不得。和则赂金割地，皆其所欲，可以一时休兵而异日窥变。是乃英夷能料之如初，所以其胜败之机已决也。不然，岂英夷特以火炮船舶诸器之精妄加兵于人国哉。呜呼，清者既已一误，果无可再误也。❶

斋藤竹堂认为鸦片一事“英曲清直”，但是英军仅发数枚炮弹，汉军皆辟易，英军如入无人之境，清政府在英军的炮弹面前败下阵来，只能签订屈辱的割地赔款条约。清政府的惨败，促使与其隔海相望、近在咫尺的近代日本人思考，究竟是什么原因导致“无礼无义之丑虏”能够“挫衄堂堂仁义之大邦”，进而产生了反省鸦片战争和重新认识整个世界的紧迫感——因为日本可能就是下一个目标。可以说，《鸦片始末》就是以斋藤竹堂为代表的近代日本知识分子的危机意识的产物。斋藤竹堂在书中表达了以下三个观点，尤为值得注目。

第一，斋藤竹堂认为，清代是当时中国历史上国土幅员最为辽阔、国力最为强盛的朝代。英国唯利是图，完全不顾礼义廉耻，丧失道义，所以胜之不武。其身为一名日本人都不禁要拍案而起为中国打抱不平。不过，斋藤竹堂一方面以“礼义廉耻”的道德标准评价英国的侵略行为，另一方面对清政府的无能表示无奈。

第二，斋藤竹堂认为，英国觊觎中国已久，并且非常了解中国，其胜利不在于鸦片而在于器械精锐，拥有人文智慧。反观清政府，以中华自居，自以为是，视外国为冥顽不化之土，轻视外国的优势，平日也未准备防御措施。因此斋藤竹堂指出，清政府的溃败在于自身的骄傲自大，而英国对清政府是知己知彼，所以一战即胜。在此，斋藤竹堂已清楚地表达出放眼天下、关注世界形势的重要性。

---

❶ 斎藤竹堂「鴉片始末」、田中彰・宮地正人校注『日本近代思想大系：13　歴史認識』、東京：岩波書店、1991 年版、第 4 頁。

第三，英国以火炮船舰逼迫清政府就范，令其从一开始就失去了主动权。清政府可谓一步踏错、全盘皆输。斋藤竹堂认为，中国与日本是唇亡齿寒的关系。虽然英军在鸦片一事中没有道义，但求和的却是清政府，所以日本应该引以为鉴，避免重蹈覆辙。由此可见斋藤竹堂的危机意识之强、忧虑之深。

《鸦片始末》作为日本第一本介绍鸦片战争情况的书籍，具有重要的意义。1847 年，儒学家盐谷宕阴在编纂鸦片战争相关资料《阿芙蓉汇闻》时，将《鸦片始末》收录其中，并力推该书为了解鸦片战争经过的首要书目。此外，最能体现上述紧迫感的是这个时期世界地图、地志类书籍的大量涌现，兰学家箕作省吾（1821—1847）在 1845 年编制了《坤舆图识》。《坤舆图识》一共五卷三册，第一卷是包括皇国日本在内的亚细亚志，另附地中海说明；第二卷是欧罗巴志，附有对土耳其、地中海诸岛及黑海等情况的说明；第三卷是非洲志，卷末为对马达加斯加岛等岛屿的介绍；第四卷是南美洲志和北美洲志；第五卷是澳大利亚志。每卷开头均设有各大洲总论，接着介绍各国的历史地理、人口物产等情况。

对于箕作省吾的著书动机，古贺侗庵在为其作的序中描述道："清较全欧罗巴辽阔富强，然其一贯自大不行外攘，近因禁鸦片与英夷结怨而遭摧破，唯纳金乞和免祸。……津山箕作省吾以刀圭为业胸怀报国忠心，著舆地图识。八纮地形历历在目。……天下慨然敌忾、兴冲动之志者，必惟此三册舆地图识始也。"[1]《坤舆图识》的意义在于它帮助日本知识分子全面了解天下大势，"充当了福泽谕吉的《西洋事情》问世以前最好的启蒙书籍。"[2]

（二）《海国图志》的流布与影响

鸦片战争震惊了日本的知识分子。他们除了在第一时间收集和编撰与此相关的书籍，还积极译介当时中国人写作的书籍，借由中国人对鸦片战争的自我反省，全面深化世界认识。魏源（1794—1857）的《海国图志》

---

[1] 田中彰・宮地正人校注『日本近代思想大系：13　歴史認識』、東京：岩波書店、1991 年版、第 42 頁。

[2] 钱国红：《走近"西洋"和"东洋"：中日世界意识形成的比较研究》，商务印书馆，2009，第 157 页。

（1842）作为反省鸦片战争、介绍外部世界的史地著作，首先被译介到日本。此书当时在日本被翻刻、训点、翻译的版本多达20余种，受欢迎的程度和影响力远远超过当时在中国本土的情况。

在鸦片战争结束的同年8月，魏源出版了《圣武记》，12月又自费出版了《海国图志》。《海国图志》刊行后在当时的中国社会引发了巨大的反响。后来魏源又做出增订修补，并于1848年出版了60卷本。《圣武记》与《海国图志》分别于1848年和1851年先后传入日本。《海国图志》是一部庞杂的著作，其中既闪烁着新思想的光芒，也含有基于旧观念的陈述，不同的人读之，会产生不同的认识。

1853年，美国提督佩里率领舰队抵达日本，要求通商却遭到幕府拒绝。佩里离开日本以后，幕府朝野群情激奋，并商讨海防对策。此时，魏源的《海国图志》因其丰富的海外地理知识，加上作者对于清政府在鸦片战争中惨败的反思和具有战略防御意味的海防论，正好为遭受美国开国通商压力的日本人提供了一个借鉴的范本，甚至引发幕府和书商不惜重金竞相购买的情形。根据大庭修在《江户时代日中秘话》中的研究，《圣武记》和《海国图志》在日本的需求量大，而且售价不断上涨。另外，根据幕末长崎会所进口中国书籍的账簿显示，1851年共有3部《海国图志》载抵日本，其中的2部分别被御文库与学问所"御用"，剩下的一部被老中牧野备前守购入；1853年共载抵日本1部，被留在长崎会所；1857年共载抵日本12部，其中7部被幕府购入，5部进行招标出售。1851年《海国图志》的进价是130刃，1859年启太郎书店的中标价是436刃，书价比初次传入日本时翻了3倍还多，从侧面可见幕府朝野上下对此书的重视。❶

增田涉对于《海国图志》在日本的畅销现象评论道："若从给予我国以刺激或影响的角度来谈有关世界地理和地志的汉文著作的话，那么恐怕就必须以《海国图志》为第一了。"❷ 此外，李庆在《日本汉学史》中写道："笔者在瑞典斯德哥尔摩大学图书馆，参观该馆珍藏的日本明治早期草子本时，发现包这些草子本的竟是《海国图志》的零页。由此也可见该

---

❶ 大庭修：《江户时代日中秘话》，徐世虹译，中华书局，1997，第183页；大庭修：《江户时代末期的舶载中国书籍与日本》，王勇译，载王勇、陆坚编《中国典籍在日本的流传与影响》，杭州大学出版社，1990，第280–282页。

❷ 增田涉：《西学东渐与中国事情》，由其民、周启乾译，江苏人民出版社，2010，第23页。

书当时在日本流布之广。”[1]《海国图志》能够获得日本人的极大关注，与作者魏源对于外来危机的敏锐意识、书中提供的地理知识和防卫战略是分不开的。幕末思想家的代表人物佐久间象山（1811—1864）和吉田松阴（1830—1859）都阅读过《圣武记》与《海国图志》，他们在各自的著述中都提到过这两本书。[2] 佐久间象山是吉田松阴的老师，因为吉田松阴私自偷渡出海失败而遭受连累，被幕府囚禁。佐久间象山在重新获得自由后写作了《省愆录》(1854)。顾名思义，这是一本反省自己“过失”的记录。书中写道：

> 先公为老中，嗣管海防之事。时英夷寇清国，声势相逮。予感慨时事，上书陈策（即《海防八策》——笔者注），实天保壬寅（1842年——笔者注）十一月也。后观清魏源《圣武记》，又感慨时事之所著。而其书之序，又作于是岁七月，则先予上书仅四月矣。而其所论，往往有不约而同者。呜呼！予与魏，各生异域，互不识名，感时著言，同在是岁，而其所见，亦有暗合者，一何奇也，真可谓海外同志矣。[3]

魏源与佐久间象山同在1842年针对时局慷慨陈言。虽然二人未曾谋面，又身处不同国家，但在国家面临存亡危机之刻，感先天下之忧而忧的心情是相同的。不过，佐久间象山与魏源虽在精神上产生共鸣，但是在具体海防事务方面的观点还存在一些分歧。例如，佐久间象山直接批评魏源在《海国图志》中的“辑铳炮之说”如儿戏，认为其不察当今之世、误人子弟并为此感到惋惜。莫道前路无知己，天下谁人不识君——因思想之共性，佐久间象山还是把魏源引为“海外同志”。

---

[1] 李庆：《日本汉学史》（第1部），上海人民出版社，2010，第52页。

[2] 关于鸦片战争对于吉田松阴的影响，郭连友在其著作《吉田松阴与近代中国》中认为，在吉田松阴的思想形成过程中，鸦片战争的影响是巨大的。作者列举了吉田松阴对《圣武记》《海国图志》的研究，即将记录鸦片战争过程的《阿片隐忧录》作为其讲学的“松下村塾”的必读教材传授给弟子们，以及将1858年（安政五年）《日美友好通商条约》的对策作为例子。作者进而得出鸦片战争以不同的形式影响吉田松阴一生的结论。详细内容参阅郭连友：《吉田松阴与近代中国》，中国社会科学出版社，2007，第18-47页。

[3] 佐久間象山「省諐録」、佐久間象山『象山全集』（第1巻）、東京：信濃教育会出版部、1975年増訂版、第12頁。

第二节　幕末日本应对外来压力的思想类型

1844年，荷兰海军上校科普斯率军舰“帕兰邦号”驶入日本长崎港，他给日本幕府带来了荷兰国王威廉二世的亲笔信。信中提醒幕府注意“近来英国国王向中华帝国出兵而发生激战之情况”，并警告说日本幕府如果仍拘泥“锁国”之旧习，必将重蹈“中华帝国”之覆辙，“贵国亦将罹此灾难”，以此敦促日本迅速“开国”。❶ 但是，幕府直到佩里舰队的到来才真正把“开国”一事提上日程。在此以前，日本人对于“锁国”政策的讨论是断断续续且以私下为主，是佩里舰队的到来，令这种政策争论转向公开化。

1853年，美国提督马修·佩里率领美国海军东印度舰队（East India Squadron）的四艘舰船抵达日本江户湾的浦贺海域，要求与德川幕府谈判，逼迫幕府“开国”。佩里舰队带给幕府朝野的思想震动，比1842年得知清政府在鸦片战争中败给英国时更为直接和深刻，令幕府不得不对一系列的问题迅速做出反应。如何应对佩里的开国要求？当时的实际形势要求明治时期的日本人要从思想上给予回答。可以说，这一时期的日本思想界基本在围绕“攘夷”“锁国”还是“开国”的问题开展讨论。尽管当时关于尊王攘夷、攘夷开国、佐幕开国的讨论此起彼伏，但总体来说可以分为攘夷论和开国论两大类型。❷

一、攘夷论的类型

（一）儒教攘夷论

大桥讷庵（1816—1862），名正顺，字周道，号讷庵，宇都宫藩（今

❶ 信夫清三郎：《日本政治史：第一卷　西欧的冲击与开国》，周启乾译，上海译文出版社，1982，第178页。

❷ 有关幕府各藩势力在攘夷论与开国论中的交锋，参阅坂野润治：《日本近代史》，杨汀、刘华译，新华出版社，2019，第3-43页。

日本栃木县）藩士，出身于江户兵学家家庭，后成为豪商大桥淡雅的养子。1837 年，大桥讷庵拜入佐藤一斋（1772—1859）门下。佐藤一斋于 1805 年掌管林氏家塾，1841 年担任幕府儒官。1853 年，在佩里率领美国军舰逼迫幕府“开国”以后，大桥讷庵不断上书幕府，反对向美国屈膝妥协。大桥讷庵著有驳斥洋学的《辟邪小言》和批评幕府对外政策的《邻疝臆议》等书。在幕府与美国签订《日美友好通商条约》以后，大桥讷庵作了一首表达自己心境的诗歌。

逸题

仓皇屈膝拜夷蛮，苟且谁知酿后患。
恨杀满朝林立子，一人无复似椒山。❶

诗歌中提到的“椒山”是中国明代兵部员外郎杨继盛（1516—1555）的号。杨继盛先因弹劾大将军仇鸾容敌误国而被贬官，东山再起后又弹劾大权在握的丞相严嵩，最终遭遇灭顶之灾。大桥讷庵借用杨继盛的事迹讽刺日本幕府当权者没有铮铮铁骨，一味容敌是苟且偷安的不作为之举，终会酿成误国误民的大患，并且恨不得除去他们。最终，大桥讷庵因策划暗杀幕府老中安藤信正而锒铛入狱，后病死狱中。可以说，大桥讷庵是一名非常极端的尊王攘夷派人士。下文将以大桥讷庵在 1857 年写成的《辟邪小言》为对象，分析其儒教攘夷论。

作为一名极端的儒教攘夷论者，大桥讷庵首先转换了“华夷之辨”的概念，借用儒教思想资源把握幕末的国际关系。有人问他“所谓华夷内外之辨乃汉土之私称，从汉土看来，神州不亦夷狄哉?”对此，大桥讷庵回答:“无论如何，华夷之名目出自汉土，本来尚义之国为华，尚利之国为夷。我国真天子在也，古来纲常伦理明也，实乃华夏中国。见我国之古制，于三韩渤海之类不必论，于蕃臣之列，汉土之国唯待我天皇‘为对偶之国’，……然如今汉土亦教化衰颓，特别清以后与夷狄同列，真正之华国惟有我神州。何况西洋之流无伦理之‘异类’，视为夷狄之当然。……今之西洋，不仅是蚕食诸国的豺狼，而且是久存觊觎之念的贼。存有觊觎之念的贼即为国家之大敌，即使不戎噬亦无宽恕之道理。何况（他们）是

❶ 刘砚、马沁选编《日本汉诗新编》，安徽文艺出版社，1985，第 289 页。

真正的戎狄，倘若是个健康人，就应始终保持敌忾之心，即使他提倡名分，亦应弄脏其嘴巴。”❶

大桥讷庵认为“华夷之辨”出自中国不假，但是“汉土”已经因为明清易代而被“夷狄”满洲取代，所以将遵循伦理纲常古制的日本视为“华夏中国”乃顺乎天道。在此，他已经借助儒教理论把古代中国与近代日本的“华夷”地位进行了置换。接着，他又把日本与西洋国家的关系在“华夷之辨”的概念上进行二次置换，认为称呼西洋为“夷狄”理所当然，并且依据儒学中“利”和“义”的关系，批判西洋重“利”轻“义”，即论证西洋唯利是图、利欲熏心。因而“华夷”的分界在于义利二字，义与利之势有若水炭之相悖也。不言而喻，大桥讷庵在此处的“华”指的是日本，“夷”则与其诗作《逸题》中一样是指西方列强。综上所述，儒学是大桥讷庵“攘夷”思想的资源。

其次，大桥讷庵主张禁止一切西洋事务，防止日本人受到外来思想的影响。大桥讷庵在《辟邪小言》中把清政府在鸦片战争中的失败归结于“洋学洋货”腐蚀人心，他说：

> 清之败绩，而受英夷之丑辱，乃由于洋学洋货之行蠹蚀人心所致，是洋学之可恶第一明鉴也。……洋学初入明朝，亦以历算等为香饵，瞒昧缙绅学士，遂酿洪害。清人无远识，凡出自西洋者，一切该芟夷。仅禁绝祆教，而采用其余之事，就如同贬黜小人而爱惜其才艺，置之于庶僚之末。流毒阴阴，而未有决裂之时乎？……知西洋狡黠用心而半弃半用，且亦许可通商，丑虏愈益得其便宜，送来新说新器，暗中腐蚀人心，渐之已久也，故稍有见识者甚惧为他日之祸。……不禁绝洋说洋货而任其蔓延，自养祸害，可谓清人失策之至极。❷

大桥讷庵认为，西洋学术危害中国“国脉”。最初洋学是以历算等天文地理知识进入中国的，但是由于中国的知识分子麻痹大意，终于酿成无

❶ 大橋訥庵「辟邪小言」、明治文化研究会編『明治文化全集：思想篇』、東京：日本評論社、1967 年版、第 15 頁。

❷ 大橋訥庵「辟邪小言」、明治文化研究会編『明治文化全集：思想篇』、東京：日本評論社、1967 年版、第 28-29 頁。

可挽回的恶果。所以大桥讷庵提出，日本的洋学家应该有卓识远见，不要被洋学的“雕虫小技”蒙蔽双眼，日本应该坚决禁止一切与西洋有关的事务，做到防微杜渐，倘若任其蔓延，则会重蹈中国的覆辙。

最后，大桥讷庵从朱子学角度阐明其反对洋学的“攘夷”立场。《辟邪小言》一共四卷，第一卷总论，第二卷论西洋不知穷理，第三卷论西洋不知仁义，第四卷或问。“理”“天”“仁义”等都是儒学的关键概念。对于洋学，他的态度是听上去似乎有道理，其实只是妄论。大桥讷庵继续从“义”的角度，批判站在“利”的角度上的洋学家。大桥讷庵称，所谓研究洋学有助于富国强兵的想法以及采用外国军事技术有助于“攘夷”的主张乃“出蓝之妙言”，好似人为了与狗斗而学习与狗斗的方法，实在荒谬。

大桥讷庵在《辟邪小言》的“自序”中写道：“……奈何近世西洋学术之人也，谀淫邪遁，作于其心，害于其政者，靡所不有，而耳食之徒，翕然雷同，如蝼蚁之附臭肉，如流水之趋溪壑，其毒焰之所底止，殆不可得而测焉。……但朱文公有云：‘邪说横流，大为吾道之害。’故不得不极而言之，信与否则在乎人焉。”❶

大桥讷庵借助儒教理论反对西洋的科学技术，认为西洋技艺不过是基督教之枝叶，主张与其研究大自然，不如修养自身。大桥讷庵认为，朱子学与洋学虽然都讲究“穷理”，但是有本质的区别。朱子学的“道理”包括宇宙万物与人伦秩序，是一个融天地自然与社会人类在内的辩证系统。洋学的“穷理”不过是科学的分析方法，即使学习洋学也无法穷究人伦道德之理，这种做法好像借助显微镜探索“君臣父子之理”，终将一无所获。

（二）基于神国观与日本国学思想的攘夷论

日本人的神国观念形成于镰仓末期，与 1274 年和 1281 年两次遭遇元军攻占时获得“神风”之助有关，又因为江户中期以后兴起的国学、尊王论而深入人心。儒学利用天道等自然事物规范人伦秩序。尤其朱子学认为，人的内部与外部都存在秩序，外部的秩序由天命决定，所以需要穷理，使其与内部秩序融会贯通。与儒学不同，日本国学把“道”归至“天孙降临、神孙为君”的天皇身上，“道”成为天皇存在和延续的合法性根

---

❶ 大橋訥庵「辟邪小言」、明治文化研究会編『明治文化全集：思想篇』、東京：日本評論社、1967 年版、第 1–3 頁。

据。日本国学对于“道”的解释是：天皇乃自然秩序与社会秩序融合的象征，天皇是神与人二者的结合体，也是神国日本的象征。因此，在日本国学的思想框架中，“神国”日本不同于其他国家，外国应该自然“臣服”于日本。

所谓“大攘夷”是相对于以武力直接与外国列强对抗的“小攘夷”而言的。大国隆正（1792—1871）可谓“大攘夷”论的代表人物。他站在日本国学的立场上肯定“开国”，但不提倡武力对抗，而是要以日本的卓绝国体而屈人之兵，令人臣服。在大国隆正看来，采取暴力行动直接对抗的“小攘夷”因一时胜负难定，所以实乃下策；开国通商的和平形式效果可期，实为上策。因此，幕府应该放弃锁国，立即实行“开国”通商。❶ 值得注目的是，大国隆正的“大攘夷论”论据来源与《万国公法》（*Elements of International Law*）在日本的流传有关。

《万国公法》原本是美国国际法学者惠顿（Wheaton）的著作。1863年，美国传教士丁韪良（William Alexander Parsons Martin，1827—1916）完成了翻译，并于1864年在北京出版。1865年，《万国公法》传入日本，对近代日本人认识世界和处理国际关系等方面产生了重要的影响。例如，丸山真男曾基于“天理公道”等说法容易使人联想起儒教的概念并借用《万国公法和解》❷ 的题词：“弱肉强食祸蔓延，愿去私欲存公法”着手论证，得出日本最初对于《万国公法》的理解是以程朱学为媒介的结论。❸

作为一名日本国学家，大国隆正对《万国公法》的理解和接受方式不同于儒学逻辑。他的“大攘夷”论的立论来自对《万国公法》的批判。1867年，大国隆正写下《新真公法论》，为了与惠顿的《万国公法》形成呼应，题名定为“新真公法”。大国隆正以《新真公法》作为提倡打开国门与外国通商的“大攘夷”论的理论支柱，对抗主张武力反击的“小攘夷”论。

不同于朱子学，日本国学对“道”的解释，或者说日本国学家们认为

---

❶ 大国隆正「新眞公法論」、『大国隆正全集』（第3巻）、東京：国書刊行会、2001年增補版、第220-221頁。

❷ 此处的“和”指日本。

❸ 丸山真男：《福泽谕吉与日本的近代化》，区建英译，学林出版社，1992，第143页。

天皇权威的合法性源于对天皇祖先灵魂——皇灵的继承，而皇灵的源头则是天孙降临神话。因此，在《新真公法》中，天照大神才是日本的精神支柱，而天皇作为天照大神的子孙，是日本的统治者，其权威性不容置疑。此外，《万国公法》成立的前提是世界上没有一个统管万国的君主，所以日本国学家主张天皇统治下的皇国日本自然就要高于世界上的一般国家，日本打开国门与世界其他国家通商往来是一种让这些国家自然归化皇国日本的举措，这就是“大攘夷”论成立的逻辑。基于上文可以清晰地发现，在日本国学家大国隆正眼里，世界各国并非平等，“神国”日本才是世界的“主宰者”。

（三）后期水户学派的尊王攘夷论

水户学亦称“天保学”“天朝正学”，是在水户藩第二代藩主德川光国（1628—1700）于水户（今日本茨城县水户市）发起并组织编纂《大日本史》的过程中形成的一种思想和学风。为增强和巩固水户藩在德川幕府中的地位，1657 年，德川光国在“大义名分”的口号下，募集大批学者编纂《大日本史》。在长达约 250 年的编纂过程中，形成了水户学——一种以朱子学为宗、兼容其他学派的思想体系。水户学从 17 世纪下半叶一直延续到幕末，分为前后两个时期。前期水户学的思想主体是朱子学的名分论和正统论，也包含山崎暗斋派的“敬神尊皇”思想，宣扬神道和忠君的“大义名分”论，同时以德川光国设立的修史局彰考馆为中心，致力于历史书籍的编纂。前期水户学的代表人物有安积澹泊（1656—1738）、栗山潜锋（1671—1706）和三宅观澜（1674—1718）等。

后期水户学以第九代藩主德川齐昭（1800—1860）设立的弘道馆为中心。此时，幕府体制已经逐渐走向瓦解并不断被洋学渗透。水户学已经不再局限于史学，还扩大到政治、经济、道德、教育等领域，故亦被称为“水户政教学”。后期水户学主张尊崇天皇、护卫君主国体。这些思想成为幕末“尊王攘夷”思想的源流。后期水户学的代表人物有藤田东湖（1806—1855）、会泽正志斋、藤田幽谷（1774—1826）等。

德川齐昭命藤田东湖起草《弘道馆记》，以宣扬“奉神州之道，资西土之教，忠孝无二，文武不歧，学问事业不殊其效，敬神崇儒，无有偏党，集众思，宣群力，以报国家无穷之恩”[1] 的儒教思想。后期水户学虽然仍以朱子学的“大义名分”论为基础，却也提出了“尊王攘夷”论，企图以此稳固已被日趋动摇的德川幕藩体制。后期水户学的代表性学说包括藤田幽谷的《正名论》、藤田东湖的《弘道馆记述义》和会泽正志斋的《新论》。

虽然目前学界对“尊王攘夷”的思想源流没有定论，但是一般认为，“尊王攘夷”的提法最早出现在记述德川幕府水户藩藩校弘道馆建校精神的《弘道馆记》（1838）之中。[2] 该文中写道：“我东照宫拨乱反正、尊王攘夷、允武允文以开太平之基。”[3] 后期水户学是“尊王攘夷”论的主要阵地，藤田幽谷是其中的思想先锋。他主张的正名、尊皇和攘夷，无疑影响了幕末兴起的“尊王攘夷”运动。会泽正志斋是藤田幽谷的高足，所著的《新论》被认为是“尊王攘夷”思想的“圣典”，以至于当时产生了不读《新论》勿论国事的说法。可以说，《新论》在幕末志士中具有广泛的影响。

会泽正志斋的《新论》分为上、下两卷，上卷包括“国体”（上、中、下）、“形势”和“虏情”，下卷包括“守御”和“长计”，共计五论七篇。“国体”论的重点在于尊皇，“形势”“虏情”“守御”三论则重点在于攘夷，“长计”论旨在宣扬神儒合一。五论侧重不同，但“国体”论是全书之纲。值得注意的是，后期水户学派主张的尊崇天皇、护卫君主国体的“尊王”思想，与藤田幽谷强调的有名分的尊王一致。所谓有名分，是指以“皇室—幕府—诸侯—……”等金字塔形的阶层秩序来尊崇天皇：幕府的将军尊崇天皇，而幕府又受到各诸侯大名的尊崇，所强调的是上下有序，即尊王的主体应该是幕府，尊王的同时要求敬幕。[4] 另外，在后期水户学派的思想逐步形成体系时，出现了“尊王攘夷”的运动，具体包括

---

[1] 今井宇三郎・瀬谷義彦・尾藤正英校注『日本思想大系：53　水戸学』、東京：岩波書店、1973 年版、第 230–232 頁。

[2] 参阅尾藤正英「尊王攘夷思想」、『岩波講座日本歴史：13　近世　5』、東京：岩波書店、1977 年版、第 42–86 頁。

[3] 今井宇三郎・瀬谷義彦・尾藤正英校注『日本思想大系：53　水戸学』、東京：岩波書店、1973 年版、第 232 頁。

[4] 参阅藤田幽谷「正名論」、今井宇三郎・瀬谷義彦・尾藤正英校注『日本思想大系：53　水戸学』、東京：岩波書店、1973 年版、第 371 頁。

藩政改革和上书幕府等行动，吸引了许多血气方刚的志士参与，进一步扩大了它的影响力。正如丸山真男所言，水户学在实践上的影响非常广泛，它似乎成为一切（包括下士乃至草莽的立场）“尊皇攘夷”运动的思想基础。❶

尽管德川齐昭是最为强硬的攘夷论者，但是他“并无大的决心要真正赶走外国人，只是将其作为激励鼓舞天下人心的手段而鼓吹这种强硬论”❷。对于德川齐昭来说，在佩里率领舰队到访浦贺后鼓吹攘夷论一事，不失为一种鼓舞国民、笼络人心的权宜之计。横井小楠更是赋诗曰：“天命人心属老公，振兴士气一挥中。十年染头穷阴雪，笑坐庙堂总小戎”。❸由此可见横井小楠对老公德川齐昭的仰慕钦佩之情。不过，1858 年，幕府置朝廷反对于不顾，与美国签订了《日美友好通商条约》，使得朝廷与幕府的矛盾趋于公开化。尊王敬幕论也随之失去了立足点，并且攘夷论很快与主张绝对尊崇天皇的尊王论结合，形成“尊王攘夷”论。

攘夷论者在朝廷的攘夷论中寻求反对幕府开国政策的根据。攘夷的主张就作为尊重天皇旨意的行为而取得言之成理的依据。立足于“神国”思想、宣扬日本国体的优越性和独特性的尊王论，又在思想上支持了攘夷论者蔑视外国人为未开化野蛮人的夷狄观。这样，“为攘夷而尊王”与“为尊王而攘夷”被不可分割地结合起来。时任幕府大老之职的井伊直弼（1815—1860）未经天皇敕许擅自签订条约的行为，不仅是不能被当时日本大众容许的“违敕”行为，而且让自己成为攘夷派攻击的对象。无独有偶，安政大狱❹促使攘夷和尊王迅速相结合，井伊直弼站在攘夷论立场对幕府的批判，也就发展成为其站在尊王攘夷论立场对幕府的批判。

对于幕末的尊王攘夷论，佐贺藩出身的著名尊王攘夷派大隈重信（1838—1922）曾经回顾如下：

---

❶ 丸山真男：《日本政治思想史研究》，王中江译，生活·读书·新知三联书店，2000，第 292 页。

❷ 德富蘇峰『近世日本国民史：開国日本　4』、東京：講談社、1979 年版、第 226 頁。

❸ 横井小楠：《国是三论》，花立三郎注释，熊达云、管宁译，汤重南校译，中国物资出版社，2000，第 12–13 页。

❹ 1858 年（安政五年）大老井伊直弼镇压尊皇攘夷运动的事件。井伊直弼未得到天皇许可就签订了《日美友好通商条约》，并立德川家茂为德川幕府第十四代将军，因而遭到各地大名、公卿和志士的反对，井伊直弼将这些反对人士投入监狱并处以死刑等刑罚。

……但是当演变到这样的地步，倘若国家仍维持封建分裂，势必招致危险。所谓“人穷则诉天”❶，现实是欲诉无门。外部威胁迫在眉睫，而无对策。于是便捧出万世一系的皇室，成为日本统一之基。若非如此，由于人文之发达，武断政治、封建政治，已不合时宜。自然统一之时，终将到来。然若无此愿望，七百年封建政治，无以速亡。……依据人文之发达，大义名分呼声四起。虽甚为微弱，然兹有国难，无论如何，也不能不统一国家四分五裂之局面。从而，猛然兴起以此之力同担国难，别无他途之精神。于是，形成了攘夷党、形成了勤王党。勤王党与攘夷党合为一体，产生了尊王攘夷，遂汇成一大民族运动。❷

另外，正如丸山真男所指出的，“到了幕末，尊皇论明显成为一个政治标语”❸，发挥凝集民众的作用，但是它并不意味着反幕或是倒幕。“尊皇、攘夷的口号在幕末复杂的政治形势中，只有具体地分析它是在何种社会层、何种社会立脚点上来主张的，尊皇攘夷思潮才能显出它的历史全貌。”❹ 因为，“攘夷”论者有可能同时是积极的开国论者。

二、开国论的类型

美国军舰的到来，改变了日本人的精神状况。一方面，幕府的执政者认识到继续顽固坚持“锁国攘夷”并不现实，必须转变对外政策，走向“开国和亲”。另一方面，在思想界，以佐久间象山、吉田松阴、横井小楠、本多利明、佐藤信渊等为代表的幕末日本知识阶层则倡导“开国论”。虽然“开国论”者的人数不多，但是代表了当时日本的时代动向，引导近代日本实现了国家近代化的转型，具有重要的思想和现实意义。

关于“开国”在日本思想史上的重要地位，丸山真男在《日本的思想》开篇就阐明了其意义，他写道：“在日本人内在生活中，思想的渗入方式及其相互关系，从根本上说是具有历史的连续性的。但以明治维新为界，无论是从国民的精神状态还是从个人的思想行动来看，其前后的景观

---

❶ 大隈重信「日本の政党」、国家学会编『明治憲政経済史論』、東京：宗高書房、1974 年複製版、第 102 頁。

❷ 丸山眞男『日本政治思想史研究』、東京：東京大学出版会、1996 年版、第 347 頁。

❸❹ 丸山真男：《日本政治思想史研究》，王中江译，生活·读书·新知三联书店，2000，第 288 页。

显著不同，只是因为‘开国’这一决定性的历史事件介入其中的缘故。”[1]在丸山真男看来，“开国”一方面意味着日本打开国门对外开放，另一方面意味着接受近代国际社会把近代日本理解为一个统一的民族国家。所以，“开国”的意义不在于日本的开放，而在于一个被称作“日本”的国家进入近代国际秩序，同时伴随着“日本”这个统一国家中“国民”的形成过程。

（一）“开国攘夷”论

前文在分析鸦片战争对日本的冲击时，已经叙述了佐久间象山受到的震动及其把魏源引为自己的“海外同志”。佐久间象山最为人知的论点莫过于“东洋道德、西洋艺术”，他对待洋学的看法为后来人所继承。例如，桥本左内的“器械艺术取于彼，仁义忠孝存于我”，横井小楠的“明尧舜孔子之道，尽西洋器械之术”，二者均与佐久间象山的思想如出一辙。1864 年，佐久间象山谒见幕府将军的“后见（辅佐）”德川庆喜，论述“开国策”以及“公（朝廷）武（幕府）融合”。接下来，笔者将围绕佐久间象山的“开国”思想展开论述。

在《省諐录》（1854）中，佐久间象山叙述道：“予年二十岁以后，乃知匹夫有系一国（一藩——笔者注）；三十岁后乃知有天下（日本——笔者注）；四十岁后乃知有世界。”[2] 换言之，他在 20 岁的时候，眼里看到的是他所在的信州长野藩（今日本长野县长野市）；30 岁后他将视野扩展至整个日本；40 岁以后，他开始以世界为单位思考事物。所谓视野决定高度，人的视野与自身思想具有密切的联系。佐久间象山超越一藩一国的世界意识在当时非常超前，这也是他的思想能够比同时代人深刻的原因。

那么，在佐久间象山眼里的日本和世界是一幅怎样的景象呢？佐久间象山认为古代中国的学问无用。在《致梁川星岩书》中，他说道：“方今之世，仅以和汉之学识，远为不足，非有总括五大洲之大经纶不可。全世界之形势，自哥伦布以穷理之力发现新大陆、哥白尼发明地动说、牛顿阐

---

[1] 丸山真男：《日本的思想》，区建英、刘岳兵译，生活·读书·新知三联书店，2009，第 8-9 页。

[2] 佐久間象山「省諐録」、佐藤昌介·植手通有·山口宗之校註『日本思想大系：55　渡辺華山·高野長英·佐久間象山·横井小楠·橋本左内』、東京：岩波書店、1981 年版、第 418 頁。

明重力引力之实理等三大发明以来，万般学术皆得其根底，毫无虚诞之处，尽皆踏踏实实。欧罗巴、亚美利加和诸州逐渐改变面貌，及至蒸汽船、电磁体、电报机等之创制，实属巧夺造化之工，情况变得惊人。”❶

佐久间象山提出，传统的和汉学问已经不能够满足现实的需要，而西洋的物理、天文等知识的发达构成一切学问的根基，因而迅速改变了欧美国家的面貌。在此，佐久间象山把西洋的学问理解为实实在在的有用的学问，这是一种重视学问实用性的“实学”思想。他说道：“读书讲学，徒为空言，不及当世之务，与清谈废事一间尔。有之无所补，无之无所损，乃无用之学也。有用之学，譬如夏时之葛，冬时之裘。脱无为之者，则生民之用阙矣。”❷ 换言之，佐久间象山认为不与世间现实联系而空谈的学问毫无益处，是无用之学——这种无用的“虚学”对读书人来说可能无足轻重，但是对于现实世界来说则是一种危害，只有学习西洋的学问，才能弥补日本之不足，保全日本整个国家。

佐久间象山之所以推崇西洋以“力学”为基础的技术，是因为他已经认识到实力才是当时世界的法则。他说：“无其力而能保其国者，自古至今，吾未闻也。谁谓王者不尚力乎?”❸ 此言说明佐久间象山已经充分认识到“力”的重要性。联系法国的拿破仑和俄国彼得大帝的赫赫战功，可以说实力是王者称霸的必要条件。因此，佐久间象山提出，日本只有壮大实力才能自我保全，只有自我保全，将来才能称霸世界。从这一点上来说，佐久间象山的“世界”视野不仅已经扩展至全球，促使他以全球为单位思考日本的应对措施，而且令他崇拜实力，尤其崇拜沙俄这样后来居上的国家——在佐久间象山的心里藏着一个知耻后勇、奋勇直追的“世界”梦想。

佐久间象山以沙俄为例，提出只要打开国门向西方学习技术，将来就

---

❶ 佐久間象山「梁川星巖宛」（安政五年三月六日）、佐藤昌介・植手通有・山口宗之校註『日本思想大系：55　渡辺華山・高野長英・佐久間象山・横井小楠・橋本左内』、東京：岩波書店、1981年版、第377頁。中文译文见，永田广志：《日本哲学思想史》，陈应年、姜晚成、尚永清等译，商务印书馆，1992，第260页。

❷ 佐久間象山「省諐録」、佐藤昌介・植手通有・山口宗之校註『日本思想大系：55　渡辺華山・高野長英・佐久間象山・横井小楠・橋本左内』、東京：岩波書店、1981年版、第415頁。

❸ 佐久間象山「省諐録」、佐藤昌介・植手通有・山口宗之校註『日本思想大系：55　渡辺華山・高野長英・佐久間象山・横井小楠・橋本左内』、東京：岩波書店、1981年版、第414頁。

能实现称霸世界的宏伟理想。他说："沙俄彼得大帝感叹自己的国家缺乏大型船只，没有水师，不具备精湛的航海技术"，所以"从荷兰聘请各类技术专家，让俄国人学习，并且奖惩分明。技术在短时间内得到大幅提升，终于发展成为欧洲的强盛国家"❶。在这种世界认识的引导下，佐久间象山特别强调军事实力。他能够援引中国的魏源为自己的"海外同志"，很大程度上是因为与魏源在《海国图志》"筹海篇"中的海防战略产生共鸣。

魏源认为，摆脱外来侵略的最好办法就是向侵略者学习技术，再用学习到的技术对付侵略者。一言以蔽之，就是"师夷长技以制夷"，这句话正好与佐久间象山的海防思想契合。钱国红指出，魏源试图通过《海国图志》以"战斗精神"和"学习精神"的二重思维在精神上把中国人武装起来。❷ 联系佐久间象山的海防职责与武士身份，不难理解魏源提出的这两种精神同样隐藏在佐久间象山的深层意识之中。为了尽快向世界学习，佐久间象山支持弟子吉田松阴的偷渡计划，即使让自己身陷囹圄也在所不惜。佐久间象山说："驭夷俗不如首先知夷情。知夷情不如首先通夷语。"❸因此，他发奋学习荷兰语。正是在这种"驭夷先知夷"的思想下，佐久间象山意识到"锁国"的幕府已近穷途末路，主张打开国门向西方学习先进的科学技术。

值得注目的是，佐久间象山想要达到的最终目的不过是知夷而后驭夷，所以"开国"学习也只是一种卧薪尝胆的策略。这与佐久间象山精神世界的底色有关，即正如其所言的"东洋道德"。在近代日本遭遇危机的时候，佐久间象山不仅提出"东洋道德、西洋艺术"，而且提出"同力度德、同德量义"❹ 的理念。换言之，其论"德"的前提是要"同力"。在

---

❶ 佐久間象山「松代藩留守居津田転より庄内藩宛の返簡案」、佐藤昌介・植手通有・山口宗之校註『日本思想大系：55　渡辺華山・高野長英・佐久間象山・横井小楠・橋本左内』、東京：岩波書店、1981 年版、第 340 頁。

❷ 钱国红：《走近"西洋"和"东洋"：中日世界意识形成的比较研究》，商务印书馆，2009，第 209 页。

❸ 佐久間象山「省諐録」、佐藤昌介・植手通有・山口宗之校註『日本思想大系：55　渡辺華山・高野長英・佐久間象山・横井小楠・橋本左内』、東京：岩波書店、1981 年版、第 415 頁。

❹ 佐久間象山「省諐録」、佐藤昌介・植手通有・山口宗之校註『日本思想大系：55　渡辺華山・高野長英・佐久間象山・横井小楠・橋本左内』、東京：岩波書店、1981 年版、第 414 頁。

评价鸦片战争时，佐久间象山虽指出英国只为谋取自利，却没有从道义上批判英国。究其原因，一方面是因为佐久间象山充分认识到英国横行世界的最佳武器是实力，自己是“实力”的崇拜者也是将来可能的实践者。因此，批判英国等于批判自己试图称霸世界的野心。另一方面是因为其思想深层的“东洋道德”观念。说到底，这种观念是一种日本的道德，并非传统的中国儒教道德。因此，以佐久间象山为代表的日本有识之士对于鸦片战争的认识，在同情之余更多的是日本已经岌岌可危的危机感。

许多学者在讨论佐久间象山的“东洋道德、西洋艺术”论时，习惯性地将其与清末洋务派的“中学为体、西学为用”论联系在一起。实际上，二者是有区别的，要明确分辨则应该清楚认识“东洋道德”的含义。中国传统儒家思想提倡“以德服人”，只有德行圆满的人才可以成为“天子”，而“有德为君”则意为天子是天道的化身。虽然中国的宋明理学是日本朱子学的源头，但是传入日本以后，被日本儒学家改造成日本的“官学”，即德川幕府的官学。佐久间象山的“东洋道德、西洋艺术”论的提出，有其思想背景。因为，在幕府（武）之外，日本还存在朝廷，天皇是朝廷（公）的最高统治者，是“神国”日本在现实世界的代言人。尽管日本政治更迭变换，但“天皇”的形式一直被延续下来，所以从南北朝的北畠亲房到德川时代的本居宣长，“神国”日本的优越论思想也得到了延续。因此，佐久间象山所谓的“东洋道德”，其实代表了这种日本精神。他推崇学习西方技术，也是基于这种日本精神，或者说学习西方技术就是为了延续这种日本精神。

（二）开国尊王论

吉田松阴，生于长州藩（今日本山口县）的一个下级武士家庭，是舅父吉田大助的养子，因而继承了传授山鹿兵学师范（军事教官）的事业。1850 年，吉田松阴前往江户，投入佐久间象山门下。吉田松阴在幕府应该如何处理与西洋的关系方面，主张为了攘夷要“开国”学习西洋。这一点与佐久间象山的观点大同小异。不过，他们师徒二人的观点还是有区别的。最大的区别在于吉田松阴持“尊王讨幕”论，他也认可日本不同于一般国家，“尊崇天皇”是日本的特色。

1853 年，吉田松阴亲眼看见了停泊在江户湾的美国佩里舰队。先进强大的敌船深深地刺激了年仅23岁的吉田松阴，他的思想因此受到极大的震动。其后，他向江户的藩邸提交了《将及私言》，篇首便以《大义》为题写道：

> 普天之下莫非王土，率土之滨莫非王臣……然近时有一种可憎的俗论，谓之江户乃系幕府之地，其唯御旗本及御谱代、御家门等诸藩，应尽其力。至于国主之列藩，惟当各重其本国，未必尽力于江户。呜呼！此辈岂惟不知敬重幕府，可谓实昧于天下之大义。夫重本国，理所当然。然天下者天朝之天下，天下之天下非幕府之私有。故天下之内，若受外夷之侮辱，幕府固当率天下之诸侯雪耻，以慰天朝宸襟。方今之时，普天率土之人，又如何不尽其力哉？❶

吉田松阴在此批判了当时日本社会上“地方大名不必为日本的安危尽心尽责”的言论，同时批判持这种言论的人的眼里只有“一藩一国”，没有心怀天下（日本），在日本受外来之辱时没有担当。因为，日本是全体日本人的日本，不是幕府一家的天下（日本），为了保护天下（日本），幕府应当率领全天下（日本）人共同抗击外敌的入侵，以抚慰天子（天皇）之心。此时的吉田松阴不仅认识到在幕府体制下地方各藩割据的危害，而且主张攘夷雪耻应该首先打破藩政的闭锁，其次尊重幕府，但要在幕府的带领下攘夷，认可幕府的领导地位。在这一点上，可以说后期水户学提倡的“尊皇敬幕”思想与吉田松阴的上述观点一脉相承。

1854年，吉田松阴认识到幕府大名对待攘夷的消极态度，计划乘坐美国军舰赴海外考察万国形势，以为日本规划经纬。然而，等待他的却是一场牢狱之灾。他在野山狱中给僧友默霖写信，言及他对朝廷与幕府的看法。吉田松阴在信中说道：“仆乃毛利家之家臣也，故为奉公毛利家而日夜练磨也。毛利家天子之臣也，故日夜奉公天子也。吾等忠勤国主即忠勤天子也。”❷

吉田松阴在信中描绘了“自己—毛利—幕府—天子”的奉公思想，认为自己尊重本藩本质上是尊重天子（天皇）。联系笔者前文对后期水

---

❶ 吉田松陰「将及私言」、山口県教育会編『吉田松陰全集』（第1巻）、東京：岩波書店、1938年版、第298-299頁。

❷ 源了圆：《德川思想小史》，郭连友译，外语教学与研究出版社，2009，第201页。

户学派“尊皇敬幕”的分析，可以说吉田松阴与后期水户学派“尊皇敬幕”的思想及其逻辑如出一辙。在此必须要指出的是，吉田松阴与后期水户学派的“尊皇敬幕”论以及德川幕藩体制的统治结构相互呼应。虽然吉田松阴提出要联合天下（日本）人保卫天下（日本），即攘夷雪耻必须摒弃一藩一国的封闭性，但是要以幕府的领导为前提。此时的吉田松阴并没有主张推翻德川幕府这个最大的“藩主”。直到1855年，吉田松阴仍然坚持认为不可请天子（天皇）讨幕，可见他的“尊皇敬幕”论在此时还没有发生变化。

1856年，美国首任驻日总领事哈里斯（Harris，1804—1878）抵达下田，要求日本把亲善条约扩展为开国条约，这为幕府带来了一个新的难题。开国，意味着日本必须开放港口和贸易。幕府老中阿部正弘向各要职人员询问开国意见，最终幕府以“近来与外国联系及允许贸易为由”任命老中堀田正睦专门处理外国事务。至此，幕府已然决定开国。1857年，幕府与美国签订《下田条约》，吉田松阴的观点出现转变。他认为既然亲善条约已成既定事实，那么攘夷的战术也应该随之调整。1858年5月，吉田松阴在《对策一道》中写道：

> 夫以战为主者，锁国之说，以和为主者，航海通商之策；以国家大计言之，如欲发展雄图而驭四夷，非航海通商又何以为之耶？如仍闭关锁国，坐以待之，则势屈力缩，非亡又何待耶？且神后平韩，定贡额，疆冒黔，即行航海通商。至德川氏任征夷大将军，则航海通商更不待言。此后天下平定，苟安无事。宽永十三年（1636年——笔者注），遂完全禁绝。然航海通商本有助于发展雄图，乃植传之法，锁国本为苟偷之计，乃末世之弊政，……然而言之实难。今之言航海通商者，无助于发展雄图，乃苟求避免战争而已。[1]

接着，吉田松阴又在同年的《续愚论》中写道：

> ……锁国犹如一人被围，须留意前后，注视左右，昼夜不得安寝，每每终于气力松懈，而遭俘获。一时之战略虽可应付，然就长远

[1] 信夫清三郎：《日本政治史：第一卷　西欧的冲击与开国》，周启乾译，上海译文出版社，1982，第256-257页。

而言，若始终仅仅竭尽财力于海岸之防守，则致国贫民穷，大敌来犯时，其结果亦将与一人之被围者同。❶

在此，吉田松阴明确提出打开国门、实行航海通商对于谋求国家发展大计以及驾驭“四夷”的必要性，同时批判“锁国”是一种苟且偷安的做法，不利于日本的雄图大略，但幕府迫于美国的压力“开国”，是一种避免战祸的求和策略。可见，吉田松阴批判了幕府开国避战的策略，将幕府的开国与自己主张的开国进行本质上区别的划分。

那么吉田松阴对于天皇朝廷的态度是否发生了变化呢？一个月以后，他给出了答案。1858 年 6 月，幕府大老井伊直弼在天皇没有批准的情况下与哈里斯签订了《日美友好通商条约》及附件。这让吉田松阴的立场发生了颠覆性的变化。在 1858 年 7 月 12 日的建议书《议大义》中，吉田松阴写道：

> 墨夷❷之谋，必为神州之患，定将有辱神州。天子以此震怒，下诏绝墨使。幕府应当惶而遵之不暇。今却不然，傲然自得，以陷墨夷为天下至计。不思国患，罔顾国耻，而不奉天敕，是乃征夷之大罪，天地不容，神人共愤，当申大义，讨灭诛戮而后可。实不可稍假以囿之。❸

吉田松阴认为，幕府应美国要求开国通商必将埋下后患，是为日本之国耻。天子（天皇）为此震怒而下令驱逐美国使节，幕府应该诚惶诚恐地迅速遵命行之。不料幕府却自以为大权在握，于是目中无人，以遵奉美国的要求为上。幕府这种不顾国耻、不尊天皇的做法实在天理难容，天下（日本）人应该毫不犹豫地愤起围剿幕府。由此，可以清楚地看到吉田松阴对待幕府由尊敬到批评再到讨伐的思想转变过程。

上文已经提到，吉田松阴在 1853 年时曾经寄希望于地方诸藩在幕府的领导下共同抵御外敌。但是，在 1858 年要征讨幕府时，吉田松阴已不寄希

---

❶ 信夫清三郎：《日本政治史：第一卷　西欧的冲击与开国》，周启乾译，上海译文出版社，1982，第 194 页。

❷ 此处指美国。

❸ 吉田松陰「議大義」、足立栗園編『吉田松陰修養訓』、東京：富田文陽堂、1914 年版、第 114－115 頁。

望于这些地方大名，他说："当今二百六十诸侯，大抵膏粱子弟，于天下国家之事，既迂又阔，且惟知顾身家，谀媚时势。"❶ 这段话表现了吉田松阴对于地方大名只图自私自利、不关心国家安危的批判。吉田松阴需要寻找的是天下（日本）具备"血性"之人。但是，当时的许多日本人都在沉默观望，这令吉田松阴内心苦闷。在1859年4月7日写下的《时势论》中，他的这一心情得到充分展现：

> ……如征夷而降服外夷，其后除降顺外别无他法。三千年来独立不羁之大日本，一朝受缚于人，凡有血性者，岂能忍睹乎？如不奋起拿破仑之勇而高唱自由独立，实乃腹闷难医。❷

内心苦闷、苦于找不到改变近代日本状况对策的吉田松阴，最终走上了一条不归路。虽然他的激进思想与实践并没有在其有生之年获得成功，但是影响了一大批现实主义的"有志者"。例如，曾经被吉田松阴批判的久坂玄瑞等旧时"同志"、由吉田松阴开创的松下私塾培养的人才等，在后来的倒幕维新运动中都发挥了重要作用。尤其是木户孝允、山县有朋（1838—1922）、伊藤博文、井上馨（1836—1915）等曾经就学于松下村塾的许多人，后来相继成为明治政府的领导者，乃至影响了近代日本历史的发展进程。

（三）开国佐幕论

与持攘夷论的人相比，最初持开国论的人并不多，但开国论者后来成了时代潮流的引领者。对于幕府内部而言，幕府执政者是对外国要求开国通商感到压力最大的人。他们对于开国的认识，大多是因为认识到现实形势，不得已而为之。所以，他们"开国"言论的基本出发点是维护幕府本身的统治。"开国"构想第一次出现在德川幕府内部文书当中是在1853年8月。针对佩里带来的美国国书，其时彦根藩主井伊直弼上书幕府并在开头部分叙述了"开国"构想：

> 宽永十二年以前，长崎、堺（大阪——笔者注）、京都等尚有九

---

❶ 吉田松陰「時勢論」、雑賀博愛監修『吉田松陰集』、東京：興文社、1943年版、第185頁。

❷ 吉田松陰「北山安世宛」（書簡）、山口県教育学会編『吉田松阴全集』（第9卷）、東京：岩波書店、1939年版、第326頁。

艘御朱印船❶，大猷院家光禁耶稣，上述九艘船只停航，闭洋锁国法令颁布，通商限中国、荷兰，其余一切皆禁。然熟考当今之势，……近世之危变降临，效古之如前条闭洋之法令，则天下静谧上国安体不存矣。❷

井伊直弼在上文中已经使用了“锁国”一词，他认为幕府即将面对锁国带来的危险，如果继续效仿古法，贯彻锁国法令，那么日本将难以自保完整。1858年4月，井伊直弼出任幕府大老之职。两个月之后，幕府在给再次造访江户的美国总领事哈里斯的呈报书中使用了“锁国”一词。此时距离“锁国”一词的诞生已经过去半个多世纪，可以说志筑忠雄“误译”的锁国思想已经渗透至幕府体制内部，处于权力顶端的执政者也日益意识到锁国的弊端以及开国的紧迫性。

近代日本有识之士的“开国”要求，推动了德川幕府制定“开国”决策。笔者在前文介绍过，攘夷论与开国论是相互交织的，幕府需要权衡这些不同的言论再做出选择。然而下关战争（1863）、萨英战争（1863）的失败令幕府认识到锁国攘夷没有前途，开国才是真正务实的举措。例如，1868年幕府老中堀田正睦（1810—1864）在与细川庆顺的谈话中就提道：“中国拘泥于古法，日本应在未败前学到西洋之法。”❸ 又如，后来曾担任日本首相的伊藤博文于1863年留学英国，他在“回顾谈”里说道：

那时候我也是主张攘夷论者，初次去海外，看看欧洲的形势，看到了他们的文化进步的情形时，发觉攘夷并不是办法。我认为锁国将会使国家危殆，回国后即向主人毛利公（长州藩主——笔者注）说明夷之不可攘的道理，而主张应该和外国和好，从欧洲接受文明进步的做法。❹

---

❶ “御朱印船”为在日本桃山、江户初期，领有官方许可证从事海外航行的南洋贸易船。持有丰臣秀吉、德川家康等日本当政者写给东南亚各国统治者的异国渡海朱印状（加有红色印章的许可证），从事与中国、暹罗（今泰国）、吕宋（今菲律宾群岛北部主要岛屿）、安南（今越南）、爪哇国等的贸易。主要使用融合中国船和西洋船特点而成的大型帆船。船主除加藤清正等大名以及末次、角仓、末吉等商人外，还有外国人。1635年日本颁布锁国令后被废止。

❷ 荒野泰典・石井正敏・村井章介編『アジアの中の日本史：Ⅱ　外交と戦争』、東京：東京大学出版会、1992年版、第212頁。

❸ 藤間生大『近代東アジア世界の形成』、東京：春秋社、1977年版、第60頁。

❹ 瀧井一博『伊藤博文演説集』、東京：講談社、2011年版、第44頁。

伊藤博文第一次去海外目睹西方的情况后，就切实地感到鲁莽的攘夷政策并不能挽救幕府于颓势，只能扩大日本与欧洲之间的差距，开国与外国通商修好、接受西方文明才是当务之急。伊藤博文从一名攘夷论者转变为开国论者的直接原因就在于他在英国留学的亲身经历。像伊藤博文这样亲赴欧洲考察的人，在幕末开国时期有七批之多。（详见表 1-1）他们的经历不仅直接影响幕末开国时期日本的对外认识与政策，[1] 也为明治国家的近代化指引方向。

表 1-1　幕末开国时期日本遣欧美使节团情况一览

时间（年）	国家	派遣事由	负责人	成效
1860	美国	协商江户、大阪两市及兵库、新潟两港延期开放问题	正使：新见正兴 副使：村垣范正 监察使：小栗忠顺	基本完成
1862	英国、法国、荷兰、德国、俄国、葡萄牙	1. 进行延期开港、开市谈判；2. 考察欧洲各国文物制度；3. 与沙俄协商库页岛边界划定问题	正使：竹内保德 副使：松平康直 监察使：京极高朗	第 1、2 项基本完成，第 3 项未完成
1864	法国	协商关闭横滨港问题	正使：池田长发 副使：河津佑邦 监察使：河田熙	未完成
1865	法国、英国	为横须贺制铁所招聘外国专家并购买机械设备，同时招募步兵、骑兵、炮兵三兵教练团	特命理事官：柴田刚中	完成
1866	俄国	就库页岛边界划定问题进行谈判	正使：小出秀实 监察使：石川利正	达成日俄两国共有协议

[1] 国内关于幕末开国时期日本遣欧美使节团的相关论述可见，郭丽：《近代日本的对外认识：以幕末遣欧美使节为中心》，北京大学出版社，2011；孙承：《岩仓使团与日本近代化》，载《历史研究》1983 年第 6 期。

续表

时间（年）	国家	派遣事由	负责人	成效
1867	法国	参加巴黎万国博览会，宣扬日本主权及幕府权威	幕府将军德川庆喜代理：德川昭武	
1871—1873	美国、英国、法国、比利时、荷兰、德国、俄国、丹麦、瑞典、意大利、奥地利、瑞士等12国	1. 争取欧美各国承认日本明治新政府；2. 试图修改与欧美国家的不平等条约；3. 全面考察欧美国家的政体、法律、军事、文化教育、风俗习惯等	正使：岩仓具视 副使：木户孝允、大久保利通、伊藤博文、山口尚芳	《特命全权大使美欧回览实记》（久米邦武编）

（四）“攘夷论”“开国论”的特征

通过分析幕末日本的攘夷论与开国论，发现这两种思想之间时而互相尖锐对立，时而相互交织，难以用语言简单概括。尽管如此，它们还是呈现出一些共同特点。

第一，从思想主张上来看，无论是锁国攘夷、开国攘夷，抑或是小攘夷、大攘夷，都是幕末日本人对外危机意识的产物。

第二，从各类言论的代表人物来看，无论是下级藩士还是幕府老中，无论是儒学家还是国学家，他们都无一例外地为日本的前景感到忧虑，尽管思想主张不同，但是共同怀抱热爱日本的拳拳之心。

第三，尽管锁国论者、攘夷论者、开国论者对日本与西方国家的关系认识不同，但他们对于西方科学技术没有一味地采取排斥态度。

第四，幕末开国时期日本人认识世界的方式在很大程度上来自同时期中国的境遇。尽管其中的一些人对于中国的境遇抱有同情，但更多的是将中国作为失败的案例，以避免日本重蹈覆辙。

第五，幕末开国时期的日本人对于西方的认识，包括对西方的“夷狄”“外夷”等的称呼，都是以儒教为媒介或站在批判儒教的国学立场的。换言之，中国的宋明理学虽然被日本改造为朱子学，但是幕末开国时期的日本人依然没有脱离儒学这一思考范式，这一点尤其值得注意。

丸山真男认为，幕末日本的思想史是以这样一种形态展开——由以维护、重建幕藩体制为目标的锁国攘夷论，向为了攘夷而摄取西洋文明的开国论转变。一般称前者为小攘夷，称后者为大攘夷。锁国论与开国论，其思想根基都是尊王攘夷论，无论锁国还是开国，都是为了攘夷而采取的“策略”。[1] 总而言之，幕末开国时期日本人的对外认识特点再一次充分展现了日本民族对外界动向异常敏感、善于学习的优点，也为后世“皇国”观的再次宣扬埋下伏笔。

进言之，对比幕府与清政府在“开国”表现上的异同，可以发现清政府是因为鸦片战争失败而不得不承诺开港开市，但幕府是在评估与欧美一旦开战毫无胜算可能性的基础上，通过交涉后再开国门。而且，与西方缔结的条约中，幕府并未像清政府一样允许鸦片贸易，这在很大程度上影响了近代两国的命运。[2]

第三节　幕末日本人对外认识的文化类型分析

如前所述，幕府在19世纪中叶受到了前所未有的外部冲击。清政府在鸦片战争中的溃败和美国佩里提督率领军舰闯入江户湾的事件，令身处东亚传统国际秩序之中、实行锁国政策的日本，遇到了来自完全不同文化体系的严峻挑战。在西方列强威胁之下，幕末日本人对于世界形势的思考模式具有哪些特征？对此，笔者在本节尝试结合日本文化的特性进行梳理和解答。

一、结盟或对立的思考方式

幕末日本人对外认识中蕴含着对外国的强烈戒备和对抗心理。会泽正志斋道：“西荒蛮夷以胫足之贱奔走四海，蹂躏诸国，视渺履跛，敢欲凌

---

[1] 丸山真男：《近代思想史上国家理性的问题（一）》，载《展望》1949年1月号。转引自郭丽：《近代日本的对外认识：以幕末遣欧美使节为中心》，北京大学出版社，2011，第264页。

[2] 伊藤隆『日本の内と外』、東京：中央公論新社、2014年版、第10頁。

驾上国[1]，何其骄纵。”[2]岩仓具视（1825—1883）亦云：“彼固虎狼之心，若畏惧其暴威，我皇国则为其奴隶。”[3]需要指出的是，幕末日本人对外态度中的戒备与对抗心理，既不是拒绝一切与外国交往的守旧主义，也不是要积极向海外拓展的扩张主义。从这个意义上来说，幕末日本的锁国论和开国论之争，正是守旧主义与扩张主义对立的缩影。因为，守旧主义与戒备心理紧密相关，扩张主义与对抗心理密不可分，二者在对待西方列强时表现的同仇敌忾的态度，在攘夷这个共同目标上基本达成一致。

结盟或对立的思考方式，源自幕府军事政权的历史记忆。1600 年，日本的关原之战最终因为小早川秀秋的倒戈而导致西军惨败。德川家康据此确立霸权，建立江户幕府，武士阶层成为统治层主体。武士政权以军事实力为基础，冲突与联合是军事关系中最常见的形态。武士政权中或是结盟或是对立的思考方式，同样影响了幕末日本人对于国际关系的认识。19 世纪，西方列强的势力不断向全世界扩张，导致 1840 年鸦片战争中清政府的惨败。西方列强依靠武力征服世界的方式，唤醒了幕末日本人对于本国战国时代群雄割据的记忆，与其结盟或对立便成为一种现实选择。

例如，会泽正志斋曰：“夫方今宇内七雄并列，与周末所谓七雄大小虽异，其势绝似。……当今万国之形势一变，粗似汉土春秋列国、本邦足利氏末年，各据其土称帝称王……互以称雄为志。”[4]既然国际社会群雄逐鹿，那么弱肉强食便是丛林规则，本国之外的一切势力都是潜在敌人。一方面，越前藩主松平庆永（1828—1890）在 1857 年上呈幕府的意见书中指出，“制人或制于人，所争在一先字，当今之势在于此。”[5]另一方面，桥本左内（1834—1859）在分析当时的国际形势时认为，当时世界的两大强国是英国和俄国，主张日本应该选择与其中一国结盟保证安全，强化军备，乃至掠夺近国。桥本左内基于英国“彪悍贪婪”，俄国“沈鸷严整”，

---

[1] “上国”指日本。

[2] 会沢正志斎「新論」、今井宇三郎・瀬谷義彦・尾藤正英校注『日本思想大系：53　水戸学』、東京：岩波書店、1973 年版、第 50 頁。

[3] 宮内省編『岩倉公実記』(中巻)、東京：岩倉公旧籍保存会、1927 年版、第 700 頁。

[4] 会沢正志斎「新論」、今井宇三郎・瀬谷義彦・尾藤正英校注『日本思想大系：53　水戸学』、東京：岩波書店、1973 年版、第 93 頁。

[5] 東京大学資料編纂所編『大日本古文書：幕末外国関係文書』(第 18 巻)、東京：東京大学史料編纂所、1925 年版、第 445 頁。

“不久之后人心皆向俄”的判断，主张与俄结盟。❶

值得注意的是，这种结盟或对立的思考方式，一直沿袭至明治维新以后。岩仓具视就坚持主张日本与外国是对立的关系，他认为，“海外万国皆欲立他国之上，甲国之于乙国，乙国之于丙国，莫不如此。故曰海外万国皆我皇国之公敌。”❷ 综观明治以来的历史，日本在外交政策上，均选择与当时最强的国家结盟，首先是英国，其次是德国，第二次世界大战以后是美国。结盟，不仅是一种计算利益得失后的结果，也与其害怕被孤立的民族心理有关。

二、现实主义的态度和行动

幕府由奉行锁国政策到走向打开国门，一方面是因为对世界大势有一定程度的了解，形成了开国的思想；另一方面是因为看到清政府在西洋的军舰和大炮面前毫无招架之力，最终不得不与英国签订包含割地赔款等内容的《南京条约》。幕府最终走向开国，也正是着眼于整顿国防和提高军事实力的目标，是吸取清政府前车之鉴的现实性举措。

幕末时期的日本人把当时的外国形势理解为“战国乱世”。这种理解意味着需要准确地掌握敌方动向和实力，进行周全准备，适时把握战机，采取果断行动。早在佩里到来之前，处于锁国状态之下的日本就对西方技术和列强动向持续保持着关心。幕府在对外政策上细致谨慎，一直避免与西方列强发生正面冲突。所以在面对纷繁的国际形势时，幕末日本人表现出权衡利弊得失、竭力避免因行动不当带来不必要损失的现实主义特点。

1825 年，幕府颁布了“异国船驱逐令”，对西洋船只实施驱逐。当然，这不是鲁莽的强硬行动。当时许多外国捕鲸船在日本近海作业，或要求日本提供粮食、淡水、燃料补给，或天气不好时要求在日本沿岸避难。外国捕鲸船的每一次要求，都意味着幕府需要在海岸实行戒备、接待船员。对于幕府和捕鲸船附近的各藩而言，这些事务不仅烦琐，而且产生很大开支。在幕府颁布“异国船驱逐令”的背后，存在这样一种现实主义的心

---

❶ 佐藤昌介・植手通有・山口宗之校註『日本思想大系：55　渡辺華山・高野長英・佐久間象山・横井小楠・橋本左内』、東京：岩波書店、1971 年版、第 567–569 頁。

❷ 宮内省編『岩倉公実記』（中巻）、東京：岩倉公旧籍保存会、1927 年版、第 699 頁。

理，即因对方是捕鲸船没有重型武器，所以炮击比戒备接待的工作要简单得多。尽管如此，各藩对实行炮击驱逐仍持谨慎态度，所以驱逐令在实际上几乎没有被执行过。此外，鸦片战争也预示着炮击可能会带来惨重代价，所以“异国船驱逐令”在1842年被废除。

19世纪中叶的时代特征是国际政治关系由列强、殖民地和战败条约国组成。[1] 尽管美国提督佩里率领的舰队向日本人展现了足够的威慑力，但日本的开国是在日美两国的交涉中进行的，其间没有鸣一枪一炮。日本是在和平的环境中完成了这个历史性进程。中国清政府的应对与日本幕府形成鲜明对比：从1842年中英两国签订《南京条约》开始，清政府与外国签订的几乎都是不平等条约。[2] 尽管幕府与美国也签订了不平等的《日美亲善条约》，但存在协商的余地。这一点与清政府有根本区别。面对比自己强大的敌人尽力保全自己并将损失降到最小，是日本人面对强者的现实主义态度。

三、顺应大势的心理

日本人崇拜强者。虽然西方列强是近代日本的军事竞争对手，但是日本人并不掩饰对强大竞争对手的欣赏。例如，川路圣谟（1801—1868）负责与俄国舰队司令普提雅廷（Putyatin，1803—1883）就《日俄和亲通好条约》进行交涉，尽管川路圣谟对俄方的意图抱有很深的猜疑，但也佩服普提雅廷的刚毅，赞赏其“与左卫门相比，乃真豪杰也”。普提雅廷为其祖国俄国努力的爱国之心引发了川路圣谟的共鸣。[3] 无独有偶，美国首任驻日总领事哈里斯在幕府将军面前展示了其“威风”“雄辩”与“敬心”，令列席的日本人赞赏其为“万夫不当的英雄”。[4]

另外，无论是中国古代也好，还是日本室町幕府后期也罢，都曾出现

---

[1] 加藤祐三：《日本开国小史：来自柏利的挑战》，蒋丰译，中国社会科学出版社，1992，第150页。

[2] 茅海建：《天朝的崩溃：鸦片战争再研究》，生活·读书·新知三联书店，2014，第468–545页。

[3] 佐藤誠三郎「西欧の衝撃への対応」、篠原一・三谷太一郎編『近代日本の政治指導』、東京：東京大学出版会、1965年版、第31頁。其中，左卫门是指川路圣谟本人，当时川路圣谟的官位为从五位下左卫门少尉。

[4] 維新史料編纂事務局編『維新史』（第2卷）、東京：明治書院、1940年版、第263頁。

“一统天下”的强者。尽管当时来自西方列强的威胁日趋增强，但近代日本支配世界的愿望也变得日益强烈。成为世界霸主——幕府设定这种远大的目标，既可以抵消自身被西方列强强迫开国的屈辱感，也赋予了其从锁国到开国的政策转换的正当性，进一步激发实现“富国强兵”的使命感。在此意义上而言，幕府对支配世界的白日梦式的渴望，在有效应对来自西洋冲击的方面，发挥了重要作用。❶

M. W. 斯蒂尔选择江户时期的瓦版画作为史料，通过瓦版画上的构图分析江户时期日本人的对外认识与自我认识，指出瓦版画上所体现的不全是对外国的单纯批判，正如后来日本在与西方国家的政治交涉过程中所呈现的那样，表现出一种矛盾的心态。佩里乘坐的黑船等西洋机械文明的产物，令江户时期的日本人感到惊叹和赞赏。因此，印着美国赠送给日本的蒸汽列车和电报机等的瓦版画，特别受江户时期日本人的欢迎。在江户时期日本人的认识中，日本落后于西洋是难以否定的现实。与此落差相反的是，江户时期瓦版画上出现的“大日本”“献上”等字样，体现了一种以日本为中心的民族主义心理，这一心理在同时不断高涨。❷

面对与西洋的落差，戒备和对抗心理激发了幕末时期日本人打开国门、建设富强国家的使命感，他们对国际形势的变化异常敏感，在对外政策上采取现实主义的态度。与此同时，崇拜强者的心理消除了其为走向富强而引进先进技术的心理障碍。因此，幕末时期日本人对外认识中顺应大势的心理，在促进日本近代化方面具有重要意义。

四、“纵式”国际秩序构想

一国民众对国际关系的认识，很大程度上依赖的是国内人际关系的模式。自古以来，日本社会都是一个重视主从关系或曰等级关系的“纵式”社会。作为个体，日本人强调能力与安全，不断适应以强大的集体为优先

---

❶ 佐藤誠三郎・R. ディングマン編『近代日本の対外態度』、東京：東京大学出版会、1975年版、第19頁。

❷ M. W. スティール「庶民と開国——新たな対外世界像と自国像」、『季刊日本思想史』第44号、1994年、第47頁。

的社会结构。[1] 以儒学为意识形态的德川幕府，也建立在一个上下身份有别的社会秩序之上。近代日本人的这种思维方式特征，影响了他们的对外认识。

日本社会的“纵式”结构是实力竞争的产物。及至明治时期日本人运用其国内强者支配的“纵式”社会逻辑认识国际关系时，对不同的国家进行划分。他们的划分依据第一是国力，主要是军事实力和经济实力；第二是“文明”程度。从桥本左内把英、俄视为大国，到福泽谕吉（1835—1901）继续将法、澳、普划并为五大国，他们的划分依据都是军事力量。

1869 年在大阪发行的政府杂志《明治月刊》第一号（1869 年 9 月）登载了与当时日本保持外交关系的各国军事力量、人口和领土面积的一览表，题为《通盟诸邦强弱一览》。[2] 该表表明幕末日本以军事力量为中心，划分西洋国家等级并加以关注。明治日本人随着对西洋了解的加深，逐渐认识到国家的强弱不仅需要依靠军事、经济力量，也需要完善政治制度和提高社会整体生活水平。因此，明治日本人划分国家等级的标准也从军事力量的强弱转变为广义的“文明化”程度。当然，这个“文明化”是以西方先进国家为范本的。

《明治月刊》第二号把世界各地按照“文明化”的程度划分为以下五个等级：（1）“文明国家”，英国、法国、荷兰等（澳大利亚、普鲁士、丹麦、瑞典等“其政治将一蹴跃入此列”）；（2）“开化国家”，俄国、意大利、西班牙、葡萄牙、拉丁美洲诸国等；（3）“半开化国家”，中国、印度、土耳其、波斯、撒哈拉沙漠以北的非洲诸国等；（4）“夷俗”，西伯利亚、中亚等地区；（5）“野蛮”，美洲印第安、非洲以及澳大利亚的原住民部落等。[3] 福泽谕吉也在《掌中万国一览》（1869）中运用大致相同的标准将世界设定为“混沌”“野蛮”“未开化”和“开化文明”四个阶段。[4] 不过在《文明论概略》（1875）中，福泽谕吉又将“混沌”与“野蛮”合

---

[1] 中村元『日本人の思惟方法「普及版」』、東京：春秋社、2012 年版、第 167 頁。

[2] 明治文化研究会編『明治文化全集：外国文化篇』、東京：日本評論社、1968 年版、第 122–127 頁。

[3] 明治文化研究会編『明治文化全集：外国文化篇』、東京：日本評論社、1968 年版、第 134–135 页。

[4] 慶応義塾編『福澤諭吉全集』（第 2 巻）、東京：岩波書店、1959 年版、第 463–465 頁。

并，重新分为“野蛮”“半开化”和“文明”三个阶段。

无论是按照军事、经济或文明程度其中的任何一项标准，幕末日本的国际地位都比较低下——如果按照《明治月刊》第二号中的划分，则属于“半开化国家”，但如果按照福泽谕吉的标准，则位于“未开化”或“半开化”之列。因此，近代日本“纵式”社会中欲提高身份等级的出身立世的愿望以明治维新为契机开始爆发。与此同时，希望在国际社会提高日本国家地位的民族主义思想也急剧膨胀。例如，一本于1875年发行的关于“文明开化”的通俗解说书，表现出一种希望提升日本国际等级地位的野心：“若西之大关为英吉利，则为称得上东有日本而努力”。[1] 福泽谕吉在《福翁自传》中回顾年轻时的希望，他写道：“大力吸收西洋文明之空气……开遥远东洋之一新文明国，东有日本，西有英国，不相上下。”[2] 从中可以看出，日本划分国家等级的方式如同制定相扑力士的等级榜——按照各力士的强弱和业绩排名，相扑力士只有努力相互竞争才能提高名次。等级榜的排名方式在幕末不仅是相扑界，还运用在艺能界等各领域中。可以说“纵式”社会的等级秩序在幕末日本人的日常生活中随处可见，那么被应用于其对国际秩序的构想也便不足为奇，并且其中暗含着通过增强实力提高等级地位的愿望。

本章小结

黑船所象征的西方先进技术文明，令幕末日本人对本国的落后确信不疑。对于幕末日本人而言，在抵御外侮之前最为迫切的任务是了解敌人。山路爱山将幕府末期日本的时代思潮归结为“渴望奔赴外国海岸并肩负起观察日本这片遥远土地的伟大任务”。[3]

---

[1] 石井南橋「明治の光」、明治文化研究会編『明治文化全集：文明開化篇』、東京：日本評論社、1967年版、第198頁。

[2] 福澤諭吉「福翁自伝」、慶応義塾編『福澤諭吉全集』（第7卷）、東京：岩波書店、1959年版、第259頁。

[3] 山路愛山『基督教評論·日本人民史』、東京：岩波書店、1966年版、第44頁。

德川时代的政权组织形式是幕藩体制。幕藩体制其实就是一个由全日本大小不等、实力各异的大名组成的联合体，其内部最强的大名是幕府将军。其他大名只能依附或归顺这个最强者，以“奉公”的形式才能保全自己的势力，获得生存的空间。幕末开国时期日本对待东洋与西洋的态度，表面上看是从坚持锁国逐步走向开国，从崇拜和仰慕东洋的中国逐渐转变为学习西洋的西方强国。但是，无论是锁国还是开国，幕末日本人都试图将自身的代价和损失降低到最小；无论是学习中国还是学习西方强国，对于日本人来说，变化的不过是学习的对象，其与强者为伍保全势力的思维模式依旧不变。

第二章　明治初期日本人的对外认识

明治维新是日本历史上的一次关键转折。1867 年 10 月 14 日，幕府将军德川庆喜上表朝廷，提出交还政权——史称“大政奉还”。从表面上看，明治维新只是一场权力转移运动，即日本的国家权力从以将军为代表的幕府重新回归以天皇为代表的朝廷。更为重要的是，明治维新宣告武士阶级执政走向终结，天皇重新取代将军立于国家权力之巅，近代日本的国家组织形式也从幕藩体制这种分散联合的结构走向中央集权。维新政府领导人推行一系列强有力的措施，使得日本快速融入资本主义世界体系。此后，近代日本的国力迅猛发展，其势力不断向东亚地区乃至世界强国挺进。明治维新亦成为日本、东亚乃至世界史上的一个重大事件。

1868 年（明治元年）明治维新政府成立，宣告了日本近代民族国家建设的正式开始。同年 3 月 14 日，天皇在公卿、诸侯等面前宣读了《五条誓文》，内容如下：

一、广兴会议，万机诀于公论；

二、上下一心，盛加经纶；

三、官武一途，以至庶民，各遂其志，务使人心不倦；

四、破历来陋习，以天地公道为基；

五、求知识于世界，大振皇基。[1]

明治维新政府的使命，就是建立健全近代国家体制——对内，开展政治、经济、教育、军事、宗教等各项改革；对外，首先需要争取外国对维

---

[1] 松本健一『日本の近代：1　開国・維新　1853—1871』、東京：中央公論新社、2012 年版、第 351 頁。

新政府的认可，尽量得以早日修改与外国签订的不平等条约，取消治外法权，恢复主权，夺回关税自主权。换言之，明治维新成功以后，摆在日本人面前的问题主要有两个，一是争取国家独立，二是实现国家富强。此时的日本在国际社会取得独立地位的最大障碍就是维新之前与西方各国签订的不平等条约，因此修改条约成为维新政府必须面对的首要课题。自1871年岩仓具视使节团赴美交涉修约开始，到1894年日英两国在伦敦签订《日英通商航海条约》，其间或以国别谈判方式，或以多国同时谈判的方式，日本一直都没有中断与外国谈判修订条约的努力。

明治政府想要与西方各国修订新约，摆脱旧的不平等条约的束缚，就必须向西方证明日本是一个开化的国家，是一个认同西方文明价值理念的国家。为了达成这一目标，明治政府自上而下推行殖产兴业、富国强兵、文明开化的政策。其中，文明开化是指日本引进西方资产阶级政治、经济、社会文化和风俗习惯，力图将日本转变为资本主义的近代化国家。

发起文明开化运动，是维新政府成立后为回应修改条约这一首要课题的产物。三宅雪岭（1860—1945）在《明治思想小史》中谈论明治思想界时说，儒者大师接二连三地去世，只剩儒学和汉文学，至于日本自己的学问，只有解释古代的语言文学。❶当时日本思想界的一般看法是，应该向欧美学习政治法律制度等治国方略，至于器械技艺自是无须多言。最重要的是尊王攘夷的思想几经变迁；尊王变为立宪政治，攘夷经过两大战役，使日本帝国跻身于强国的位置。❷三宅雪岭对于明治思想的概括具有启发意义，因此也可以说西洋思想是明治时期日本思想界的精神底色。

明治维新以来，尤其在明治时期的前20年，日本努力输入西洋文明，进入文明开化时期，“欧化”是这个时期最重要的思想潮流。“欧化”潮流，顾名思义，就是日本向欧美学习，也是明治前20年的主要方向。另外，由于西洋文明的输入，刺激和促成了日本社会新思潮的诞生。因此，本章主要以岩仓使节团、文明开化运动为主线，探讨这一时期的日本思想家对西洋文明、器物制度、国际关系的认识以及文明开化运动的精神结构。

---

❶ 三宅雪嶺「明治思想小史」、鹿野政直責任編集『日本の名著：37　陸羯南・三宅雪嶺』、東京：中央公論社、1971年版、第428頁。

❷ 朱谦之：《朱谦之文集》（第9卷），福建教育出版社，2002，第5页。

第一节　岩仓使节团的对外认识

一、出访背景与任务

维新政府成立以后，在对内方面，实施了“版籍奉还”（1869）和“废藩置县”（1871）等一系列改革措施，逐步实现了日本的国家统一，但是国内局势依旧不够稳定；在对外方面，虽然明治政府已经成立，但是并没有获得西方国家的认可，维新政府依旧必须履行幕府时期日本与西方列强签订的不平等条约，而1872年7月1日是日本与各国条约的修改期限。在内外困境交织的情况下，维新政府领导人认识到只有富国强兵才能走上独立自主的道路，只有全面了解西方才能获得与其对等的地位，所以需要以西方国家为模版改造日本，需要与西方国家站在同一阵线。于是，维新政府决定派遣以右大臣岩仓具视为特命全权大使的使节团赴欧美国家考察学习。

关于岩仓使节团赴欧美考察的任务，在《特命全权大使派遣事由书》（以下简称为《事由书》）中的规定如下：第一，为了与幕末缔约国保持友好关系，向各国递交新政府的国书；第二，1872年是幕末缔结条约的修改期限，为此向各国阐明日本政府的希望，以便依据《万国公法》废除不平等的条约，修订为平等的新条约；第三，为了尽早建立近代国家，因而有必要考察欧美各国的制度文物以备借鉴和参考。[1] 值得注意的是，使节团的派遣计划原本由专门负责修改条约的参议大隈重信（肥前藩出身）提出，但是最后成行时他却被大久保利通（萨摩藩出身）、木户孝允（长州藩出身）取代了位置。关于此事，大隈重信后来在《大隈伯昔日谭》中回忆道：

派遣使节一事本由我倡议发起，我也希望进而出任使节，且认为

[1] 大久保利謙編『岩倉使節の研究』、東京：宗高書房、1976年版、第161–162頁。

当时内阁的重要支柱、作为政治原动力而负有重托的木户和大久保等宜留下来尽疲于内政的整理，但世间的事情往往出现意外的结果，以为应当留下来的木户和大久保却没留下来而外出，我虽想前往但未能去而留于内，以致在内留、外遣的冲突面前不得不承担起掌握实权实势的大任。

……于是，尽快派遣使节去各外国说服它们同意修改条约，不仅是当时的紧急任务，而且从无论如何必须完成的内政改革来论，也需要如此。处理萨长的倾轧和解决官吏安置的冲突极为棘手，且要清除阻碍各项改革和革新的弊端。因此，尽量把那些有碍于此的人派出去，即采取“阎王不在、小鬼当家”的办法，以在此期间进行全面的改革和整顿。总之，要尽快地和尽量多地派出一些人。于是，派出了将近一百人。[1]

由此可以看出，使节团人员的构成与日本国内改革遇到的阻力有关。萨摩藩和长州藩的权力斗争、维新政府的人员构成都是时任领导人面临的棘手问题。为了顺利推行日本国内的改革，最好办法就是以考察为名安排出访。所以，在《事由书》的三项任务以外，使节团其实还肩负减少内政改革压力的“任务”。

木户孝允、大久保利通与西乡隆盛有“维新三杰”之称。耐人寻味的是，留守政府首领西乡隆盛在横滨码头为使节团送别时说：“如果那条船沉没，日本政界也就清净多了。”[2] 虽然这是一句玩笑话，但是不难看出明治政府内部斗争的激烈程度。大限重信和西乡隆盛的话互为补充，再一次印证了内治与外交密不可分且相互作用的关系。

二、岩仓使节团的人员构成

岩仓使节团自1871年出发，到1873年回国，历时近两年，一共走访了美国、英国、法国、比利时、荷兰、普鲁士（德意志）、俄国、丹麦、瑞典、意大利、奥地利、瑞士等国家。三宅雪岭曾经在《同时代史》中评

---

[1] 升味准之辅：《日本政治史：第一册 幕末维新 明治国家之成立》，董果良译，商务印书馆，1997，第115页。

[2] 王新生：《日本史随笔》，江苏人民出版社，2011，第86页。

价岩仓使节团道："徒有大使、副使虚名，只不过是一个观光团而已。"❶三宅雪岭发出这样的议论，可能是因为使节团没有完成当时日本人最期待的修约任务，而这也是岩仓使节团不被人关注的最大原因。

然而，事实并非如此。向西方学习，是这个由46名政府官员及18名随员、43名留学生组成的庞大规模使节团的目标。从使节团主要成员的时任官职、年龄和出身来看，呈现以下三个特点。

第一，岩仓使节团中汇聚了明治政府首脑的主要成员，可见明治政府非常重视该使节团。明治政府不仅任命在"王政复古"过程中"发挥重要作用的岩仓具视"❷为大使，使节团的领导层中也不乏木户孝允、大久保利通这样的当权派人物。这令岩仓使节团具有浓厚的旧幕府公卿和萨长派阀领袖融合的色彩。

第二，岩仓使节团中担任书记官的人员多为旧幕臣，并且他们大多在幕府时期有过留洋经历。例如，随员中还有田边太一（1831—1915）❸、福地源一郎（号樱痴，1841—1906）等有过西方经历的资深外交人士。田边太一曾于1863年和1867年两度出使法国；福地源一郎曾在1860年和1865年先后赴欧。这些人熟悉西洋事物，是使节团对外的重要沟通桥梁。

第三，尽管岩仓使节团人员出现过变动，但是从出发时总体来看（详见表2-1），主要成员的平均年龄约为31.2岁，表明使节团整体具有年富力强、在外国新事物面前拥有独立判断能力的特征。此外，岩仓使节团出使历时时间长，其访问的国家多于德川幕府末期派出的任何一个使节团。❹

表2-1 岩仓使节团出发时主要成员构成情况表

序号	团职名或任务	姓名（年龄）	时任官职	出身
1	特命全权大使	岩仓具视（47）	右大臣	公家
2	特命全权副使	木户孝允（39）	参议	长州

❶ 三宅雪嶺『同時代史』（第1卷）、東京：岩波書店、1949年版、第308頁。

❷ 参阅大久保利謙『岩倉具視』、東京：中央公論社，1980年增补版。

❸ 田边太一的著书《幕末外交谈》是了解幕末日本外交的重要资料，参阅田辺太一『幕末外交談』（第2卷），坂田精一訳・校注、東京：平凡社，1966年版。

❹ 参阅郭丽：《近代日本的对外认识：以幕末遣欧美使节为中心》，北京大学出版社，2011。

续表

序号	团职名或任务	姓名（年龄）	时任官职	出身
3	特命全权副使	大久保利通（42）	大藏卿	萨摩
4	同上	伊藤博文（31）	工部大辅	长州
5	同上	山口尚芳（33）	外务少辅	肥前
6	一等书记官	盐田笃信（29）	外务大记	幕臣
7	同上	田边太一（41）	外务少丞	幕臣
8	同上	福地源一郎（31）		幕臣
9	同上	何礼之（32）	文部中教授	幕臣
10	二等书记官	小松济治（25）	外务省七等出仕	和歌山
11	同上	渡边洪基（25）	外务少记	福井
12	同上	林董三郎（22）		幕臣
13	同上	长野桂次郎（29）		幕臣
14	三等书记官	川路宽堂（28）		幕臣
15	四等书记官	池田政懋（24）	文部大助教	幕臣
16	同上	安藤忠经（26）	外务大录	肥前
17	理事官	山田显义（28）	陆军少将	长州
18	同上	东久世通禧（39）	侍从长	公家
19	同上	佐佐木高行（42）	司法大辅	土佐
20	同上	田中光显（29）	会计兼务户籍头	土佐
21	同上	田中不二麿（27）	文部大丞	尾张
22	同上	肥田为良（42）	造船头	幕臣
23	大使随行	五辻安仲（27）	式部助	公家
24	同上	野村靖（30）	外务大记	长州
25	同上	内海忠胜（29）	神奈川县大参事	长州
26	同上	久米邦武（33）	权少外史	肥前
27	同上	中山信彬（30）	兵库县知事	肥前
28	同上	安场保和（36）	租税权头	熊本
29	田中光显理事官随行	若山仪一（32）	租税权助	东京
30	同上	杉山一成（29）	检查大属	幕臣
31	同上	富田命保（32）	租税权大属	不详
32	同上	阿部潜（33）		幕臣
33	同上	冲守固（32）	大藏省七等出仕	鸟取

续表

序号	团职名或任务	姓名（年龄）	时任官职	出身
34	田中光显理事官随行	吉雄永昌（不详）		不详
35	东久世通禧理事官随行	村田经满（36）	宫内大丞	萨摩
36	田中不二麿理事官随行	长与秉继（34）	文部中教授	肥前
37	同上	中岛永元（28）	文部省七等出仕	肥前
38	同上	近藤昌纲（21）	文部省中助教	幕臣
39	同上	今村和郎（26）	文部省中助教	土佐
40	同上	内村良藏（21）		山形
41	肥田为良理事官随行	瓜生震（18）	铁道中属	福井
42		大岛高任（46）	矿山助	岩手
43	山田显义理事官随行	原田一道（42）	兵部大教授	幕臣
44	佐佐木高行理事官随行	平贺义质（45）	司法少判事	福冈
45	同上	冈内重俊（30）	司法少判事	土佐
46	同上	中野健明（23）	司法少判事	肥前
47	同上	长野文炳（18）		大阪
48	受政府委派赴英学习	藤仓见达（29）	灯台权大属	不详

三、岩仓使节团的对外认识

岩仓使节团访问的第一站是美国旧金山。大使和副使中唯一有过出洋经历的伊藤博文发表了著名的“日之丸演讲”，强调日本不久一定会像国旗中的红太阳一样冉冉升起，表达了日本进步的希望与信心。然而，事与愿违，当时的美国政府并不买账，以各种各样的理由拒绝日本修改条约的要求。于是，岩仓使节团只得放弃与美国的修约谈判，集中精力考察欧美的文物制度。

岩仓使节团利用约 1 年 10 个月的时间遍游欧洲 12 国，途中随时将收集的资料送回太政官下辖的大使事务局。使节团回国后，前副使山口尚芳被任命为特命全权大使事务取调御用挂❶；前大使随行久米邦武被任命为特命全权大使事务取调，并在 1877 年向政府正式递交复命书。1878 年 10 月，博闻社对外出版了由久米邦武编著的正式报告书《特命全权大使美欧

❶ “取调”，即调查的意思，也指负责调查的官职。“御用挂”是担任宫中和政府公务的官职。

回览实记》（以下简称《美欧回览实记》），总计100卷。（详见表2-2）

表2-2　《美欧回览实记》中记录的岩仓使节团在各国的逗留时间与所用卷数

国别	逗留天数（天）	卷数（卷）
美国	204	20
英国	122	20
普鲁士（德意志）	25	10
法国	68	9
意大利	24	6
俄国	15	5
比利时	7	3
荷兰	11	3
奥地利	15	3
瑞士	16	3
瑞典	5	2
丹麦	5	1
其他	123	15

尽管《美欧回览实记》编者署名久米邦武，但正如第一卷卷首“例言”中岩仓大使所言：“吾使节耳目之所，务须公之于国中”❶。因此，《美欧回览实记》表达的是岩仓使节团全体对世界的认识。与此同时，因为岩仓使节团的领导层中包含不少明治政府的实权人物，所以在一定程度上可以说，《美欧回览实记》也是明治政府对外认识的体现。以下，笔者将从《美欧回览实记》中选取关于美国、比利时与普鲁士（德意志）三个国家的文本，分别考察岩仓使节团的对外认识。

（一）对美国的认识

从岩仓使节团正式抵达美国旧金山开始，使节团一行在旧金山逗留了半年时间，对美国进行深入全面的考察。根据本书的对外认识主题，笔者将从政治制度、社会风俗与民族精神三个方面入手，分析岩仓使节团之美国认识的特点。

---

❶ 久米邦武編『特命全権大使米欧回覧実記：1』、田中彰校注、東京：岩波書店、1977年版、第11頁。

1. 政治制度

1872年2月17日上午10点，岩仓使节团正副使节及理事官一行访问了美国国会（大厦）。美国国会（大厦）即联邦政府所在地，由华盛顿总统于1793年9月18日奠基，后经年营造，分设上下议院，建筑宏伟，内壁悬挂油画，廊柱雕刻精美，室内金碧辉煌。在岩仓使节团眼里，“‘国会’是美国的最高政府，大总统总握行政权，副总统是立法长，大法官掌握司法权，这就是该国联邦政治的大纲，这是与君主国家在形式上的最大不同（君主国家国君同时掌握行政权与司法权，设有内阁辅弼之官职，议会只拥有立法权）。”❶

2. 社会风俗

（1）不能接受美国社会的性别观念

岩仓使节团抵达美国后，最让他们惊奇的是美国社会的性别观念。在美国参观时，成员看见“美国官邸不禁止妇女进出，海陆军校也召集妇女操练，结束后男女相携到舞池跳舞，尽享欢乐，这就是共和政治之风俗。”❷“觉得奇怪的是，男女交往、夫妻相处与日本不同，日本是儿媳侍候公婆，孩子孝顺父母，这里是丈夫以事妻为道。”❸ 当谈到美国与英国的风俗比较时，又说：“美国与英国风俗大为不同，英国以女王立国，而且这种风气愈发见长。美国是共和政治，男女同权论蔓延，近年美国认为妇女应该获得参政权，有些州已经公开允许。”❹

虽然岩仓使节团认为妇女进出官邸、军校招收女兵、丈夫照顾妻子、允许妇女参政是“共和政治之风俗”，但是他们的内心对此并不认同。他们的真实想法是：“男女义务，自当有别，虽然女人也有保卫国家之责任，但是东洋的教化就是女主内，男女之别，自有条理，识者应当慎思。”❺ 也就是说，岩仓使节团并不能理解美国的自由风气，认为有识之士应当明辨慎思。由此可见，儒教男女有别的思想观念依旧牢牢地占据他们的大脑。

---

❶ 久米邦武編『特命全権大使米欧回覧実記：1』、田中彰校注、東京：岩波書店、1977年版、第207頁。

❷ 久米邦武編『特命全権大使米欧回覧実記：1』、田中彰校注、東京：岩波書店、1977年版、第247頁。

❸❹❺ 久米邦武編『特命全権大使米欧回覧実記：1』、田中彰校注、東京：岩波書店、1977年版、第248頁。

（2）注意到东西方思维方式不同

1871 年 12 月 9 日，岩仓使节团一行在参观完毛纺厂的回程途中，又参观了旧金山南郊的伍德瓦尔动植物博物馆。馆内采用干燥法收藏了禽兽虫豸蝴蝶卵蛋等。对此，岩仓使节团感慨：西洋人喜好外出游玩，即使是小地方也修建了公园，而筹建园馆的费用由当地人捐资，其利在于吸引实地考察，促进生产，丰富学识，从而“促进有形理学进步，发现农工商之实益，成为富庶繁荣之媒介”。❶ 同时，岩仓使节团也不忘将此与东洋相比，“东西洋风俗性情每每相异，如出相反，西洋人乐于外交，东洋人则惮之”，故“西洋人勉于有形理学，东洋人笃于无形理学”，东西洋风俗相反，每每表面相似但留心之处不同，这是外出考察人士应该注意的地方。❷

3. 民族精神

岩仓使节团在美的时候，正值美国建国将近一百年。自由独立精神赋予美国这个年轻国家的活力，令使节团成员感受颇深。例如，“美国是欧洲人民的开垦地，在欧洲具有自主精神的人讲究一己的不羁独立，立志开创新的事业，于是向着广袤的美国大地尝试开垦，这就是美国的由来。……欧洲自主的精神在这片土地上得到锤炼，其事业自然卓越豁达，气力旺盛，英国人不曾察觉，认为他们与印度民族一样卑弱，试图吸取脂膏，不料大败。自此以来，美国出现了众联邦之制度，形成了一个民主国家，州、郡、村、市、社会之间，各用自主之力，自在自得。这就是此地越发成为欧洲人民的事业开创地，开垦越发成功，发展越发迅速的原因。欧洲也不乏自主之论、共和之议，但多是纸上谈兵，不适合具体的国情，只有美国是纯粹自由自主之民的集聚地，是真正的共和国，这个原因就是它开国的元素，来此采风的人应该注意到这一点”。❸

岩仓使节团通过回顾美国的由来，认为美国人民具有自由的精神，美国具有独立的精神，所以尽管英国想要夺取美洲大陆的利益，却被充满自

---

❶❷　久米邦武編『特命全権大使米欧回覧実記：1』、田中彰校注、東京：岩波書店、1977 年版、第 83 頁。

❸　久米邦武編『特命全権大使米欧回覧実記：1』、田中彰校注、東京：岩波書店、1977 年版、第 243 頁。

由独立精神的人击败。美国因此成为一个实行联邦制的独立国家，摆脱了英国的统治。此外，岩仓使节团还注意到美国各个州、郡、市、村的独立性。他们发出上述感叹的原因在于联想到日本在国际社会的遭遇——暂且不提幕府末期与各大强国签订不平等条约，就是维新政府成立以后的修约要求也被美国断然拒绝。美国这个国家表现的自由独立精神，正如岩仓使节团一行希望传递给国际社会的日本印象。但是，当时的美国没有认可日本。这与历史上美国抗击英国时所表现的自由独立精神形成鲜明的对比。可以说，岩仓使节团是在一种心理落差之中充分认识到美国的自由独立精神的可贵之处。但是他们只能放弃修订条约的诉求，转而专心考察美国的文物制度。

（二）对比利时的认识

1873 年 2 月 17 日，岩仓使节团穿越法国进入比利时境内，开始对比利时的考察。其实，在结束对美国的访问之后，岩仓使节团还相继考察了英国与法国。本小节之所以选择比利时作为论述对象，原因在于比利时是欧洲国土面积较小的国家之一，而且此段考察与岩仓使节团后来在普鲁士（德意志）的考察具有一定联系。此外，岩仓使节团从比利时与普鲁士（德意志）的考察中收获重大，所以这两段考察经历具有深远的历史意义。

岩仓使节团一行在比利时停留了一周时间，参观了棉花纺织厂、桑麻制造厂、玻璃制造厂、制铁厂等，还参观了炮台与滑铁卢战地等。岩仓使节团在对比利时的考察中，主要关心的是一个国土面积不大的国家如何在大国林立的欧洲保持独立自主的地位。《美欧回览实记》中如此写道：

> 比利时人民骁勇善战，以狭小之国中立于大国之间，其自立自守之要在于原来此国地势平衍。法国屯兵东部，梅斯[1]险隘，倘若进军，必定路过此国，其形势有如春秋之郑国，常陷入血战。今年欧洲列国会盟约定此国为进军之路，然战时敌国兵士士气高昂之际，能保守完全中立之权利，必定有能力充实四境，否则安能保守中立？比国人民惯于兵事，举行射击聚会，一般大众皆嗜武，其兵役意气刚壮，技术

---

[1] 现法国东北部地区城市。

娴熟，有大国不及之处。比国军备平时三万九千名，战时九万八千八百名。[1]

岩仓使节团对比利时考察产生认识的前提，是清楚地认识了比利时地处弱肉强食、相互之间战事不断的欧洲大国的包围之中。在险恶的国际环境情况下如何保持中立，也是国土面积不大的日本需要解决的问题，其中包括日本如何摆脱欧洲大国强加的不平等条约、如何自强独立以获得国际社会认可等问题。在此意义上而言，岩仓使节团成员在比利时考察中得到的结论，对维新政府政策方针的制定具有重要的现实意义。对此，具体可概括如下。

第一，贯彻“独立”主题。岩仓使节团认为，比利时能够在欧洲的战乱中全身自保，就在于其拥有“充实四境”的能力。岩仓使节团赞扬比利时人民勇敢尚武、善于战斗的精神，并认为军事能力应该是比利时“能力”的一个重要组成部分。

第二，“自由”与“束缚抑制”并存的政令制度。比利时当时虽然是一个由拿破仑二世统治的君主制国家，但是在岩仓使节团看来，其更像是一个“自主政治的国家”，也是一个“自由”与“束缚抑制”并存的国家。[2] 岩仓使节团在搭乘火车的时候注意到车窗外的阔叶林和针叶林，其中涉及土地所有权的问题——在私有土地上，比利时人民为了获取利益，往往种植阔叶林，进而开垦山林放牧；在官有土地上，则全部都是生长周期长的针叶林。因此，国家“于山林树木之制，废除往时之自由，立束缚抑制之政度，终究是为众庶以获永利。”[3] 当然，自由与限制的政令制度不止于此，“为保续全国利益、人民完全自由，政府考虑必须愈发周密”[4]。

比利时考察给予岩仓使节团的启示是，既要尽量保证人民的“自由”，也必须适当加以“束缚抑制”。“自由”与“束缚抑制”都是为了确保人民的“自由”。因此，岩仓使节团从比利时考察中获得了处理政府与人民

---

[1] 久米邦武編『特命全権大使米欧回覧実記：3』、田中彰校注、東京：岩波書店、1979 年版、第 190–191 頁。

[2][4] 久米邦武編『特命全権大使米欧回覧実記：3』、田中彰校注、東京：岩波書店、1979 年版、第 217 頁。

[3] 久米邦武編『特命全権大使米欧回覧実記：3』、田中彰校注、東京：岩波書店、1979 年版、第 216 頁。

关系的方法，并且在回国后进行了切实的运用。理解比利时考察之于岩仓使节团的意义，有助于理解明治政府在处理与民众的关系时的思考逻辑。

（三）对普鲁士（德意志）的认识

1873 年 3 月 7 日，岩仓使节团离开荷兰海牙，前往普鲁士柏林。1873 年 3 月 15 日晚，普鲁士首相俾斯麦（1815—1898）设宴招待，共有四十余位岩仓使节团成员出席宴会。晚宴结束后，俾斯麦发表演讲。对此，《美欧回览实记》中叙述道：

> 本日飨会，侯（俾斯麦——笔者注）亲述其幼时之经历，言方今世界各国虽皆谓以亲睦礼仪相交，全部流于表面形式，于私而言，其实际情形乃强弱相凌、大小相辱。如诸公所知，予幼时我普国贫弱，此时亲自阅历小国之情形，心怀愤懑，时至今日亦耿耿于怀，挥之不去。谓彼之公法乃保全列国之常典，大国争利，于己有利则执公法行动，若不利则幡然以示兵威，固无常守，小国孜孜以辞令公理反躬自省，未敢逾越，以力保自主之权，若遇其簸弄凌辱之政略，殆不能自主，每每如是。是以慨然奋起，一举振兴国力，欲使一国享外交对等权，而激励爱国心。积累数十年，遂至近年方达所望，此乃各国保全自主权利之志愿而已。然各国皆用兵于本国四境，以增憎恶，嗜好军略，掠夺人之国权，闻之非议，是与我国志略相反，我国只重国权，望各国相互自主，行使对等交往权利，互不相侵，维护公正之领域。历来之战皆为日耳曼之国权，不得已而为之，幸为识者所察。❶

而且，俾斯麦在此次演讲中提及日本：

> 闻英法诸国，贪图海外属地，谋物产之利，专擅武力，诸国皆因其所为而忧苦。欧洲亲睦之交，未尝足信，诸公亦必不放弃内顾自惧之念，是予生于小国，深知其情形，尤深谅知，予不顾世间是非议论，以国权完整为本心，亦不外于此。故当时日本亲睦相交之国虽多，重国权自主如日耳曼者，可谓其亲睦中最亲睦国也。交往使臣宴

---

❶ 久米邦武編『特命全権大使米欧回覧実記：3』、田中彰校注、東京：岩波書店、1979 年版、第 329-330 頁。

会相聚之际，此语意味甚重，此侯辞令娴熟，长于政略，可谓值得体会玩味。❶

俾斯麦从亲身经历出发，以“小国”普鲁士如何发展壮大为“大国”的经过为中心，阐述其对国际关系本质的看法。俾斯麦认为，对于欧洲“大国”而言，《万国公法》并非必须遵守的典章规范，于己有利时可以运用之，于已不利时则可以抛弃之。所以，即使“小国”认真遵守公法，依旧会遭到“大国”的蹂躏践踏。换言之，“弱肉强食”才是国际关系的本质，保持完整的国权才是国家的重心。而且，俾斯麦还指出，唯有与日本命运相似的普鲁士，才是日本在欧洲最为亲密的朋友，或者说普鲁士对于日本今后的发展具有借鉴意义。

木户孝允早在1868年11月18日的日记中表示，《万国公法》是掠夺弱国的一种工具。岩仓具视也曾经说，“毕竟海外万国乃我之公敌”❷，即其已经认识到“万国”都意欲凌驾于他国利益之上。但是，这一言论从把“小国”普鲁斯打造成为“大国”的俾斯麦的口中说出并传到他们耳中，其效果终究不同凡响。

俾斯麦的言论无疑对岩仓使节团造成了一次巨大的思想震动。因为，岩仓使节团一行的目的之一就是与各协约国进行谈判争取修约时间，同时考察欧美各国的国体与法律规章等，以寻找根据《万国公法》修订条约的方法。❸所以，在上述引文的末尾处出现了“值得体会玩味”这样意味深长的话。同样“值得体会玩味”的还有时任普鲁士参谋总长毛奇（1800—1891）的演讲。毛奇在演讲中说道：

> 政府惟以俭约为宗旨，减国债，薄赋税，其岁入额，悉充国之急务，力振国之权威于境外。法律、正义、自由之理，虽足以保护国内，境外保护非兵力不可也。《万国公法》亦只关乎国力之强弱，局外中立、循守公法乃小国之为，大国当以国力达其权利。今夫惜兵备

---

❶　久米邦武編『特命全権大使米欧回覧実記：3』、田中彰校注、東京：岩波書店、1979年版、第330頁。

❷　明治二年（1869）二月十八日。多田好問編『岩倉公実記』（中巻）、東京：原書房、1968年版、第699頁。

❸　参阅信夫清三郎：《日本外交史》（上册），天津社会科学院日本问题研究所译，商务印书馆，1992，第183页。

之费，充和平之事，皆非所愿。一旦战起，多年勤俭储蓄于倏忽之间荡尽，拿破仑帝乘我兵寡，军费匮乏，夺此贫穷弱小之普国一亿偿金。是节约保卫本国之费用，以十倍之资费充他国之兵备。方今国内，培养鼓舞士气，人心一和，教化淳美，立牢固之基。然四顾境外又是如何？卜太平之兆、解常备兵，乃后世弗望当今之所为，所望乃先严整兵备，以武力护欧洲之太平。❶

在该演讲的结尾，毛奇说："度现今形势，十二年间，难保不乱，一旦被邻国夺取和平，速战为宜，别无他法。欲耀我国威于万邦，且向世间显明我人民不贪名誉胜利，只好太平之人民也。今此希望，惟有保持太平，管领此太平，意欲谓之万国，德意志乃欧洲之中心，保护全欧洲之太平是也。"❷

毛奇的演讲比俾斯麦的演讲更加直白。毛奇坦率地谈到军备在大国凌弱小国时的重要性，并以拿破仑攻打普鲁士为例，说明自由、公正之类的道理只能行之于国内，而在国外，只有兵力才是最可靠的保证。只有严整兵备，才能向世界万国显示普鲁士（德意志）在欧洲的地位。如果说俾斯麦的演讲否定了《万国公法》宣扬的正义，那么毛奇的演讲则清楚地向使节团表明大国实力才是"正义"的化身，兵备才是"正义"的保障。

俾斯麦与毛奇的演讲令使节团一行茅塞顿开。大久保利通在回到日本以后，曾于 1873 年 3 月 21 日致西乡隆盛等人的信中说，一切事情都应该遵循俾斯麦的"政略"，听过俾斯麦的一席话，开始感到日本大有希望。在给西德二郎的信中，大久保利通又说，与俾斯麦和毛奇这样的大人物会面最令自己受益，普鲁士与俄国有许多值得日本借鉴的地方，所以应该特别关注这两个国家。❸ 毛奇演讲中的一句"欲耀我国威于万邦"，或许令使节们感到其与《五条誓文》中的最后一条"求知识于世界，大振皇基"相

❶ 久米邦武編『特命全権大使米欧回覧実記：3』、田中彰校注、東京：岩波書店、1979 年版、第 340 頁。

❷ 久米邦武編『特命全権大使米欧回覧実記：3』、田中彰校注、東京：岩波書店、1979 年版、第 342 頁。

❸ 日本史籍協會編『大久保利通文書』、東京：東京大學出版會、1983 年復刻再刊版、第 492 頁；第 501 頁；信夫清三郎：《日本外交史》（上册），天津社会科学院日本问题研究所译，商务印书馆，1992，第 143 页。

似，也令日本人在情感与境遇方面对普鲁士（德意志）具有亲切感。

四、岩仓使节团的欧美认识及其影响

上文以岩仓使节团对美国、比利时与普鲁士（德意志）三个国家的考察为研究对象，分析岩仓使节团对美国持不解与赞赏兼有的态度、探寻比利时能够在欧洲保持中立的原因，以及在普鲁士（德意志）听取俾斯麦和毛奇的演讲后对《万国公法》与“力”的阐释。岩仓使节团对于欧美政治、国体、经济、军事、教育、风俗等的考察与理解，对于明治时期日本人的对外认识有着深刻的影响，具体可概括如下。

第一，岩仓使节团虽然赞扬美国人民的自由独立精神，但是对于美国政体持保留态度，并且深以“非共和国之民”为幸事。这与明治维新的“王政复古”口号有一定的关系。因为幕末维新的政治过程与维新政府的权力构成，都是以建立近代天皇制国家为目标导向。1881 年，岩仓具视和伊藤博文批判元老院提出的宪法草案“只是热衷于模仿欧洲的制度，没有顾及将来的治安利害如何”❶。1882 年，伊藤博文受命赴欧考察宪法，使得日本最终选择德意志式宪法，进而形成了近代天皇制国家。

第二，岩仓使节团在欧美考察期间，留守政府内部围绕“征韩”问题产生了剧烈的矛盾。从表面上看，导致领导集团分裂的是外交关系，而不是国内政策。对于“征韩”，反对派希望先安内治，而外征派认为应该立刻采取行动。其实，矛盾的焦点并不在于是否要“征韩”，而在于何时“征韩”，即“征韩”只是时间问题。“征韩论”看似是一个明治日本的对外问题，但实质是国内政治在废藩置县、兵制改革等遇到阻力时的表现。岩仓使节团回到日本后，以普鲁士的崛起是“内治”富强与实力“外征”为论点攻击“征韩论争”中的“外征派”，促使了留守政府的崩溃，外游派重新掌握了政府的实权。❷ 对于外游派来说，“征韩论争”是一个恢复自己权力的良好契机。从后来的历史来看，“征韩论争”也是日本国家道路开始趋于明确的契机。

第三，如果说岩仓使节团对于比利时“自由”与“束缚抑制”的理

---

❶ 孙承：《岩仓使团与日本近代化》，《历史研究》1983 年第 6 期。

❷ 参阅笠原英彦『明治留守政府』、東京：慶應義塾大学出版会、2010 年版。

解，适用于处理政体与人民的关系的话，那么对于普鲁士的俾斯麦和毛奇在演讲中关于《万国公法》与“力”的理解，则可用于处理国际关系——《万国公法》是打着“文明”幌子的一纸通行证，“实力”才是处理国际政治问题的根本。可以说，同时代的日本政府在对待国内自由民权运动、拟定宪法的态度、对待琉球、朝鲜等国际政治问题上，均不同程度地实践了岩仓使节团的欧美考察结论，而外游派的对外考察经历与重新掌权都为日本历史的走向埋下伏笔。

第四，岩仓使节团走访欧洲历时近两年，回程途中经过了一些当时被殖民地化的东南亚国家。通过对美国、欧洲等先进国家和地区的实地考察，岩仓使节团清楚地认识到欧美资本主义国家器物文明的发达程度，而日本较之差距非常明显——在深刻理解普鲁士（德意志）崛起的原因之余，通过对意大利的考察更加让使节团意识到欧洲文明之发达，于是不禁感叹：“呜呼！国之文明，其积累非一朝一夕之事，乃数年来孕育而成，然后焕发如此活力。”❶ 虽然差距巨大，但明治时期的日本人对于自身的学习能力依然非常自信。《美欧回览实记》中如此写道：“我邦古乏发明，而能学取他国智识，建筑、冶铁、陶瓷、缝织，皆取之于朝鲜、支那，今皆超越之，今东洋故国虽多，其开化、独立进取尽在我邦……世界有无相通、长短相补，勿失相互勉励之精神。”❷

岩仓使节团在欧美考察中发现，在工业发展、海军建设方面，英国值得效仿；在军事组织方面，普鲁士（德意志）提供了样板；在警察系统、教育制度和法律模式的制定方面，可以向法国学习；在国家发展模式上，作为后发国家的普鲁士（德意志）的发展经历尤其适合借鉴。因此，基于实用主义的选择，欧洲各国和美国自然成为明治日本实施国家现代化计划的模仿对象。❸

同美国的自由独立之精神，比利时的“自由”与“束缚抑制”，普鲁

---

❶ 久米邦武編『特命全権大使米欧回覧実記：4』、田中彰校注、東京：岩波書店、1980年版、第288頁。

❷ 久米邦武編『特命全権大使米欧回覧実記：4』、田中彰校注、東京：岩波書店、1980年版、第321頁。

❸ 马里乌斯·B. 詹森主编《剑桥日本史：第5卷　19世纪》，王翔译，浙江大学出版社，2014，第434页。

士（德意志）的内治富国、外交强兵一样，西方的绚烂文明也是明治时期日本人的学习内容。这场学习正是文明开化运动的组成部分。岩仓使节团在归途中发回日本的一份报告中说，东洋各国现行之政治风俗，不足以使我国尽善尽美。欧美各国之政治、制度、风俗、教育、营生、守产，无不超越东洋。将此开明之风移往我国，以使我国迅速进步至同等开化之域。[1]

基于上述论述，笔者接下来将结合文明开化时期的两大思想运动，分析明治时期日本对于独立、自由等文明概念的理解，进而解读其中蕴含的日本人的对外认识。

第二节　启蒙思想家的“文明”“开化”认识

一般而言，可将明治初年引进日本的外国思想粗略分为三大思潮：第一，英美功利主义的自由思想；第二，法国的社会自由主义；第三，德国的国家主义。尽管三种思潮的内容各不相同，但是在不同的时期适应了日本人不同的精神需求。明治时期启蒙运动的兴起，反映了日本人向世界证明日本是一个开化、认同西方文明价值理念的国家的意识。

于是，可将明治初年被日本人积极引进和译介的西方思想，通称为明治启蒙思想。在幕末成长起来的“洋学家”，成为传播18世纪西方启蒙思想的先驱者，明六社则是明治启蒙思想的主要阵地。他们的思想被后来的自由民权派们继承和发展。从这个意义上来说，从明治初年至自由民权时期都可以看作明治启蒙时期。笔者接下来将从启蒙思想入手，就日本人的近代国家构想和国际认识展开论述。

一、启蒙以及日本启蒙思想

对于现代人来说，“启蒙”并不是一个新鲜的词语，通常被当作一个不证自明的概念使用。社会科学中的启蒙与18世纪欧洲的启蒙思潮具有紧密联系，被称为“18世纪启蒙”。18世纪启蒙思潮先后波及英国、法国和

[1] 大久保利謙『岩倉使節研究』、東京：宗高書房、1976年版。

德国，是一场波澜壮阔的思想解放运动。它的普及顺序与资本主义国家的历史进程相对应。康德（Immanuel Kant，1724—1804）在1784年发表的《答复这个问题："什么是启蒙运动?"》的篇首便开宗明义：

> 启蒙运动就是人类脱离自己所加之于自己的不成熟状态。不成熟状态就是不经别人的指导，就对运用自己的理智无能为力。当其原因不在于缺乏理智，而在于不经别人的引导就缺乏勇气与决心去加以运用时，那么这种不成熟状态就是自己所加之于自己的了。Sapereaude! 要有勇气运用你自己的理智！这就是启蒙运动的口号。❶

康德认为，公众的自我启蒙需要具备公开运用自己理性的自由，启蒙与理性不可分割，唯有理性是光明时代与黑暗时代的分割线。《答复这个问题："什么是启蒙运动?"》的基本内容包括批判宗教神学和封建制度，推崇理性，尊重人格，憧憬建立"理性的王国"。18世纪启蒙具有用"理性之光"驱除中世纪的蒙昧和黑暗的意味。因此，18世纪启蒙运动期亦被称为"启蒙时代"或"理性时代"。18世纪启蒙思潮产生了深远的影响，它所体现的科学精神以及人文精神构成现代文明的思想基础。

关于日本的启蒙思想，有学者认为与法国的18世纪启蒙运动的思想类型不同，更类似于德国的启蒙思想。具体而言，法国的启蒙思想是"从已经在专制制度下获得了国民统一中消除封建残余，并在上面建成以市民为支柱的近代国家"❷。与此相反，德国的启蒙思想是"为了承认封建主国家专制权力的'由上而下'的近代化，而企图在合理主义的基础上再建神学的形而上学。普鲁士德国的启蒙思想不是把市民的'自由的原理'而是把国家的'统一的原理'优先地提出来，故意强调它的'国民的使命'，这就表明了它在国际上与英、法先进资本主义国家相对抗的企图"。❸

上述说法有一定的道理，因为在日本自由民权运动时期，围绕民权和国权发生过激烈的思想争论。民权论者在启蒙思想和文明开化的风气下认

---

❶ 康德：《答复这个问题："什么是启蒙运动?"》，载康德《历史理性批判文集》，何兆武译，商务印书馆，2007，第23页。

❷ 近代日本思想史研究会：《近代日本思想史》（第1卷），马采译，商务印书馆，1965，第26页。

❸ 近代日本思想史研究会：《近代日本思想史》（第1卷），马采译，商务印书馆，1965，第27页。

为应该优先伸张民权，而国权论者认为明治政府与西方列强签订了不平等条约，应该优先修改条约伸张国权。民权国权的争论与启蒙思想的影响和日本人要求修改条约的政治诉求关系密切。最终，国权论压倒民权论。这与日本的文明开化政策是由明治政府“由上而下”推进的不无关系。

其实，明治政府对待文明开化政策的态度，与德川幕府末期对待洋学的态度一脉相承。借用佐久间象山的话就是“东洋道德、西洋艺术”。明治维新宣告日本历史进入全新时期，幕府与各藩的首领们也摇身一变成为新政府的领导人，但是他们依旧在相当程度上延续了维新之前对待外部世界和外来事物的看法。因为，幕末洋学是攘夷佐幕的手段，而文明开化同样是“富国强兵”的手段。在引进外来事物时，幕府与维新政府领导者具有相似的初衷。

二、明治启蒙思想的运动阵地——明六社

（一）明六社的成立

明六社是成立于1873年（明治六年）的一个学术团体，其名由成立时间而得。1873年7月，森有礼（1847—1889）倡议成立一个研究西方文化的学术团体，得到了许多有识之士的响应。1874年2月，明六社制定《明六社规章》，次月刊行机关杂志《明六杂志》，正式开始活动。明六社的创始会员包括森有礼、加藤弘之（1836—1916）、中村正直（1832—1891）、福泽谕吉、西周（1829—1897）、西村茂树（1828—1902）、津田真道（1829—1903）、箕作秋坪（1826—1886）、杉亨二（1828—1917）、箕作麟祥（1846—1897）十人。

森有礼发起明六社的原因与其经历及其对世界大势的关心不无关系。森有礼出生于萨摩藩（今日本鹿儿岛）的一个武士家庭，先后进入藩校造士馆及“蕃书调所”[1]，14岁时阅读林子平的《海国兵谈》。1863年萨英战争爆发后，森有礼认识到向西方学习的重要性。1865年，他奉藩命脱离藩籍进入英国伦敦大学学习，进一步认识到唯有实行开国政策才能保卫日

[1] “蕃书”在江户时期指外国、特别是荷兰的书籍。“蕃书调所”是1856年江户幕府设立的从事西洋教育和研究的机构，负责西学的讲授、统管和翻译工作。1862年改称“洋书调所”，1863年改称“开成所”。

本。1870—1873 年，森有礼作为日本首任驻美公使赴美。除了处理公务，在美期间他还十分关心日本的教育政策，并且就教育问题征集美国名流的意见。由于“森君幼时曾在英国读书，颇著名誉，且留心当世之务，精益求精，以故美国之官绅皆敬之重之，且乐于答复之”。[1] 森有礼将这些往复信函编译成书，命名为《文学兴国策》[2]，邮寄回日本。《文学兴国策》获得当时日本政府的采用，令森有礼一时名声大噪。

在《日本驻美国京城护理公使森有礼公函》中，森有礼阐明了他的目的：

> 敬启者：自膺简命，驻贵国京都护理公使，除办理美、日交涉事外，尚奉特旨，访察一切凡有益于敝国文学诸事，并讲求一切凡有关于敝国振兴诸端。度阁下必有卓见良策，请烦一一指教，以作东方开化之助，实为幸甚。窃以敝国所访求之大略，凡增人智慧、辅人德行、利人身家，种种有益于国政民俗者，悉请开诚相示。若与文学相关，而为今所专重者，厥有五端：一曰富国策，二曰商务，三曰农务与制造，四曰尽伦常、修德行、赡身家，五曰律例与国政。阁下必能洞悉其渊源，而有以详细示之也。倘蒙俯允，赐以复函，或示一端，或示全璧，悉从尊便。敬当视为至宝，什袭藏之。他日将原书译为日文，刊印成书，上呈有司，下示人民，俾敝国君臣士庶均有裨益，皆出阁下之所赐矣。伏惟鉴察，不宣。千八百七十二年二月初三日，华盛顿京城日本使署发。[3]

森有礼在上述公函中表明，其在美的职责是处理日美交涉事务和访求振兴日本的良策，以助东方开化。正如其问学于美国名流一般，森有礼自美国返回日本后倡议成立明六社，也是在“文明开化”的意识下进行。《文学兴国策》的编译出版与明六社的成立，都是森有礼希望借助开化政策和国民教育以求日本早日走上富国强兵道路的自主实践。

关于明六社的缘起，明六社成员西村茂树在《往事录》中记载如下：

---

[1] 森有礼编《文学兴国策·序二》，林乐知、任廷旭译，上海书店出版社，2002，第 5 页。

[2] “文学”在此处指文化教育。

[3] 《日本驻美国京城护理公使森有礼公函》，载森有礼编《文学兴国策》，林乐知、任廷旭译，上海书店出版社，2002，第 1 页。

> 明治六年春，萨人森有礼（美国常驻公使）自美回国，经由横山孙一郎要求与我会面。其时森氏寓居木挽町六丁目高岛德右卫门家。森氏曰：美国学者各从其所学，发起学社以相互研究学术，且为讲谈以益世人。本邦之学者皆孤立互不往来，故益于世者甚少。余望本邦之学者亦如彼国之学者，互结学社，集会讲究。且本邦近年国民道德衰颓，不知其底止之所。救济此弊，非措老学士不可。故今结一社，一为谋学问之高进、一欲立道德之模范。余赞同其事，因两人相议，约定与都下之名家相谋。即与福泽谕吉氏、中村正直氏、加藤弘之氏、津田真道氏、西周氏、箕作秋坪氏相谋，诸氏皆表示同意，故开始聚会，谈话讨论，且政事学术等谈话公众可旁听。每月一次于精养轩楼上开设演说会，是为本邦演说会之始。此会名为明六社，是为明治六年创设之故。此前本邦之学者，其知识皆限于和汉二学，未知西洋之事。明六社所说多为西洋新说，官员学者来听者甚多。定期发行杂志，名为明六杂志，是为本邦杂志之发端。❶

而且，西村茂树在明六社成立的《贺词》中称：

> 我国成立学术文艺的结社，是从今日开始。社中诸公都是天下名士，都认为卓绝奇伟之论、千古不灭之说必出于此。希望诸位先生以其卓识高论，唤醒愚氓，树立天下之典范，以不负识者之期望。❷

从上述来自西村茂树的两段引文中可以归纳出以下三点内容。第一，明六社的发起人为刚从美国回到日本的森有礼，其希望以美国的“学会”形式促进日本的教育，唤醒民众，开启民智。这里的教育是指广义上的教育，应该理解为包括学问与道德在内的启蒙。❸第二，明六社成员皆为天下名士，具有一定的社会威望和影响力。第三，聚会讨论的内容不拘于学术，也可商谈政事且对公众开放。最后两点表明，明六社虽为学术结社，

---

❶　西村茂樹「往事録」、大久保利謙編『明治文学全集：3　明治啓蒙思想集』、東京：筑摩書房、1967 年版、第 412 頁。

❷　西村茂樹「開化の度に因て改文字を発すべきの論」、山室信一・中野目徹校注『明六雑誌』（上）、東京：岩波書店、2009 年版、第 57-58 頁；近代日本思想史研究会：《近代日本思想史》（第 1 卷），马采译，商务印书馆，1965，第 40 页。

❸　大久保利謙「解題」、大久保利謙編『明治文学全集：3　明治啓蒙思想集』、東京：筑摩書房、1967 年版、第 438 頁。

但不仅从事学术研究，而且结合当时的政治与社会问题，伴以西洋的新知识开展演讲活动。如此一来，明六社的活动便吸引了众多官员学者前来听讲。这也正是明六社能被冠以启蒙团体称号、其成员能被称为启蒙思想家的缘故。

（二）《明六杂志》

从1874年（明治七年）11月16日到1875年（明治八年）11月1日将近一年的时间里，《明六杂志》共刊行43期；明六社成员共发表演说40多次，其中西周7次、津田真道3次、中村正直4次、森有礼1次，内容横跨政治、经济、外交、法律等社会生活的各个方面。[1]

《明六杂志》的特点是论题范围甚广，启蒙思想所特有的百科全书气质充溢着杂志版面。从投稿题材来看，涉及政治、法律、外交、经济、财政、社会、哲学、妇女、宗教、教育、历史、科学、国字、出版、服装等，包罗万象。《明六杂志》刊载文章所阐述的问题与民众生活实践相连，并向国民解说、灌输启蒙精神，在文明开化时期给予日本社会巨大影响，是日本近代思想研究领域不可或缺的基础文献。

（三）解散与影响

《明六社规章》的第一条阐明了明六社的宗旨："本社设立宗旨，在于会合有志之士，商议促进我国教育之手段；同志集会，交换意见，广明知识"。[2] 然而，好景不长，1875年，明治政府公布了《谗谤律》，加强对新闻舆论的控制，严格管制思想言论。这导致许多记者和评论家被逮捕，报社杂志社被查封。同年9月，明六社提出《明六杂志》停刊的提案，大多数成员对此表示同意。福泽谕吉起草了《明六杂志》停刊的议案，[3] 他在这个议案中提出：要么"改变社员本来的思想，屈节以适应律令，迎合政府意图，继续出版杂志"，要么"触犯政府律令，自由发表文章，为政府

---

[1] 山室信一・中野目徹校注『明六雜誌』（上、中、下）、東京：岩波書店、2009年版。

[2] 「明六社制規」、大久保利謙編『明治文学全集：3　明治啓蒙思想集』、東京：筑摩書房、1967年版、第403頁。

[3] 福澤諭吉「明六雜誌の出版を止るの議案」、山室信一・中野目徹校注『明六雜誌』（下）、東京：岩波書店、2009年版、第439-445頁。

罪人”。[1]福泽谕吉主张“言论自由”，但也不愿意当“政府罪人”，所以建议索性停刊。福泽谕吉曾抨击过一些官员学者，说道：

现在洋学家们全都出入官途，自己举办事业的屈指可数。其目的不仅在于贪利，又因生来所受之教育先入为主，只着眼于政府，认为不是政府的事就决不可做。……有名望的士君子尚且这样，天下人哪能不效法他们这种风气呢？

……因此，举世人心风靡，羡慕官、依赖官、害怕官、谄媚官，丝毫不能发挥一点独立的真精神，其丑态实在是不忍卒睹。譬如现在出版的报纸及各方面的上书和条称之类，也是一个例子，出版条例虽不甚严，可是报上不但绝对不登载触犯政府忌讳的事，而且官方如有些许美事，就加以过分的称赞，简直像娼妓向客人献媚一样。[2]

不过，森有礼、西周、津田真道等人反对停刊，他们认为可以通过向政府“屈节”的方式妥协，使杂志得以继续出版，令福泽谕吉与他们的立场产生明确对立。最终，《明六杂志》在1875年（明治八年）11月发行最后一期后停刊，明六社也就此解散。

三、明治启蒙思想家对于西欧文明的理解

（一）文明观

“文明”需要放在不同语境下定义。其指涉可以是技术水准、礼仪规范、宗教思想、风俗习惯以及科学知识的发展等，也可以是居住条件、男女共同的生活方式、法律惩处、食品烹饪等，即其指涉囊括西方社会自认为在近300年内所取得的一切成就。关于“文明”最简洁的表达是：这一概念表达了西方国家的自我意识，或者也可以把它说成是民族的自我意识。[3]文明是一个运动过程，在这个过程中民族差异相对减少，人类的共同性被不断强调。明治启蒙思想家为了拉近日本与西方文明的距离，证明

---

[1] 近代日本思想史研究会：《近代日本思想史》（第1卷），马采译，商务印书馆，1965，第51页。

[2] 福泽谕吉：《劝学篇》，群力译，东尔校，商务印书馆，2017，第23页。

[3] 诺贝特·埃利亚斯：《文明的进程：文明的社会发生和心理发生的研究》，王佩莉、袁志英译，上海译文出版社，2018，第1页。

日本是“文明”国家，为西方文明在日本的普及付出了巨大努力。

1. 福泽谕吉

福泽谕吉是明治启蒙思想的代表人物之一。其在著作《福翁自传》中曾经记述一件自己年轻时的逸事，即其兄长坚持“至死孝悌忠信”，不肯放弃儒教道德。兄长问福泽谕吉将来的志向，他回答道：“首先要成为日本第一大富翁，可以随心所欲地自由花钱”，兄长听完之后一脸的苦相，非常不解。[1] 江户时代并不提倡金钱等物质欲望，而福泽谕吉能够如此坦率地表达自己的金钱志向，足见其对于传统儒学观念叛逆的一面。福泽谕吉强调追求金钱物质，实际上表达的是一种对世俗生活价值的认同，与启蒙思想中解放私欲的主张具有一定的契合性。

福泽谕吉在明治启蒙时期继续阐发上述观点，他在《文明论概略》（1875）中说：“所谓文明是指人的身体安乐，道德高尚；或者指衣食富足，品质高贵而说的。”但是，“人的安乐和精神进步是依靠人的智德而取得的。因此，归根结底，文明可以说是人类智德的进步。”[2] 在此福泽谕吉认为，人间安乐与衣食富足的物质价值问题应该与精神道德问题放在一起思考，并且认为文明仰仗精神道德的发展，所以总体而言文明是一个精神问题，于是便有序言中“文明论是探讨人类精神发展的理论”的说法。

实际上，福泽谕吉所言的“精神”与“智德”是指应该自觉抛弃过去的习惯和约束，开展自由的、合理的思考，并不具有绝对含义。福泽谕吉把“旧习的迷惑”与“文明的精神”置于对立面，认为提高人民智力的第一要务就是扫除“古风的束缚”。也就是说，人们应该抛弃现存的规范与习惯形成的精神束缚，自主思考，自由选择适合目的性的手段与方法。在这种过程中锻炼独立思考的能力，就是智力的本质，文明精髓之所在。在《文明论概略》中，福泽谕吉说道：

> 在讨论事物的利害之时，若不先决定其目的，就很难下结论。房屋用来遮蔽雨露，衣服用来防御风寒。人间万事莫不有其目的。但是，积习日深，往往忘却事物的实际效用，只知重视事物本身而不知

[1] 福澤諭吉『福翁自伝』、東京：岩波書店、1954 年改定版、第 27 頁。

[2] 福泽谕吉：《文明论概略》，北京编译社译，商务印书馆，2019，第 35 页。

重视其实际效用。所以只顾装修、粉饰，或爱好、眷恋，甚至不管有无其他害处，一味地喜爱。这就是迷惑，也是世上产生虚饰的根源。❶

福泽谕吉在此强调的不是衣食住行条件的进步，而是精神活动的自由。的确，文明的进步可以给人们带来丰衣足食，但是其并非以丰富物质生活为目的，而是摆脱旧时陋习的羁绊创造多姿多彩的全新生活状态，以及伴随其中的精神活动。物质生活的丰富终究只是自由精神的产物之一。因此，自由精神越发达，文明便越发达；人类的行为模式和价值意识越丰富，越能促进文明的丰富多彩。

"所以促进文明的要领，在于尽量使各种事务繁忙起来，各种需要不断增多，不问事物的轻重大小，多多益善，从而使精神的活动日益活跃起来。"❷ 换言之，文明的发达其实是自由精神发达的问题，与此同时，自由精神的发达也能促进社会各个部分的功能发达起来。以上就是福泽谕吉关于文明进步与自由精神关系的观点。

2. 田口卯吉

与福泽谕吉的文明观不同，田口卯吉（1855—1905）从另外一个角度阐述了其对文明的认识。田口卯吉在《日本开化之性质》（1885）中称，日本过去的文明是贵族文明，西洋文明是平民开化，进而认为贵族文明是有闲社会的产物，平民开化是劳动社会的产物。田口卯吉主张的平民开化特征在于文明源于学问与思想，这种文明是基于劳动社会的各种需要而发展起来的。"诸君，盖人性一也，故欧美人今日开化之元素必存于我国人之中，只是未发达而已，余发现其在于我劳动社会。"❸ 田口卯吉认为，与江户时代诸侯和武士等统治阶层的上等社会相比，百姓的生活方式与西方的生活方式类型更为接近。

在田口卯吉看来，西洋文明的背后存在个人依靠自己劳动创造的平等社会，进而认为西洋的近代学问不过是这个平等社会——劳动社会的产物，西洋学问的实证性、科学性、合理性等特征，其实都由劳动人民创

❶ 福泽谕吉：《文明论概略》，北京编译社译，商务印书馆，2019，第25页。

❷ 福泽谕吉：《文明论概略》，北京编译社译，商务印书馆，2019，第16页。

❸ 田口卯吉「日本開化之性質」、大久保利謙編『明治文学全集：14　田口鼎軒集』、東京：筑摩書房、1977年版、第77頁。

造，并在劳动社会中检验其有效性，因此，实学就是实用性、实证性、实践性的新学问，这种学问与劳动社会的平民密切相关。他说道："概而论之，所谓西洋学问乃平民的产物，日本历来的学问乃贵族现象。何以言之？盖今日西洋学问之始皆发端于劳动社会的实验。"❶

田口卯吉认为，西洋的器械学、建筑学、造船学、农学、化学等分别是由器械师、建筑技师、造船工人、农民、药剂师等在各自领域通过实践形成。"故西洋诸学素基于下等社会之实验，其实体比存于宇宙间。……然日本从来之学问与之相异，汉学者专与讲究经书，云孔孟谓之如何。"❷由此可见，田口卯吉认为由个人劳动形成的平等社会的基本社会结构与人们的实验性精神态度，与以铁路、邮政、生产技术、统治机构等为代表的外在文物制度的发达，是互为因果、紧密相关的，它们共同构成了文明这个主题。

田口卯吉与福泽谕吉对于文明的理解稍有差异，但是二者都强调实学的重要性。他认为应当摒弃穷究空洞理论的儒学和追求闲情逸致的和学，提倡切合人类普通日用的实学。福泽谕吉对"实学"的强调，与其对学问知识的发达与社会生活本来密不可分问题的思考方式相关。可以说，福泽谕吉认为文明精神是实学观念的思想基础。

（二）国家、政体认识

启蒙思想时期，日本将西洋文明制度的移植作为治国兴邦的一种手段。那么，启蒙思想家对于国家具有一种怎样的认识呢？国家在人类历史上并不是从来就有的，今天所说的国家大多指民族国家。马克斯·韦伯（Max Weber，1864—1920）关于国家的定义已经为大多数人接受。在他看来，国家是在某一特定的领土范围内能够宣称合法地垄断强制力的人类集团。就现代来说，特别是只有在国家所允许的范围内，其他一切团体或个人，才有使用武力的权利。因此，国家乃使用武力"权利"的唯一来源。❸既然如此，为了保护团体或个人的权利，国家的存在就显得非常必要。以

❶❷ 田口卯吉「日本開化之性質」、大久保利謙編『明治文学全集：14　田口鼎軒集』、東京：筑摩書房、1977年版、第81頁。

❸ 马克斯·韦伯：《韦伯作品集：I　学术与政治》，钱永祥、林振贤、罗久蓉等译，广西师范大学出版社，2004，第196页。

福泽谕吉等为代表的日本近代启蒙思想家重视“国家”，在启蒙中一贯注重日本“国家”的重要性，把国家当作目的，把其他都当作手段。[1]

1. 加藤弘之

“天赋人权”的思想在明治初年传入日本后，动摇了日本人对于国家的传统看法，开始认为“国家的设立只是为了保证人的天赋人权和幸福的实现，个人天赋人权目标的实现应该优先于国家，国家不过是一种为了实现该目标的手段而已”。[2] 明六社的同人们对于国家思考的特征之一，是认为国家是实现人民幸福的手段。关于这个问题的论述，具有代表性的是加藤弘之的《国体新论》(1875)。

明治天赋人权思想的传播，在很大程度上归功于加藤弘之，而且其自身也说自己的许多思想都源于天赋人权论。加藤弘之在《国体新论》中说道：“国家以人民为重点，特别是以追求人民的安宁幸福为目的，而且君主以及政府都是专门为达成此目的而存在，这就是国家的根本主旨。”[3] 其中“人民的安宁幸福”，换言之就是肯定人的自然欲望。加藤弘之对于国家存在理由的思考，着眼于国家或者君主、政体都是为了满足人民自然欲望的手段。加藤弘之在论述国家成立的根据时说道：

> 人类享有天赋的任意自在的权利，所有人生下来后都不应该受限于他人，拥有万事皆凭自由意志的权利，这是人人皆有的至宝。倘若人类没有相互结成国家，就像阿狗、阿猫一样随性所欲地分开生活，即使拥有至宝也无从获益。因为人类自身的强弱勇怯各不相同，弱者永远都受制于强者，怯者无论何时都为勇者所害，而且不知强大者究竟会有多么强大，所以不能安心度日，不能确保安全自由的权利，这就是必须相互联合成立国家的根本原因。[4]

这段话也就是说，国家既然成立了，就应该更好地保护“天赋的人

---

[1] 崔世广：《近代启蒙思想与近代化：中日启蒙思想比较》，北京航空航天大学出版社，1989，第155页。

[2] 松沢弘陽『日本政治思想』、東京：放送大学教育振興会、1993年改訂版、第24頁。

[3] 加藤弘之「国体新論」、大久保利謙編『明治文学全集：3　明治啓蒙思想集』、東京：筑摩書房、1967年版、第164頁。

[4] 加藤弘之「真政大意草稿」、松本三之介編集『現代日本思想大系：1　近代思想の萌芽』、東京：筑摩書房、1966年版、第369頁。

权”。加藤弘之的话把国家成立的依据上升为理论，从人类自身的欲望出发来思考世界的组成形式，摆脱了儒教主张的人必须彻底服从执政者的“王土王臣”论和国学提倡的“体察圣心”的主张。“但是，他们未把人民看作由契约而组成国家的主体，国家还不是人们作为的产物，而仍是本于天意，根于人性的东西。在这里没有半点社会契约论的影子，表明了加藤的国家观的局限性。”❶

2. 西周

西周认为健康、知识、富有是“人世三宝”❷，以人世三宝为重是思考一切问题的价值根源。所以对于政治，西周认为“治人之要道亦不外乎以三宝为重”，而谈及政府时则说“特别是政府这一组织乃为达成兼而保护三宝之目的而设”。❸ 西周称：“天赋予人东西，而人以享受天之赋予为最大幸福安康的根本，”❹ 因此政府也是为了保护“人世三宝”而存在的机构。可以说，西周以追求“三宝”为人类的合理要求，是一种具有合理主义的国家观。

在西周看来，政府自身不具备任何价值，也不具备任何超越人类权威的存在基础，只是人类为了达到“最大幸福安康”而选择的机构，也是为了达此目的的手段，这就是政府存在的根据。这与西周“理”的观念具有一致性。关于“理”，西周说道：“所谓理是只在两个事物各有其性之际才成立的关系，并非存在于一事一物之中。”❺ 换句话说，西周否定了“理”是存在于特定事物自身的这种思考逻辑，赋予“理”以事物与事物之间关系的概念含义。可以说，西周关于政府的看法与他的“人世三宝”说一样具有功利的色彩。

---

❶ 崔世广：《近代启蒙思想与近代化：中日启蒙思想比较》，北京航空航天大学出版社，1989，第104页。

❷ 西周「人世三宝説」(一)、山室信一・中野目徹校注『明六雑誌』(下)、東京：岩波書店、2009年版、第251頁。

❸ 西周「人世三宝説」(三)、山室信一・中野目徹校注『明六雑誌』(下)、東京：岩波書店、2009年版、第297頁。

❹ 西周「人世三宝説」(一)、山室信一・中野目徹校注『明六雑誌』(下)、東京：岩波書店、2009年版、第253頁。

❺ 西周「理の字の説」、大久保利謙編『西周全集』(第1巻)、東京：宗高書房、1960年版、第598-602頁。

此外，西周认为政府只是人类社交中的一种组织形式，“为了增值而设立的组织，为了工业而设立的组织，为了教门而设立的组织，它们的性质都具有一致性。上置首领，为了组织的统一目的而统管事务，依据事务的多少与一定的方向设立干事，分而掌之。若论政府的性质，是社交组织的一种，本无区别”。[1] 与其他任何为了特定目的而设定的组织一样，政府也是一个集某种目的于一身、具备某种特殊功能的组织，西周由此为政府的存在赋予一种极其合理的依据。由此可见，西周与加藤弘之都认为国家或政体的形成是一种为了追求人民幸福和利益的有效手段。

同样，西周与加藤弘之在谈论政治社会的形成过程时具有共性。西周认为，“自然理势之本”乃人类社会的性质，强调人的自然天性。加藤弘之在说明国家成立的根据时，把社会性理解成人类的天性，在此基础上形成了国家，用所谓的“天性成国”否定了契约说。[2] 从这个角度来说，无论是西周还是加藤弘之，在理解政治社会和国家时，都将其理解成人们为了达到某种确定的目标而形成的一种有效组织，是一种合理的手段。因此，可以说这是明治启蒙思想家的国家论或政府论与西方的契约论或抵抗权理论的主要区别。

四、明治启蒙思想的特征

（一）明六社成员的经历与思想的相似性

明六社在日本近代启蒙思想传播中发挥了巨大的作用，是当之无愧的明治启蒙团体。明六社成员在年龄和思想形成方面具有一些共性，具体可总结如下。

第一，除特别年轻的森有礼之外，其他成员年龄大多处于三四十岁之间，思想基本已经成形，能够作为思想家独当一面。以享年66岁的福泽谕吉为例，其前半生正好处于江户时期，后半生处于明治时期。在《文明论概略》的序言中，福泽谕吉将自己的境遇形容为“这好像是一身经历了两

---

[1] 西周「人世三宝説」（五）、山室信一・中野目徹校注『明六雑誌』（下）、東京：岩波書店、2009年版、第364–365頁。

[2] 加藤弘之「真政大意草稿」、松本三之介編集『現代日本思想大系：1　近代思想の萌芽』、東京：筑摩書房、1966年版、第367–368頁。

世，也好像一个人具有两个身体”。[1]

第二，就思想形成的经历而言，明六社成员都具备传统儒学和幕末洋学素养，均是兼备东西方文化素养的学者。在身份等级制度严苛的江户时期，一个人的思想轨迹和他的身份具有密切的关系。除杉亨二是长崎平民出身之外，其余9名创始会员都是下级武士出身，并且大部分在“蕃书调所”或“开成所”学习过或担任过教职。1853年，美国佩里舰队到访，使得日本的有识之士纷纷慨叹荷兰语和兰学已经不是世界上最先进的语言和学问，于是纷纷改学英语、法语和德语等外语。由此，明六社成员也经历了从学习军事、医学到学习政治、法律、哲学等思想深化的过程。

第三，明六社成员的身份都经历了从旧幕臣到维新政府官僚的转换，并且大多数人都曾经亲赴欧美考察。这种身份和经历决定了他们在政治思想的大方向上与维新政府一致，不会产生根本的分歧点。尽管福泽谕吉终身在野，但是在这一点上与其他成员并无不同。而且，身份之外的外游经历、视野、问题意识等，又为他们在传播启蒙思想时增添了说服力。

（二）从技术文明到制度文明的转变

1868年明治维新以来，日本开始为建立近代国家体制而努力。为此，需要从科学技术、社会制度、价值观念、风俗习惯等方面全面革新国家和国民的面貌。明治启蒙思想家承担了移植西方文物制度的任务，但由于都是“一身经历两世”，他们对西方的认识也经历了一个转变的过程。

笔者在前文提过明治启蒙思想家大多具备良好的汉学和幕末洋学素养，而且许多人都具有出洋考察的经历，所以他们对西方的认识不仅与幕末学问有思想渊源，而且有一定的变化。佐久间象山的名言“东洋道德、西洋艺术”，很好地概括了幕末日本人对待西方的态度——承认东洋精神道德的主体性和西洋技术的先进性，但西洋技术不过是表面的辅助手段，东洋的精神内核还应该得到坚持。佐久间象山的观点与中国洋务运动的“中体西用”理念极为相似。

当时的明治思想家就已经注意到基于科学技术之上的文物制度。例如，幕府末期横井小楠曾借用儒学观念阐释西方的文物制度符合三代之治

---

[1] 福泽谕吉：《文明论概略·序言》，北京编译社译，商务印书馆，2019，第3页。

的主张。明治启蒙思想家同样借助儒学的思考逻辑宣传西洋文明的优越性。例如，加藤弘之早年曾经出版多部政治著作，具体包括《邻草》(1863)、《立宪政体略》(1868)、《真政大意》(1870)、《同法泛论》(1872)、《国体新论》(1874)。加藤弘之在论著中以“天赋人权”论为基础，积极宣传立宪政治。在《邻草》一书中其认为，立宪制作为对外“武备”的前提，是得“人和”的便宜之策，进而又在《立宪政体略》中提出，“立宪政体是制定光明正大、确然不拔的国家宪法，人民和政府共同追求真正安治的政体”[1]。

（三）思想范式的更新

18 世纪启蒙是指人打破神学的宗教权威，自觉运用理性追求自身的幸福与利益，即世俗社会的一场思想运动。欧洲启蒙思想克服的主要对象是宗教权威以及教会的控制，目的是努力挣脱神学的思考方法。不过，维新以前的日本并不存在绝对的神，也不存在超越性的权威，因此便没有绝对的神圣与世俗等思想观念。无论是追求“天”“道”“理”的儒学，还是提倡“神”的神道，都没有凌驾于世俗的权力之上，倒不如说这些都是为现实政治服务的思想工具。因此，明治启蒙思想无须像欧洲启蒙思想那样克服绝对的宗教性权威。尽管如此，明治启蒙思想依旧需要面对如何向大众传播自觉追求世俗幸福的观念，促使日本人关注自身和社会生活的问题。换言之，明治启蒙思想家的任务是如何改造日本大众的思维方式。

1. 变革传统学问观念——实学观念

明治启蒙思想家不仅要向日本民众宣介西欧的知识，还面临变革大众思维方式的课题。江户时期，一方面，儒学渗透到大众的思想深处，尽管出现了反抗儒学的新学问，但是没有动摇儒学的统治地位；另一方面，义理人情规范着大众的社会生活。如果要挣脱儒学以及义理的束缚，则需要把学问与现实生活联系在一起。这就是所谓的“实学”思想。

津田真道在《论开化的方法》中叙述道：“盖学问有两大类别。夫如论高远空理，或虚无寂灭，或五行性理，或良知良能之说，乃虚学也。如

---

[1] 加藤弘之：《立宪政体略》，王守华译，载卞崇道、王青主编《明治哲学与文化》，中国社会科学出版社，2005，第 36-49 页。

证于实物、质于实像、提倡确实之理，近来西洋天文格物化学医学经济希哲学，乃实学也。此实学流行于国内一般大众，明达各人道理，可称为真文明界。”❶ 津田真道认为，真正的文明世界应该是从虚学到实学、从空理到实物的世界，进入这种世界需要对传统的虚学、空理的学问观念进行变革。

明治启蒙思想的巨擘福泽谕吉在《劝学篇》中同样清楚地表达了他对实学的看法。

> 所谓学问，并不限于能识难字，能读难懂的古文，能咏和歌和作诗等不切实际的学问。这类学问虽然也能给人们以精神安慰，并且有些益处，但是并不像古来世上儒学家和日本国学家们所说的那样可贵。自古以来，很少汉学家善理家产；善咏和歌而又精于买卖的商人也不多。因此有些具有心机的商贾农人，看到子弟全力向学，却担心家业中落，这种做父亲的心情是可以理解的，这就是这类学问远离实际不切合日常需要的明证。所以我们应当把不切实际的学问视为次要，而专心致力于接近世间一般实用的学问。❷

津田真道、福泽谕吉在明治启蒙时期提倡的实学思想，在江户中期以后就已经出现。例如，荻生徂徕在《政谈》中详细地谈论其政治主张、洋学先驱杉田玄白为日本引进西洋医学等，都可以称得上是实学思想的具体实践。明治启蒙思想家对于实学的提倡是在江户时期的延长线上展开，是对文明开化的一种回应。

而且，对于学问观念的变革，就是对人的思考方式的变革，归根结底还要依赖人的自身。西周认为，日本要掌握新的西洋学问，则必须具备对事物进行自我检验的实证精神、对事务进行追根溯源式探索的穷理精神。他说：“提倡道德、讨论法律，都必须回归到人性，探求本源。”❸ 西周的话也从侧面印证了启蒙思想家倡导实学的态度。

丸山真男在评价福泽谕吉的实学观时说：“福泽实学中真正革命性的

---

❶ 明治文化研究会编『明治文化全集：雜誌篇』、東京：日本評論社、1955年版、第65頁。

❷ 福泽谕吉：《劝学篇》，群力译，东尔校，商务印书馆，2017，第3页。

❸ 西周「学問は淵源を深くするに在るの論」、大久保利謙編『西周全集』（第1卷）、東京：宗高書房、1960年版、第572頁。

转变，其实并不在于学问与生活的结合以及学问实用性主张本身。问题的核心在于学问与生活的结合方式。”❶ 福泽谕吉本人在自传中说：“东方儒教主义与西方文明主义相较，东洋所缺者有二，有形者之为数理学，无形者之为独立心。”❷ 也就是说，在福泽谕吉看来，以物理学为基础的自然科学知识与个人自由独立精神的结合才是近代文明发展的动力。福泽谕吉把数理学与独立心结合在一起，反映其对学问的价值评判，是其学问结构变化的体现。

2. 一个思想范式更新的案例

明治启蒙思想家除注意到政体的重要性之外，还译介了西方的社会科学理论。其中，最为经典的范例当属近代日本哲学之父西周在1874年创造性地把“philosophy”一词翻译成“哲学”。在此之前，日本人对哲学这门学问知之甚少。当代日本人的书写习惯是混用汉字、平假名、片假名，但是德川时期的文人依然沿袭汉学传统，用汉文表达自身思想。幕末洋学家都基本具备良好的儒学修养，这对于他们理解和接受西方社会科学理论有一定的影响。因为在接受西学的过程中，儒学作为一种不自觉的思想素养发挥着潜移默化的作用。

西周出身医学世家，具备良好的儒学教养。❸ 1862—1865年，西周前往荷兰留学，师从莱顿大学的法学博士西蒙·维塞林（Simon Viseering，1818—1888）。自西周开始，西方哲学被系统性地介绍到日本。以下，笔者将围绕西周创造性地译定“哲学”一词的经过，揭示其思考逻辑的转变过程。

（1）《致关心西方哲学的松冈邻次郎的书简》（1862）

> 小生近来看了西方性理之学及经济学的部分书籍，觉得它实在是一种令人惊叹的公平正大之论，与以前所学的汉说颇有不同之处。尤其是西方的耶稣教，虽是西方如今普遍信仰共有的宗教，与初期的佛教思想一样令我感到其卑陋之极，而毫无可取之处。而惟有philosophy

❶ 丸山真男：《福泽谕吉与日本的近代化》，区建英译，学林出版社，1992，第29页。

❷ 福澤諭吉「教育の方針は数理と独立」、石田雄編集『近代日本思想大系：2　福澤諭吉集』、東京：筑摩書房、1975年版、第146頁。

❸ 关于日本的汉方医术与儒学的关系，参阅艾尔曼：《日本是第二个罗马（小中华）吗？18世纪德川日本“颂华者”和“贬华者”的问题：以中医和汉方为主》，载复旦大学文史研究院编《从周边看中国》，中华书局，2009，第1-25页。

之学倡导性命之理，比起程朱更为立足于公顺自然之道，建立经济之根本，尤胜过所谓的王政、英吉利合众国等的制度文物，我心底认为它超过了尧舜官天下之意与周召制之典范。[1]

（2）《开题门》（1870）

东土谓之儒，西洲谓之斐卤苏比[2]，皆明天道而立人极，其实一也。[3]

（3）《生性发蕴》（1873）

古代希腊国诸贤哲之间自古就有哲学相传，而伪学家则称五官悉是欺人，万有皆不可知。于是，著名的所哥罗埴斯[4]驳斥了这一观点，认为知不可知，也是知。性理致知，遂为道破，哲学得以再兴。[5]

（4）《百一新论》（1874）

……在物理之内，以造化自然史学为主。自然史首先要论金石、草木、人兽三个领域的诸种道理，又旁分地质学、古体学[6]，复原地球产生之之初的情况。又在人兽之部里，将 anthrologie 译作人性学[7]，总论从比较解剖学到生理学、性理学、人种学、神理学、善美学[8]、历史等学术。这些学术都必须分别参考物理。参考这些而征诸心理，将论明天道人道，兼立教法的 philosophy 译名为哲学。在西洋，自古以来就是这样论述。今设百教一致的题目。若从分类上说，则此论教者也必是此哲学的一种。……[9]

---

[1] 西周「西洋哲学に対する関心を述べた松岡隣次郎宛の書簡」、大久保利謙編『西周全集』（第1卷）、東京：宗高書房、1960年版、第8頁。

[2] “philosophy”的日语音译。

[3] 西周「開題門」、大久保利謙編『西周全集』（第1卷）、東京：宗高書房、1960年版、第19頁。

[4] 即苏格拉底。

[5] 西周「生性発蘊」、大久保利謙編『西周全集』（第1卷）、東京：宗高書房、1960年版、第45頁。

[6] 即古生物学。

[7] 即人类学。

[8] 即美学。

[9] 西周「百一新論」、大久保利謙編『西周全集』（第1卷）、東京：宗高書房、1960年版、第289頁。

由上可知，西周在引文（1）中叙述了自己的关注焦点从儒学转向西方学术，尤其是哲学与经济学。“philosophy”在这里的译名是“性理学”；接着，在引文（2）中，认为“philosophy”与儒学的性理学在明天道立人极方面具有的一致性；在引文（3）中把“philosophy”译定为哲学；在引文（4）中，对于哲学的理解开始出现脱离儒学概念的倾向。最后，正如上述引文所言，虽然“philosophy”可以译作理学或理论，但是为了避免引发不必要的纠纷，并且为了与“东土的儒”区别开来，从而译定为“哲学”，显示出一种试图克服儒学影响的迹象。

西周把“philosophy”译定为“哲学”。这件事不仅在他个人的哲学思想中具有重要地位、是他区别于同时代其他思想家的特征，而且在明治启蒙思想中具有一种象征意义。因为“哲学”“是作为日本近代化的一个环节而被接受的，但无论在什么场合，接受的过程也就是反抗的过程，同时又是创作的过程”。[1] 这个从“性理学”到“哲学”的转变过程，恰好也可以被视作是启蒙思想家从不自觉利用儒学资源到自觉挣脱儒学影响的过程。在启蒙思想家的头脑中，“政”与“教”开始分离，政治开始作为一种制度被接受，而且就如“哲学”的创造性翻译一样，表现出一种脱离儒教的意识。由此可以看出，以西周为代表的明治启蒙思想家进一步理解了西洋文明。

第三节　文明开化的思想结构

一、一项精神的提倡——自由独立

（一）岩仓使节团

正如笔者在本章第一节叙述的那样，岩仓使节团对于自由独立精神持赞许态度。岩仓使节团访问欧美时，途中抵达奥地利维也纳参加万国博览

[1] 近代日本思想史研究会：《近代日本思想史》（第1卷），马采译，商务印书馆，1965，第147页。

会。对此，岩仓使节团成员描述道："中国和日本的人民……以修身作为政治的主义，……对于民权如何，国权如何则不仅几乎当作耳边风，反而加以压抑，而视之为移风易俗的良模，因而渐渐陷入的贫弱的境地。"❶ 另外，与中日两国形成鲜明对比的是，西洋文明发自人民的"自主精神"，各国文明的程度和各国人民的"自主精神"的程度是相应的。

（二）启蒙思想家——福泽谕吉对"自由独立"的理解

《劝学篇》（1872—1876）与《文明论概略》（1875）是福泽谕吉最为日本人耳熟能详的代表作品。《劝学篇》第一册的刊行引起了巨大的社会反响，福泽谕吉由此成为文明开化运动的先驱人物。接下来，笔者便以这两部作品为主要文本，分析启蒙思想家的代表人物福泽谕吉对于自由独立精神的理解和认识。

1. 自由、平等、独立的概念阐释与相互关系

> "天不生人上之人，也不生人下之人"，这就是说，天生的人一律平等，不是生来就有贵贱上下之别的。人类作为万物之灵，本应依凭体力和脑力劳动，取得天地间一切物资，以满足衣食住的需要，大家自由自在、互不妨害地安乐度日。但如环顾今日的人间世界，就会看到有贤人又有愚人，有穷人又有富人，有贵人又有贱人，他们之间似乎有天壤之别。❷

在《劝学篇》第一篇篇首的这段话，已经广为人知。福泽谕吉开宗明义，阐明人生来一律平等乃天然的道理。但是，人生来一律平等并不意味着人人一律平等。福泽谕吉认为，享有平等权利的个人在现实世界的情况并非均衡一致。"天生的人一律平等"是指人在生命、财产和名誉等方面获得尊重、保护的基本权利上的平等。人与人之间"似乎有天壤之别"是指每个人的国籍、身份、才能等生活境遇并非完全一致。尽管如此，人类世界最要紧的事情就是记住平等原则。

关于独立，福泽谕吉认为必须对其内涵进行辨别。他说："所谓独立，

❶ 久米邦武編『特命全権大使米欧回覧実記：5』、田中彰校注、東京：岩波書店、1982 年版、第 21-52 頁。

❷ 福泽谕吉：《劝学篇》，群力译，东尔校，商务印书馆，2017，第 2 页。

就是没有依赖他人的心理，自己能够支配自己”[1]，包括明辨是非、行事得当的无形的精神智慧，独立以及不辞辛苦、自力更生的有形的物质生活。在《福翁百余话》中，福泽谕吉提出，独立具有身和心两方面的区别，依靠自己的独立解决衣食住行等有形问题者谓之物质上独立，而言己之所思、行己之所欲行、我行我素、丝毫不屈节者谓之精神上的独立。两者之间，又必须先获得有形的独立，否则永无获得无形独立的希望。[2] 福泽谕吉继而从独立不能只建立在财产之上，以及忠、孝、智德、毅力等方面阐述了他对于独立的看法。[3]

2. 一身独立与一国独立的关系

“自由独立又不限于个人，还适用于国家。”[4] 具体来说，只要是人，无论现实境遇如何，但是在权利上人人平等，所以外国人与日本人是平等的，又因为国家是由人民组成的，所以外国和日本应该具备平等的权利，因而国与国之间也是平等的。因此，国际社会中的文明开化国家与未开化的国家之间尽管发达程度存在差异，但是这并不能成为国家以强凌弱的理由。福泽谕吉把个人平等延伸至国家平等的思考过程，既是对现实中明治维新政府迫切要求修改条约的回应，又是对日本希望改变在国际秩序中的地位的一种理论支持。因此，可以说福泽谕吉的言论著述始终与时代的要求联系在一起，这也是其言论被称作近代日本思想缩影的原因之所在。

福泽谕吉不仅阐述了个人平等与国家平等的关系，也阐述了个人独立与国家独立的关系。按照自然道理来说，个人和国家都应该具备自由、平等与独立的特征。但是，正如人之现实境遇各有差异一样，国家在国际秩序中的境遇也各有不同。因此，福泽谕吉认为，为了保证国家的平等独立，作为国家组成部分的个人必须具有自由平等的观念和独立的精神，其理由在于：第一，没有独立精神的人，就不会深切地关怀国事，为了抵御外辱、保卫国家，全国必须充满自由独立的风气；第二，在国内得不到独

---

[1] 福泽谕吉：《劝学篇》，群力译，东尔校，商务印书馆，2017，第15页。

[2] 福澤諭吉「福翁百余話」、富田正文编『明治文学全集：8　福澤諭吉集』、東京：筑摩書房、1966年版、第226頁。

[3] 福澤諭吉「福翁百余話」、富田正文编『明治文学全集：8　福澤諭吉集』、東京：筑摩書房、1966年版、第227-228頁；第230-233頁。

[4] 福泽谕吉：《劝学篇》，群力译，东尔校，商务印书馆，2017，第4页。

立地位的人，也不能在接触外国人时保持独立的权利，因为一个在日本没有养成独立习惯的人，在外国人面前会自然而然地丧失自信、遭遇耻辱，这不仅仅是个人的事情，还是使国家蒙受耻辱的国事；第三，没有独立精神的人会仗势做坏事，因为倘若没有独立精神，人民容易做出有损国威的事情。[1]

由上可知，福泽谕吉主张政府应该解放人民，使人民拥有独立的精神，全国形成自由的氛围，这样一国就会自然而然地养成独立的精神——这既有利于日本人民关注国家安危，也有助于全国团结一致，确保日本在国际秩序中的国家独立。关于人民的独立，福泽谕吉认为，既然谈到自由独立就必须考虑其中的义务。福泽谕吉再一次从内外两个方面讨论了人民应尽的义务。在他看来，独立的内在义务表现在个人的衣食住行等方面，而其外在义务表现在帮助国家获得自由独立地位的方面，只有这样才能无愧于“日本人”的称谓。

在此值得注意的有两点：第一，无论是探讨独立、自由还是义务，福泽谕吉都是基于有形和无形，或曰内在和外在两个侧面思考，这是福泽谕吉思考逻辑的特点之一；第二，尽管探讨的是个人的自由、平等、独立，但也是与国家的自由、平等和独立一一对应的，而且强调了个人对国家独立应尽的义务，体现了国家优先于个人的意识，这是福泽谕吉思考逻辑的特点之二。

福泽谕吉也谈过保持独立的方法。在个人层面，他在《福翁百话》第四十一篇的《独立之法》中说：“人不可无自信自重之心。自信自重就是要坚信自己的才智道德不差于人且身份高贵。独立之心源于此。它是处理万事万物不可或缺的根本原则。”[2] 在国家层面，他说：“只要真理所在，就是对非洲的黑人也要畏服，而本诸人道，则对英美的军舰也不应有所畏惧。如果国家遭到侮辱，全体日本国民就应当拼上生命来抗争，以期不使国威失坠。只有这样才可以说是国家的自由独立。”[3] 需要指出的是，“抵御外辱”、保持“国威”是福泽谕吉在此论述“一身独立”与“一国独

---

[1] 福泽谕吉：《劝学篇》，群力译，东尔校，商务印书馆，2017，第15－19页。

[2] 福澤諭吉「福翁百話」、富田正文編『明治文学全集：8　福澤諭吉集』、東京：筑摩書房、1966年版、第172頁。

[3] 福泽谕吉：《劝学篇》，群力译，东尔校，商务印书馆，2017，第4－5页。

立”关系的前提，表明了他对于国家前途的深深忧虑。

3. 自由独立与文明的关系

“文明主义”或者说对于“文明尊重的精神”是福泽谕吉启蒙思想中最本质的东西。[1] 福泽谕吉对于文明的看法，集中体现在《文明论概略》一书之中。在福泽谕吉眼中，文明具有狭义与广义之分，狭义是指“单纯地以人力增加人类的物质需要，或增多衣食住的外表装饰”；广义是指“不仅在于追求衣食住的享受，而且要砺智修德，把人类思想提高到高尚境界。”[2] 简而言之，福泽谕吉认为“文明可以说是人类智德的进步”。[3] 另外，他还把文明分为有形和无形两种：有形的文明是指包括学校、工业、陆海军等用钱可以买到的“文明的外表”；无形的文明是指眼不可视，耳不能听，金钱无法买到的“文明的精神”。他认为“文明的精神”是一种极其伟大而又重要的东西，这就是“人民的独立精神”。[4]

1874 年（明治七年），福泽谕吉在自己创办的庆应义塾发表了元旦献词，为日本“独立”的年号以及自己“独立”创建义塾和“独立”的新年感到可喜可贺。[5] 福泽谕吉连续运用三个“独立”表达了自己喜悦的心情，足见其对于“独立”精神之重视，并且提醒“不要忘了他日之忧”。[6] 福泽谕吉所谓的“他日之忧”与日本独立的不牢固有关。他说日本突然开国与世界建立外交关系，“国内的事没有一件不与对外关系息息相关”[7]，日本的文明程度与西洋相比简直要“退避三舍”，即使学习西洋也只能“望洋兴叹”。[8]

福泽谕吉认为，如果全国人民没有真正的独立思想，那么纵然徒有形式的文明能够得到高度发展，也不能称为日本的文明。“所谓国家的独立，所谓国家的文明，是指一国的人民团结一致保卫国家独立，维护国家权利和尊严而言。”[9] 由此可见，福泽谕吉认为人民的独立精神是文明的基础，

---

[1] 松本三之介『明治精神の構造』、東京：日本放送出版協会、1981 年版、第 36 頁。
[2] 福泽谕吉：《文明论概略》，北京编译社译，商务印书馆，2019，第 32 页。
[3] 福泽谕吉：《文明论概略》，北京编译社译，商务印书馆，2019，第 35 页。
[4] 福泽谕吉：《劝学篇》，群力译，东尔校，商务印书馆，2017，第 28-29 页。
[5][6] 福泽谕吉：《劝学篇》，群力译，东尔校，商务印书馆，2017，第 27 页。
[7][8] 福泽谕吉：《劝学篇》，群力译，东尔校，商务印书馆，2017，第 28 页。
[9] 福泽谕吉：《文明论概略》，北京编译社译，商务印书馆，2019，第 196-197 页。

而维护国家独立既依靠人民的团结又依靠文明精神的发达。

4. 维护国家独立的方法——国民的文明化

福泽谕吉认为，西洋文明中含有“自由精神”，而日本文明与西洋文明的重大区别在于“权力偏重”，而且日本人已经深深地意识到日本文明远远落后于西洋文明。倘若按照福泽谕吉关于人类社会野蛮、半开化、文明三个阶段的划分，落后的野蛮与半开化社会必然会受到来自文明社会的压制，那么他如何看待落后的国家保持独立的方式呢？

福泽谕吉首先驳斥了攘夷派与军备派等各种观点，认为攘夷派拘泥于眼前琐事，只能给国家带来灾难，攘夷可谓丧心病狂的理论；军备派不知军事技术需要仰仗外国，一味军备是不知审时度势之举。另外，“国体论、耶稣论、汉儒论也不足以维持人心”，因此，福泽谕吉给出了他的答案，就是“确定目标，向文明前进”。[1]“保卫国家独立的办法，除争取文明之外，没有别的出路。今天号召日本人向文明进军，就是为了保卫我国的独立。所以说，国家的独立是目的，国民的文明是达到这个目的的手段。”[2]换言之，在福泽谕吉看来，倘若要使日本摆脱民族危机、获得国家的独立，国民的文明开化是一条有效途径。

笔者在前文谈到福泽谕吉的实学观时，曾经提到福泽谕吉认为“东方儒教主义与西方文明主义相较，东洋所缺者有二，有形者之为数理学，无形者之为独立心”。[3]对于福泽谕吉的这一观点，丸山真男评价道：“把独立自由的精神与数学物理学的形成作为欧洲文明的核心，这一点生动地说明了他对近代精神结构具有透彻的洞察力。”[4]

二、一种观念的确立——功利主义

（一）肯定私欲

在讨论明治启蒙思想家对于国家、政府的理解时，笔者已经提到其中的共性在于达成目标的合理性手段。事实上，西周在接受和传播西欧文明

[1][2] 福泽谕吉：《文明论概略》，北京编译社译，商务印书馆，2019，第200页。

[3] 石田雄編集『近代日本思想大系：2　福澤諭吉集』、東京：筑摩書房、1975年版、第146頁。

[4] 丸山真男：《福泽谕吉与日本的近代化》，区建英译，学林出版社，1992，第34页。

的过程中，大胆地挑战了日本社会传统的伦理观。津田真道在评论西周的《论促进开化的方法》时说："一切皆为自己谋利，为自己得便，为自己所好，自己比任何人都重要。"❶ 也就是说"私欲"是人类共同的本质——真实心理的表现。"一天万乘的天子、华族士族平民、学者、凡夫俗子、女仆、男仆、乞丐、强盗，均无一例外。"而且"拥有此真心者乃爱自己者，为自己欲求者，若以其为卑劣者，应忌惮现于人前，乃大错特错，必须让此真心愈发膨胀且牢不可摧。"❷ 在津田真道看来，西周主张自我存在的重要性，强调自我欲望乃人类的共性，而且追求自我欲望不应受到否定，反而应该得到鼓励和肯定。西周的伦理观，颠覆了儒教"奉公灭私"式的传统伦理观。

明治启蒙思想家直接表达了对于人类欲望和追求世俗幸福的肯定，这是他们各自开展追求自由、合理精神的言论活动的精神前提。津田真道的《情欲论》❸、西周的《人世三宝说》❹ 都是功利主义伦理观的代表著作。"情欲乃吾人尤为重要之天赋，吾人因此所以生存"❺，津田真道以此作为《情欲论》的开头，充分强调了情欲乃"天性自然"，是人类生存的基础，是一项最为重要的权利，是人类知识进步、增进幸福的出发点。在日本的佛教与儒教传统伦理观念中，佛教认为"贪、嗔、痴"是三毒，人应该排除流毒，减少烦恼；儒教认为人欲是大害，人应该努力驱除欲望。津田真道的《情欲论》不仅完全抛弃了佛教脱离世俗的教义与儒教的禁欲主义，而且为了使追求欲望获得理论上的正当性，将其置于天赋权利的位置，强调这是文明的表现之一。

（二）功利主义的道德观

谈到明治启蒙思想的功利主义道德观的集大成之作，当属西周的《人世三宝说》。西周在《人世三宝说》的开篇指出题目之由来：

> 欧洲哲学上的道德论自古以来经历了种种变化，至今日始终莫同

---

❶❷ 大久保利謙編『西周全集』（第3巻）、東京：宗高書房、1966年版、第268-269頁。

❸❺ 津田真道「情欲論」、『明治文学全集：3　明治啓蒙思想集』、東京：筑摩書房、1967年版、第129-130頁。

❹ 西周「人世三宝説」、『明治文学全集：3　明治啓蒙思想集』、東京：筑摩書房、1967年版、第67-81頁。

> 归一辙。过去各种学说颇为盛行（柯尼斯堡学派的纯粹理性批判、费希特、谢林、黑格尔的观念论等），然自实证主义（法国的孔德）产生以来，颇使人耳目为之一新，诸大家之说基于实证主义亦日趋多见。其中，J. S. 穆勒发展了边沁的功利主义的道德论（此亦可见于古希腊的伊壁鸠鲁学派），可看成近时道德论上一大变革，（我十年前留学荷兰时，当时荷兰著名哲学家奥普周默尔就推崇孔德、费尔巴哈、穆勒等）。功利主义以为人生最大的目的乃获取最大的福祉，既然此乃诸大家最妥帖的确论，便不容后生晚辈惶而论之（此点留待于论述穆勒的功利主义时再述）。而今天论之旨趣，欲以人类一般福祉为第一最大要点，且论及达到此目的之方略，此即人世三宝说之起由。❶

从思想史上看，17世纪末开始出现一种肯定个人利己私心的思潮，追求私利与满足私欲正是传统价值崩溃的表现。它意味着作为传统社会秩序思想支柱的道德主义、精神论正在逐渐失去效力。西周在文中认为“第一是健康，第二是知识，第三是富有”，此乃人世三宝，是所有人类价值的根源，“余以此三宝为达成人世一般最大福祉之三大纲领，求全之道极其盛大则人生美善愈明。”❷ 在西周眼里，一般福祉是人类第一且最重要的意义。西周把健康、知识、富有上升为人类共同的“福祉”，强调追求其正当性，把传统伦理观中对满足人类欲望的否定态度转化为肯定态度，由此得以跳出儒教中“利”与“义”对立的思考逻辑。

津田真道与西周分别强调了追求“情欲”与“福祉”的正当权利，颠覆了传统的伦理思想。只有把人的思想从禁欲的观念中解放出来，转变思考问题的方式，才能达到文明开化的目的。从这一点来说，津田真道与西周的思想一方面具有吸收近代西欧思想精神的成分，另一方面具有打破儒教、佛教观念的意义。特别是西周的《人世三宝说》对于“道德”的思考，突出体现了明治启蒙思想家思考逻辑的转变。

在《人世三宝说》中，西周称：“社交的目的在于公益，公益是私利

---

❶ 西周「人世三宝説」（一）、山室信一・中野目徹校注『明六雑誌』（下）、東京：岩波書店、2009年版、第249-250頁。

❷ 西周「人世三宝説」（一）、山室信一・中野目徹校注『明六雑誌』（下）、東京：岩波書店、2009年版、第254頁。

的总数，而且私利源于人人身体健康、知识开化、财物充沛之三宝。私利是对于单独的个人而言，公益是对于社交一体而言，皆因三宝之利。人的道德欲望始自以三宝为重。"❶ 在此，道德与欲望不再是相互对立的两个极端，追求三宝的个人行为在社会中就是追求公益的行为。所以，在社会中追求利益是合法的行为，而且这种行为可以规范人的道德。也就是说，道德与个人的欲望是浑然一体、密不可分的关系。这完全否定了传统的道德与欲望二元对立的逻辑。田口卯吉在《日本开化小史》中所说的"伦理之情乃成长之私心"，❷ 可谓明治启蒙思想家对于伦理道德的最好总结。

"文明"与"开化"成为明治启蒙思想的核心概念，实际上是在满足人之"情欲"、追求人之"欲望"的过程之中逐步形成。福泽谕吉后来总结道："我辈非制止人欲者。盖人欲乃文明开化之元素，其欲愈多，其心亦随之活跃；其欲愈大，其志亦随之愈大。"❸ "文明"与"开化"，一方面与"野蛮""未开化"形成相对概念，表达物质与制度的进步含义；另一方面与"因袭""陋习"形成相对概念，表达精神与道德的进步含义。二者都是"文明"与"开化"的组成部分，即一种以满足人类欲望与利益的世俗价值为目标的精神活动，具有一定的合理性。

三、一种思想的趋势——爱国逻辑

（一）对外关系与国家独立

至于日本的对外关系状况，福泽谕吉在分析了西洋强国在经济上唯利是图、在权利上以强凌弱的特点后指出，日本在这两个方面都面临着艰巨困难，对外关系是日本的一大疑难杂症，日本应该去寻求可以治疗这种危害国家命脉之重病的"药方"。对于一些学者开出的"大公无私、自由贸易"的"药方"，福泽谕吉以各藩在幕藩体制下交往时的私心为例，斥责其为"老好人"论调，进而又以日本的萨摩藩与日向藩的争斗以及法国与

---

❶ 西周「人世三宝説」（四）、山室信一・中野目徹校注『明六雑誌』（下）、東京：岩波書店、2009 年版、第 361－364 頁。

❷ 田口卯吉『日本開化小史』、大久保利謙編『明治文学全集：14　田口鼎軒集』、東京：筑摩書房、1977 年版、第 3－68 頁。

❸ 福澤諭吉「後進生に望む」、『時事新報』明治十七年（1884）十一月五日、慶応義塾編纂『福澤諭吉全集』（第 10 巻）、東京：岩波書店、1960 年版、第 105 頁。

普鲁士之间的战争为例，指出在对外关系方面应该“警惕奋勉”。在福泽谕吉看来，日本国内流行的攘夷论、军备论、国体论、耶稣论和汉儒论等都毋庸赘言，唯一的办法是认真考虑日本在对外关系中的利害得失，确定目标，向文明前进。❶

福泽谕吉在谈到文明的时候，提到智德才是人类要抵达的最高境界，似乎不应该将国家独立放在思考的范围之内，但日本当时所处的世界形势不容乐观。福泽谕吉不仅列举了美洲印第安人被白人驱逐与殖民的历史、东南亚各国被欧洲蹂躏的事例，还指出日本的近邻中国——虽然曾是幅员辽阔的帝国，但最终不免沦为欧洲人的田园。因此，虽然日本暂时没有亡国的危机，但是真正的爱日本者应该具有长远的目光，善于从古今中外的事例吸取教训，考虑本国的切实利益。福泽谕吉总结道：“首先要确保日本的国家和人民的生存，然后才能谈到文明的问题；没有国家，没有人民，就谈不到日本的文明。”❷

综上所述，福泽谕吉认为幕末横井小楠式的“天地之公道”与“贸易立国”等主张不适用于日本的国情，无论是“小攘夷”还是“大攘夷”都不是解决日本对外关系症结的良药；只有文明是唯一正确的选择，并且文明是保持日本国家独立的手段。尽管福泽谕吉自身也是“天保老人”，但是他能在文明开化时期充分理解国际关系的实质，并且深知文明在现实和理念层面的乖离，可以说他对于国际关系和西洋文明的认识比此前的思想家都要深刻。倘若把福泽谕吉的“国家的文明是达到国家目的的手段”与“我的议论是考虑目前的世界形势和目前日本的切身利益，并且适应日本的急需而提出的”❸这两句话联系起来，便可以发现，福泽谕吉在对外关系上是一个现实主义者。

（二）报国大义与爱国精神

福泽谕吉在《劝学篇》中谈及“一身独立”与“一国独立”之关系时，不仅提出“缺乏独立气魄的人的爱国是深切不了的”，而且表示“生当今世，只要有爱国心，则无论官民都应该首先谋求自身的独立，行有余力，再帮助他人独立。父兄教导子弟独立；老师勉励学生独立；士农工商

---

❶ 福泽谕吉：《文明论概略》，北京编译社译，商务印书馆，2019，第200页。

❷❸ 福泽谕吉：《文明论概略》，北京编译社译，商务印书馆，2019，第200–201页。

全都应当独立起来，进而保卫国家。”❶ 福泽谕吉对于独立的理解，包括个人自身和国家应该尽到的义务的范畴。对于个人而言，“保卫国家”是应该首要具备的独立精神，是一种“报国大义”。

福泽谕吉对于“报国大义”定义是：“人人不分贵贱，上下都应该把国家兴亡的责任承担在自己肩上，也不分智愚明昧，都应该尽国民应尽的义务。英国人和日本人都爱护自己的国家，因为本国的国土不是属于别国人，而是属于自己的，所以爱国应该和爱自己的家一样。为了国家，不仅要牺牲财产，就是牺牲性命，也在所不惜，这就是报国的大义。”❷

福泽谕吉关于对外关系、国家独立与报国大义的论述，引申出他对“爱国精神”的阐述。他说：“凡力图伸张本国的权利、使国富民强、提高本国人民的智德和发扬本国荣誉的人，称为爱国的人民，这种思想称为爱国精神。”而且，“地球分为若干区域，在各区域内结成集团，各自谋求本集团利益的自私心。所以爱国精神和自私心是名异而实同的”，因此“爱国精神虽非私于一己，也是私于一国的思想”。❸

福泽谕吉在谈到“爱国心”与“自私心”的关系时，认为一国的“爱国心”其实就是大地球范围内小集团的“自私心”，与一国范围内个人的自私心在本质上具有一致性。明治启蒙思想家提倡物质欲望的解放，强调追求个人利益乃天赋的权利。换言之，明治启蒙思想家的功利主义伦理观肯定了“私欲”。福泽谕吉在此将个人的“私欲”与爱国的“大义”放在同一层面思考，一方面，反映了明治启蒙思想家在思考个人与国家关系时，把二者的利益和目标有效地结合起来，形成了公私结合的爱国逻辑，突破了传统的“奉公灭私”观念，体现了与幕府时代观念的非连续性；另一方面，可以看出福泽谕吉依然承袭幕府时期学者的思维特征，把个人的“自私心”延伸至国家的“自私心”，而德川幕府时期的思想家则根据日本国内战国乱世的思考模式理解彼时的国际关系，所以福泽谕吉与德川幕府时期的思想家在思考模式上具有一定的连续性。

另外，结合福泽谕吉在 1878 年同时出版的《通俗民权论》和《通俗

---

❶ 福泽谕吉：《劝学篇》，群力译，东尔校，商务印书馆，2017，第 19 页。
❷ 福泽谕吉：《劝学篇》，群力译，东尔校，商务印书馆，2017，第 16 页。
❸ 福泽谕吉：《文明论概略》，北京编译社译，商务印书馆，2019，第 185 页。

国权论》来看，福泽谕吉是从个人自由和国家独立的角度去理解西洋文明，倡导“作为报国大义的个人主义”。[1] 非常有意思的是，尽管个人的独立自由精神与追求私欲的正当性被福泽谕吉巧妙地统摄在追求国家独立和利益的论述之中，但福泽谕吉却用“大义”形容个人与国家的关系。虽然他抨击了此前“小攘夷”与“大攘夷”的手段，但是其解放私欲、提倡个人自由独立、奖励实学的主张，把“个人物欲”与“国家大义”结合在一起，由此形成了爱国的逻辑。而且，这种逻辑的志向与基于“大义”的“大攘夷”目标具有一致性，二者均未摆脱福泽谕吉所言的“权力偏重”，表明他是一个国家主义者。

四、一种认识的模式——“东洋”与“西洋”

从历史的角度看，“亚洲”的概念不是亚洲的自创，而是来自欧洲，是作为欧洲的对立概念而出现的。竹内好指出，“欧洲与东洋是对立的概念。……东洋之为东洋，借助的是欧洲的脉络。理解东洋，使东洋得以实现的是存在于欧洲式的要素。不仅欧洲之为欧洲要借助于欧洲这一脉络，东洋亦只有在这个脉络里才成其为东洋。”[2]

明治初期日本与西洋列强的关系与历史上日本和中国的关系相似。在西洋列强面前，日本只不过是一个小国。不同的是，明治初期的西洋列强具有强大的攻击性，因此此时的日本人对西洋的自卑感和对本国的归属感都比以前强烈。“和魂洋才”便是其体现。当然“和魂洋才”是源自以前的“和魂汉才”，但是明治初期日本面对的西洋与历史上的中国完全不同。需要指出的是，明治初期的东洋与西洋之对比，时而只是指代日本，时而指代包括中国和日本在内的广义的中华文化圈，时而指代受西洋列强侵略的亚洲地区。不过，无论哪一种情况，东洋都是在与西洋的对比中成立的。

明治初年，洋学压倒了汉学和国学，甚至有人宣称“无需四书五经之

---

[1] 石田一良：《日本文化：历史的展开与特征》，许极燉译，上海外语教育出版社，1989，第209页。

[2] 竹内好：《近代的超克》，李冬木、赵京华、孙歌译，生活·读书·新知三联书店，2005，第188页。

类”。❶“和魂洋才”的背后，显示出明治维新时期日本知识分子对于迅速进入日本的西方文明产生的心理紧张感。为了克服这种紧张感，日本知识分子如同以往，先将“文明化”与“西洋化”区分，将“文明化”提升到人类普遍性意义的层面。福泽谕吉认为，“文明”将无限进步，将“当今西洋各国”视为“文明”，仅是相对于“野蛮”和“半开化”而言，倘若细论，难入其列的西洋国家也不在少数，到将来“文明”进一步发展的阶段，再回顾现在西洋各国的情况，则为其野蛮而叹息。因此，不可满足于目前的西洋文明。❷

但是，就事实而言，日本追赶和超越西洋极其困难，就连将西洋“相对化”的福泽谕吉都认为明治时期日本人在文学、技术、商业、工业等所有领域的智慧均不如西洋。❸尽管明治日本赋予文明普遍意义，仍然不能克服自身的自卑感。在国家必须西化这一不容置疑的现实面前，传统的日本中心主义显得苍白无力。在主张天皇家族血统的连续性优势的同时，福泽谕吉也不得不承认，日本的劣势在于不能活用智力，结果令明治时期的日本人陷入“采西洋智力之长、补我之短”的折中主义。

德川时代的日本知识分子对中国的自卑感没有被消除，明治维新时期的日本知识分子又如何轻易地做到这一点呢？青年诗人北村透谷（1868—1894）在自杀的前一年，针对当时日本知识分子不能解决自我认同危机的苦恼时描述道，“呜呼，不幸今之国民，彼等若无渡洋而来的思想，还有能止于相信其不屑一顾的东西吗？彼等陷入模仿的漩涡，没有终时……复古，汝等不能。消化，汝等亦不能。谁能在刚强之东洋趣味之上得以调和如珍珠之西洋思想？来吧，诗人，来吧，真正的国民大思想家。”❹

东洋与西洋的关系在外交和军事上都不单纯。一方面，东洋意味着同受西洋压迫的命运共同体，是可以共同抵御“西洋”的盟友。会泽正志斋说道，“夫西洋乃并立战国奉同一神。见利相和谋利满足私欲，害则各保

---

❶ 小川為治「開化問答」、明治文化研究会編『明治文化全集：文明開化篇』、東京：日本評論社、1967 年版、第 121–122 頁。

❷ 福泽谕吉：《文明论概略》，北京编译社译，商务印书馆，2019，第 11 页。

❸ 福泽谕吉：《文明论概略》，北京编译社译，商务印书馆，2019，第 101 页。

❹ 亀井俊介『ナショナリズムの文学家』、東京：研究社、1971 年版、第 82 頁。

疆域，此外常事。”❶ 即便是将幕末日本的世界形势比作战国乱世，列强各自割据之余也合纵连横。幕末的日本人认为，西洋合力侵略东洋，东洋有必要团结起来，尤其有必要与之前抱有敬畏之心的中国的清政府合作。❷ 1871 年，明治政府与清政府缔结了亚洲国家之间的第一个近代条约——《中日修好条规》，其中的第二条规定：“两国既经通好，自必互相关切。若他国偶有不公及轻藐之事，一经知照，必须彼此相助，或从中善为调处，以敦友谊。”❸ 这种以西洋列强为假想敌的军事同盟内容，最起码在字面上体现了明治政府希望与清政府合作的意愿。

然而，东洋是日本称霸世界必先征服的地域。曾经有过征服世界梦想的佐藤信渊，从“凡经略他邦之法始于取弱”的观点出发，认为应该先征服中国东北和朝鲜半岛，接下来再征服全中国。❹ 类似的“征服论”在幕末以后被反复提起与实践：明治政府首先向海外派遣军队的目的地是中国台湾（1874），明治军舰首次炮击的对象是朝鲜半岛（1875），而且近代日本发动的第一场真正战争就是与中国的甲午战争。“征服论”在东洋的实践，与明治时期日本人在西洋的压力下形成的“失之西洋、补之东洋”的心理有关。

本章小结

明治时期日本的文明开化之路，主要表现在两个不同层面：一是引进西方思想和制度，以制定宪法最为典型；二是发掘日本传统文化的价值和潜能，以重塑民族精神最为典型。明治维新后，日本进入主动调查和学习外部世界的时期，岩仓使节团便是此时的象征。岩仓使节团的作用与相隔

❶ 会沢正志斎「新論」、今井宇三郎・瀬谷義彦・尾藤正英校注『日本思想大系：53　水戸学』、東京：岩波書店、1973 年版、第 97–98 頁。

❷ 岡義武「国民的独立と国家理性」、唐木順三・竹内好共編『近代日本思想史講座：8　世界のなかの日本』、東京：筑摩書房、1961 年版、第 17–19 頁。

❸ 外務省編『日本外交年表並主要文書』（上巻）、東京：原書房、1965 年版、第 45 頁。

❹ 佐藤信淵「混同秘策」、大川周明編『近世社会経済学説大系　佐藤信淵集』、東京：誠文堂新光社、1935 年版、第 308–315 頁。

千年的遣唐使遥相呼应。日本在历史上反复出现对外开放和封闭的时期，以公元9世纪为界，在奈良朝开放，然后在平安朝关闭；后来在镰仓室町时代开放，在政治上“锁国”的江户时代封闭。

只有当外部事情与内部状况直接相关时，日本人才会对外部事情表示关注，而且这种倾向十分显著。岩仓具视指出，“清国乃亚细亚洲胜地，封疆人口卓越，唇亡齿寒至旧邦。虽萎靡不振其强弱盛衰关乎我国。故敦和谊开贸易，自迩到远之基乃当今之务，窥其国势施经略为他年之深谋也。”❶ 这表明岩仓具视认为，尽管日本此时应与中国合作交好，而且不便与西洋列强竞争入侵日趋衰弱的中国，然而一旦有可能，则应该以征服中国作为长远目标。

明治初期日本人对东洋与西洋的认识，一方面，表现为对在欧美（西洋）参照系下处于东洋内部的中国，日本表现出合作或不宜介入中国事务的心态。其中，既有日本与中国共同尊奉儒教的文化情结，也有对中国实力尚存的顾虑。另一方面，日本对以器物制度为代表的西洋艺术表现出的学习态度，与此前日本对处于中华文明圈中心地位的中国的态度是一致的。无论对待西洋，还是对待西洋的衍生概念——东洋中的中国，日本在不同的历史时期都表现出了相同的态度，即与强者为伍的心理。

---

❶ 日本史籍協會編『岩倉具視関係文書』（第1卷）、東京：東京大學出版会、1983年復刻版、第392頁。

第三章　明治中期日本人的对外认识

每个时代都有其风潮。明治中期的思想舆论环境，受到19世纪80年代日本自由民权运动势力由盛转衰的影响。日本的自由民权运动是一场以建立立宪政体为目标的政治运动，最终在明治政府的镇压下走向失败。作为支撑自由民权运动的理论依据，明治启蒙思想家提倡的"天赋人权论"由盛行走向衰落。[1] 与此同时，"进化论"在日本社会中逐渐占据上风。在思想舆论空间急剧变化的潮流中，岩仓使节团未能完成的修订条约的课题，在明治中期再次显现。为了帮助日本取得与西方列强的修约机会，以井上馨外务卿（外相）为中心的明治政府采取了激进的欧化政策。

然而，明治政府自上而下推行的欧化政策，遭到来自思想舆论界的阻力。出身熊本县豪农家庭的德富苏峰（1863—1957），批判明治政府的欧化政策是以牺牲中下层国民利益为代价的。另外，政教社主张全面欧化的政策将破坏日本的传统价值和国民自信。以德富苏峰为代表的民友社和以陆羯南（1857—1907）、三宅雪岭、志贺重昂（1863—1927）等为主要成员的政教社，是引领明治中期舆论的两大言论组织。不过，在甲午战争前夕，二者的对外言论主张迅速接近，共同显示出强烈的民族主义特征。

---

❶ 关于自由民权运动的代表性研究有：色川大吉『自由民権』、東京：岩波書店、1981 年版。近年，稻田雅洋指出，自由民权运动催生了日本以报纸与演讲等新传播媒介为特征的政治文化，参阅稲田雅洋『自由民権の文化史：新しい政治文化の誕生』、東京：筑摩書房、2000 年版。松泽裕作依据日本历史上战争与政治参与的关系，提出了戊辰战争是自由民权运动起点的观点，参阅松沢裕作『自由民権運動：〈デモクラシー〉の夢と挫折』、東京：岩波書店、2016 年版、第 33–35 頁。

第一节　明治中期的社会思想动向

一、明治二十年代的社会思潮转向

明治二十年代，一般被称为“反动时期”。[1] 明治二十年代初期，《大日本帝国宪法》（1889）和《教育敕语》（1890）的相继颁布确立了近代日本稳定的政治框架，奠定了其发展基调。思想文化界的动向与此前自由民权运动时期的精神渐行渐远，而且与政治、经济、社会方面的形势相适应，逐渐出现各种各样的新思潮。从“王政复古”到《教育敕语》颁布的20余年时间，是明治日本国民国家形成过程中急剧变动的时代。明治二十年代以后，日本开始出现对过去20年的反思迹象，并在反省的基础上形成新的思潮。

1887年（明治二十年），以德富苏峰为中心的民友社创办杂志《国民之友》，宣扬“平民主义”；与德富苏峰主张对立的三宅雪岭、志贺重昂、陆羯南等人则成立政教社，创办杂志《日本人》，主张“保存国粹”。在此前后涌现的评论、思想、学术等各类杂志中，具有代表性的是纯文学杂志《早稻田文学》。另外，在1887年和1889年（明治二十二年），东京音乐学校和东京美术学校也先后建成。因此，关于明治二十年代日本思想文化界的状况，笔者认为可借用坪内逍遥对1887年前后明治文学的评价来形容，的确是“如百川冲破堤防，顿时泛滥起来；如阳春百花一时绽苞齐放出来”。[2]

针对明治二十年代前后日本思想文艺界出现的新趋势，色川大吉做出出色的总结，他指出：“二叶亭四迷与山田美妙通过言文一致运动创造了新的日本语言；植村正久、森鸥外、北村透谷、岛崎藤村等人进行了对个

[1] 日本近代思想史研究会：《日本近代思想史》（第2卷），李民、贾纯、华夏等译，商务印书馆，1991，第3页。

[2] 日本近代思想史研究会：《日本近代思想史》（第2卷），李民、贾纯、华夏等译，商务印书馆，1991，第4页。

人情感以及个人意识的革命；冈仓天心、浅井忠、黑田清辉等人复兴了日本美术并开创了日本的西洋画派。幸田露伴、尾崎红叶（1868—1903）、樋口一叶、正冈子规等人开创了新的国风文学；三宅雪岭、志贺重昂、陆羯南等人提倡新的民族思想，小崎弘道、内村鉴三（1861—1930）等人在日本传播了基督教的新思想；大西祝（1864—1900）、梅谦次郎（1860—1910）等哲学家、法学家相继诞生，等等。这些都是日本近代文学、美术、宗教、思想、哲学等的源流，所以明治二十年代所具有的文化创造意义，可以说极为重大。”❶

二、欧化风潮的兴起

国粹主义的兴起与明治政府的欧化政策不无关系。1883—1887 年，一方面曾经高涨的自由民权运动走向分裂和低潮，另一方面政府主导的制定宪法的准备工作与修改条约的谈判工作也在同步进行。自从明治政府推行文明开化政策以来，欧化主义的风潮与修改条约的谈判始终保持一致的步调，上至国家政策下至社会生活，其带来的影响渗透至日本社会的各个层面。特别是自 1879 年井上馨担任外务卿以来，一直致力于废除治外法权和协定关税制度。在他的努力斡旋下，各国公使终于在 1886 年 5 月齐聚一堂，开始正式谈判。在修改条约的大背景下，井上馨积极推进欧化政策，以此作为促进谈判顺利进行的手段。指原安三在《明治政史》中描述了井上馨的目的：

> 当时井上伯爵为成就其修改条约之重任，令我国一举感染欧洲各国风习，日本以此亦成欧洲各国人民同情同体之国，保其感情……先令日本国民一举化成泰西风，决心于樽俎之间完成修约。❷

井上馨本人更是直言不讳，他说：“把我国化为欧式的帝国吧，把我国人民化为欧式人民吧！在东方的前门创造出欧式帝国吧！惟其如此，我帝国才能在条约上与西洋各国跻于同等地位。我帝国只有如此才能独立，

---

❶ 色川大吉『明治精神史』（下）、東京：講談社、1976 年版，第 64-65 頁。

❷ 明治文化研究会編集『明治文化全集：正史篇』（上巻）、東京：日本評論社、1968 年版、第 525 頁。

只有如此才能达到富强。”❶ 于是，日本自 1883 年开始大力移植西洋的各种风俗，欧化风潮蔓延全国——西式宴会、舞会、西洋音乐等流行起来，日本社会的各个阶层都以模仿西欧、改良风俗为要务。1883 年 11 月建成的鹿鸣馆，是一座专门用于日本人与外国人社交的建筑，也是明治二十年代欧化风潮的象征，所以这一时代也被称为“鹿鸣馆时代”。《明治政史》中描绘了当时欧风之劲的状况：

其一意专心于只管以慕洋风、求交际之舞会于此时开设，过于华奢风流之妇人慈善会于此时兴起，有弃和入洋之罗马字会，有舍风致取外形之演剧改良会，有以古雅为迂腐、倡导率性表达之讲谈歌舞矫风会。书写改良、言文一致、小说改良、音乐改良、唱歌改良、美术改良、衣食住改良，不分贵贱上下，翕然以拟洋风仿西人为是，甚至主张人种改良，以高加索人种替换大和民族。❷

欧化主义是明治政府内外政策的产物。明治政府为了追赶西欧列强，对内积极推行文明开化政策，对外努力争取修改不平等条约。政教社形成的直接原因，正在于日本政府自 1884—1887 年推行的全盘西化政策，而国粹主义者对此无一例外地表示忧虑和反对态度。政教社提倡“国粹保存”以及国粹主义，其机关杂志《日本人》的创刊日正值神武天皇祭的 4 月 3 日，可以说这是政教社立场的最佳表达。

三、明治中期日本对亚洲认识的转变

中国是明治中期以前日本亚洲认识的主要关注对象。例如，明治前期主要报纸《东京日日新闻》刊登的《决不可侮辱中国》❸ 一文，就批判了日本满足于本国文明开化而兴起的蔑视侮辱中国的风气。该文指出，中国也具备奋起的可能性，日本与中国“同文同种”，不应该相互蔑视，而应

---

❶ 日本近代思想史研究会：《日本近代思想史》（第 2 卷），李民、贾纯、华夏等译，商务印书馆，1991，第 5 页。

❷ 明治文化研究会編集『明治文化全集：正史篇』（上巻）、東京：日本評論社、1968 年版、第 525 頁。

❸ 「支那決して軽侮すべからざるなり」、『東京日日新聞』明治八年十一月二十八日（1875 年 11 月 28 日）、芝原拓自・猪飼隆明・池田正博校注『日本近代思想大系：12　対外観』、東京：岩波書店、1988 年版、第 257 頁。

该在文明开化方面进行竞争。总体而言，明治中期的日本对中国的评价很高，并且伴随着对当时中国实力和军事威力的恐惧。因此，明治中期日本人的主流中国观是主张与中国携手合作。但是，1884 年清军在中法战争中败北后，蔑视中国的言论一举发展成为思想潮流。

平民主义与国粹主义是明治二十年代日本思想言论界的两大主流社会思潮。自由民权运动发展到后期时，日本国内要求颁布宪法和开设议会的呼声高涨，在思想方面则出现对抗欧化的平民主义与国粹主义。1887 年（明治二十年）德富苏峰创办的《国民之友》杂志与 1889 年兴办的《国民新闻》杂志，标志着平民主义的兴起。志贺重昂、三宅雪岭等政教社同人在 1888 年创办的《日本人》杂志与陆羯南在 1889 年创办的《日本》报纸，则倡导国民主义。

《日本人》与《日本》的宗旨基本一致。平民主义主张平民的欧化主义，强调“天下的大势”正从“武备社会”“贵族社会”转向“生产社会”“平民社会”，呼吁“明治的青年”为实现改革而奋起，取代那些“天保老人”。[1]“国粹”是英文“nationality”的翻译，国粹主义主张日本的近代化不等于西化，而是应该对西方文明有选择性地吸收和摄取，然后同化于日本，其目标是使日本登上世界的舞台并为世界作出贡献。[2]平民主义与国粹主义的主张不尽相同，但都反对由政府主导的自上而下的表面欧化，二者通过厉行（遵守）条约运动而逐步趋同，及至甲午战争前更是共同主张对中国发动战争。

明治时期日本人对中国的认识有一个从敬畏、恐惧到蔑视再到试图征服的转变，原因在于其认为自身拥有“文明”这一思想武器，其中以福泽谕吉的“脱亚论”最为有名。福泽谕吉在《脱亚论》中写道：“就今日之长计而言，我国并没有时间待邻国走向开明后，再一起共兴亚洲，倒不如离开它们与西洋文明国家共进退。不要因为中国、朝鲜是邻国就以特别的态度相接，实际上只需采取西洋人与它们打交道的办法即可。”[3]

后来，福泽谕吉根据清政府军事力量的发展以及产业近代化的状况，

---

[1] 参阅植手通有編『明治文学全集：34　德富蘇峰集』、東京：筑摩書房、1974 年版。

[2] 参阅松本三之介編『明治文学全集：37　政教社文学集』、東京：筑摩書房、1980 年版。

[3] 福澤諭吉「脱亜論」、『時事新報』明治十八年三月十六日（1885 年 3 月 16 日）、芝原拓自・猪飼隆明・池田正博校注『日本近代思想大系：12　対外観』、東京：岩波書店、1988 年版、第 312–314 頁。

主张应在中国与列强之间解决朝鲜半岛问题。1892 年以后，福泽谕吉建议废止《天津条约》并主张日本应握有主导权，同时认为应以日本为中心在朝鲜半岛实施改革。1894 年，朝鲜东学党之乱扩大，福泽谕吉立即倡导早期出兵论，7 月 24 日提出开战主张。甲午战争爆发以后，福泽谕吉全面支持战争，并称其为“文明与野蛮的战争”。❶

其实，“文明与野蛮”是明治时期日本人对日本与同时代中国的典型论调。福泽谕吉早在 1875 年 8 月出版的《文明论概略》中，就把世界的文明分为“最上的文明国”（欧洲诸国及美利坚合众国），“半开之国”（土耳其、中国、日本等亚洲诸国），“野蛮之国”（非洲及澳洲等）三类，称：“以上就是人类必定要经历的阶段，也可称之为文明的年龄。……文明并非死物，而是有运动，有前进的。因为有运动有前进，所以必然要经历一定的顺序和阶段。……也就是从野蛮进到半开，从半开进到文明。即便是文明，现在也正处于进步之中。”❷ 他主张采纳西洋文明、成为“文明国”才是日本走向独立的正道——显然，福泽谕吉的上述思想是站在典型的进步史观之上的。此外，福泽谕吉还论述了吸收文明的顺序是把“难以追寻的内在精神”置于前，把“容易吸收的表面事物”放于后。

福泽谕吉还认为，中国在周代末期诸侯的割据之势下，尚有“人心的振奋和自由的风气”，而自秦始皇统一天下后，长期实行专制政治，只崇孔孟之教，因而中国人的思想是贫困的；日本则不同，在中古武士执政时代以后，逐渐打破了社会原来的结构，人们开始认识到“至尊”与“至强”的区别，自然产生了一股自由的风气，因此要比中国更容易吸收西洋文明。❸

除福泽谕吉之外，著名的日本基督教徒内村鉴三在 1894 年 8 月用英文发表的《Justification of the Korean War》一文中，表达了如下见解：“我们深信甲午战争对我们来说实是一场‘义’战，所谓‘义’并非只是法律上的‘义’，同时还是伦理之‘义’。”❹ 此外，该文中还随处可见“中国是社交律之破坏者，人情之敌害，野蛮主义之保护者也”“日本是东方进步

---

❶ 福澤諭吉「日清の戦争は文野の戦争なり」、『時事新報』1894 年 7 月 29 日、慶応義塾編纂『福澤諭吉全集』（第 14 巻）、東京：岩波書店、1961 年版、第 491 頁。

❷ 福泽谕吉：《文明论概略》，北京编译社译，商务印书馆，2019，第 9-11 页。

❸ 福泽谕吉：《文明论概略》，北京编译社译，商务印书馆，2019，第 16-18 页。

❹ 『国民之友』明治二十七年八月二十三日（1894 年 8 月 23 日）。日本語訳タイトル「日清戦争の義」明治二十七年九月三日（1894 年 9 月 3 日）。

主义的战士”“进步大敌的中华帝国”等语句，而最后的结尾则是“我们应判定‘朝鲜战争’是‘义’战……我们的目的在于促使中国警醒，为了实现我们的天职，使他们和我们一道致力于‘东方的改革’。我们应为永久的‘和平’而战”。❶

内村鉴三的这些主张并非突然形成。他在《日本国之天职》中，就从地理学、民族特征以及历史等方面提出日本帝国的天职是“在东西两岸之间，作为中间人把物理器械发达的欧美国家介绍给亚洲，以进取的西洋开化保守的东方，这便是我所坚信的日本帝国的天职”。❷ 内村鉴三在甲午战争两个月前发表的《地理学考》一文，也是以日本在世界上的天职为主题展开论述。甲午战争爆发之后的 7 月 27 日，也就是发表上述“义战论”的约一个月前，内村鉴三在《国民新闻》上发表了题为《从世界历史来论日支关系》的文章，其中也申述了上述主张。该文开头便主张日本与中国的冲突，是代表新文明的小国与代表旧文明的大国之间的冲突，并将甲午战争比喻成希波战争，强调甲午战争是改革中国弊政的“正义之战”，为东方的“新文明”打下了基石。❸

此外，《大阪朝日新闻》1894 年 10 月 7 日刊载的社论《所谓文明与野蛮之战》称，日本受中国文明影响很深，因而帮助汉人（清政府）攘夷，可以说是为人道而行讨伐。❹ 时任日本外交大臣的陆奥宗光（1844—1897）也在《蹇蹇录》中称，甲午战争应是西欧新文明与东亚旧文明之间的冲突，这是甲午战争爆发时期日本对亚洲认识的典型言论。

不过，甲午战争爆发以后，内村鉴三看透了日本对于中国和朝鲜的野心，不久便通过《日清战争的目的何在》❺ 一文对甲午战争的“义”表示

---

❶ 『国民之友』明治二十七年八月二十三日（1894 年 8 月 23 日）。日本語訳タイトル「日清戦争の義」明治二十七年九月三日（1894 年 9 月 3 日）。

❷ 『六合雜誌』明治二十五年四月十五日（1892 年 4 月 15 日）。

❸ 内村鑑三「世界歴史に徴して日支の関係を論ず」、『国民之友』明治二十七年七月二十七日（1894 年 7 月 27 日）。希波战争，又称波斯战争，是对公元前 499 年至公元前 449 年波斯帝国与希腊城邦之间爆发的一系列战争的统称。战争以希腊联军获胜、波斯战败而告结束。

❹ 内藤湖南研究会编：《内藤湖南的世界：亚洲再生的思想》，马彪、胡宝华、张学锋等译，三秦出版社，2005，第 80 页。

❺ 『国民之友』明治二十七年十月三日（1894 年 10 月 3 日）。

怀疑。接下来在《时势观察》[1]《世界的日本》[2]中，内村鉴三尖锐地批判了甲午战争爆发以后日本整个国家及社会日益膨胀的态度。此后，黑岩泪香（1862—1920）主持的《万朝报》拉开了批判日本政府的阵势，而在1904年10月，内村鉴三、幸德秋水（1871—1911）、堺利彦等人一起从《万朝报》辞职，原因就在于他们对日俄开战表示支持。

第二节　志贺重昂的对外认识

一、何谓国粹主义

日本的国粹主义，一般是指明治二十年代初至甲午战争时期国粹主义者的思想。国粹主义不是某个特定人物的一家之言，而是一个拥有共同价值观的集团性思想。这个集团包括政教社以及报纸《日本》的同人。按照出身，可将国粹主义者大致分为三类。

第一类是哲学馆出身的国粹主义者。哲学馆建立于1887年（明治二十年），以井上圆了为核心聚集了加贺秀一、岛地默雷、辰巳小次郎、三宅雪岭、杉江辅人、棚桥一郎等成员，他们都是东京大学的同学。第二类是东京英语学校出身的国粹主义者。东京英语学校建立于1885年（明治十八年），由杉浦重刚、增岛六一郎、千头清臣、松下丈吉、宫崎道正、谷田部梅吉等发起，外加今外三郎、菊池熊太郎、志贺重昂、辰巳小次郎、杉江辅人、棚桥一郎。其中，菊池熊太郎、志贺重昂是谷田部梅吉担任札幌农学校教授时的学生。札幌农学校于1872年设址东京，因为日本对北海道的“开拓”而于1875年正式迁入札幌。它在当时与东京大学齐名，是日本仅有的两所可以颁发学士学位的教育机构。第三类是司法省学校出身的国粹主义者，陆羯南、福本日南、国分青厓等是司法省学校的同学，又都是因不满学校伙食闹事而受到退学处分的好朋友。其中，陆羯南、福

---

[1] 『国民之友』明治二十九年八月十五日（1896年8月15日）。
[2] 『世界之日本』明治二十九年九月十日（1896年9月10日）。

本日南结成政教社，以杂志《日本人》为舞台开展思想言论活动，其他人则与国友重章、柴四郎（笔名“东海散士”）、正冈子规等以报纸《日本》为思想阵地。

《日本人》的名称据传是由三宅雪岭选定，政教社一名则由宫崎道正拟成。[1] 需要特别指出的是，国粹主义者身后的强有力支撑，一个是由杉浦重刚、小村寿太郎于 1886 年发起的印刷机构乾坤社，成员包括宫崎道正、谷田部梅吉、千头清臣、岩谷立太郎、平贺义美、长谷川芳之助、高桥健三、谷口直贞、中村弥六、河上谨一、伊藤新六郎、西村贞、福富孝季、国府寺新作、手岛精一、高桥茂；另一个是以谷干城、鸟尾小弥太为核心成员的保守中正派。佐藤能丸认为，1887 年政教社的结成、1884 年 4 月其机关杂志《日本人》的创刊以及与政教社具有同盟关系的报纸《日本》之前身《东京电报》的正式创刊，是国粹主义步入日本思想言论界的标志。[2]

国粹主义是对抹杀世界文明多样性、差异性的欧化风潮的反抗。对于何谓“国粹”，明治思想家的观点不尽相同，但他们基本认同国粹的特征是日本民族在漫长的历史岁月中形成的政治、经济、地理、文化观念的总和。明治思想家观点的共性，在于主张国粹是每个国家以及国民自身的特性，强调发扬国粹就是对世界文明的贡献。而且，他们认为只有各国人民各自发挥自身文化的特点，世界才能获得发展。在此意义上，日本也应该毫无保留地发扬自身的国粹。

政教社之所以在明治二十年代登上思想论坛，其直接原因是政教社以杂志《日本人》和报纸《日本》为言论阵地，批判鹿鸣馆式的欧化主义风潮。不过，政教社同人并不是一味地否定欧化，他们对待欧化的认识也不仅仅是依照欧化与国粹、西洋与日本的二元认识模式。鹿鸣馆是明治政府以实现修改条约为目的而迅速导入西欧先进国家制度的产物，即明治政府把国家的文物制度视为完成对外课题的手段，是一种以政府为主导的价值观念的体现。政教社提倡的国粹保存主义中的“国粹”，是一个从历史、文化、生活等角度组合的综合概念。另外，政教社的国粹保存主义对外强

---

[1] 松本三之介編『明治文学全集：37　政教社文学集』、東京：筑摩書房、1980 年版、第 422 頁。

[2] 参阅佐藤能丸『明治ナショナリズムの研究：政教社の成立とその周辺』、東京：芙蓉書房、1998 年版。

调国家独立，但是同时远离政府中心主义而充实国民自主的精神、文化与生活，注重内在的文明开化。

综上所述，日本的国粹主义是日本民族和文化特性的自我表达，是在全盘西化浪潮中沉默的传统面向世界的一次发声。因此，日本国粹主义思想的本身就是明治时期思想家对于西欧思想的理解、对于国际形势判断的综合反映。换言之，明治时期的国粹主义者对于当时国际世界的认识，也是探讨其国粹主义思想特质的有效线索。

二、志贺重昂对于“国粹”的理解

《日本人》的主笔是志贺重昂，他在创刊号卷首发表了《〈日本人〉怀抱旨意告白》一文，旗帜鲜明地表明了政教社“国粹保存”的立场。志贺重昂称，“国粹”的概念相当于英语中的“nationality”，因而日本的国粹是指通过日本的地理、风土、景观，习惯、历史等各个方面表现出来的日本民族的民族性。《日本人》杂志的立场就是保存、继承、培养、发扬这种“国粹”，同时构成政教社同人进退去留的行为准则。

志贺重昂在《日本人》杂志创刊之际表明的立场——“国粹保存”具备以下三个特点。

第一，政教社同人所言的“国粹”概念与后来国粹主义提倡的“天皇统治大义”、天皇的“神圣”性与“万世一系”性等政治意识形态色彩不同，是指日本民族在漫长的历史岁月中形成的政治、经济、地理、文化观念的总和。例如，志贺重昂在《〈日本人〉怀抱旨意告白》一文中对“国粹”进行如下说明：

> 盖这般所谓国粹，适应顺从日本国土存在万般围外物之感化与化学反应，以此孕育、生产、成长、发达，且与大和民族间千古万古遗传化醇，终保存至当代，愈促致奖励发育成长，以大和民族现在未来之间进化改良标准为基本，正是顺从适应生物学大原则。❶

志贺重昂在此所言的“国粹”的形成过程是一种对日本民族生活空间

---

❶　志賀重昂「『日本人』が懐抱する処の旨義を告白す」、松本三之介編『明治文学全集：37　政教社文学集』、東京：筑摩書房、1980年版、第99-100頁。

的适应方式，以及对日本民族特质的遗传与进化过程。志贺重昂出身于札幌农学校，与其具有相同背景的政教社成员还有宫崎道正、菊池熊太郎、今外三郎，从生物学角度来定义“国粹”的方式，或许与他们的农学教育经历有一定联系。另外，与他们经历不同的三宅雪岭，对于“国粹”则给出另一种解释。三宅雪岭在《真善美日本人》中说道：“汇集不同境遇不同经验中之极多不同事理，剖析异同，甄别是非，以归趋至大道理，乃真极要道。”❶ 三宅雪岭重视的是经验式、实证式的理解方式。志贺重昂与三宅雪岭的理解方式虽然各有不同，但都远离政治色彩，正是因为如此，“国粹保存”在后来被称为“国粹彰显”。不过，二者均不同于神道学者神秘式的理解方式。志贺重昂说道：“予辈虽亦稍解事理为何物，然未曾效仿所谓国学学家流之口吻，漫陈神国、神州、天孙等文字。”❷

第二，政教社提倡的“国粹保存”“国粹彰显”，是一种基于日本民族独特性的自发表现，也是一种自我主张的表达。不过，他们的国粹主义也具有面向世界开放的特点。三宅雪岭在《真善美日本人》中说：“为自国尽力乃为世界尽力，发扬民种特色乃裨辅人类之化育，护国与博爱岂有冲突?”❸ 三宅雪岭的话表明其认为“国粹彰显”是保卫国家的一种手段，与尊重世界上其他民族的博爱精神并不冲突，是一种开放的保护本国民族特性的态度。志贺重昂也说道：“予辈以国粹为进退去留之标准，非以力与宇内大势相牴牾，乃随正流以处诸般境遇。”❹同样，志贺重昂也强调面向世界的开放态度，认为与宇内大势协调并进才是“正流”。

第三，政教社是以明治政府全盘西化的反抗者之身份登上思想舞台的，不过相较于幕末攘夷论者的态度，他们对保存日本民族特性的主张更为现实和灵活。笔者在前文分别详细介绍过以后期水户学派学者会泽正志斋的《新论》和儒教攘夷论者大桥讷庵的《辟邪小言》为代表的攘夷思想，政教社的思想与这二者的不同之处在于，其并不否认西欧文明的先进性，但在意引进方式与接受态度。

---

❶ 三宅雪嶺「真善美日本人」、柳田泉編『明治文学全集：33　三宅雪嶺集』、東京：筑摩書房、1967 年版、第 207 頁。

❷❹ 志賀重昂「『日本人』が懐抱する処の旨義を告白す」、松本三之介編『明治文学全集：37　政教社文学集』、東京：筑摩書房、1980 年版、第 100–101 頁。

❸ 柳田泉編『明治文学全集：33　三宅雪嶺集』、東京：筑摩書房、1967 年版、第 200 頁。

三、文明开化观

1895年6月13日，志贺重昂在《东京朝日新闻》上发表了题为《所谓文明之本色如何》的文章，阐述其对于文明的看法。

> 虽文明二字于社会传播已久，然世间几人果真正了解何为文明？余辈虽不敢自负真正了解，乃陈述余辈之所见，欲文学于广阔江湖。夫仪式世间流行文明开化之症候，如涂漆之建筑，未必可称真文明之兆，今日少有慧眼业已识之。如铁道、汽车、电信、电话等物资设备，固为文明之利器无异，然不可以强称文明之本色。惟形式上完成制度文物等无形设备，亦不可称为文明之本色。所谓文明在于乘其利用之益及除其滥用之弊，由此论评真文明之意义，遂所得结果必有不满者。
>
> 当此国家多事之日，虽此平淡无味之说甚未贴切，今后世界列国交涉益趋频繁，误解此文明真意或生毫厘千里之差，故余辈今日提出此平凡问题亦毫无踌躇。据余所见，所谓文明之弊先于社会传播流毒其甚如何，无疑增进人类社会幸福本为文明之目的，其中衣食住之改良为最切实，各人争美尽其美，人情难免。然不由正当方法手段得之，弊害尤甚，其数难免。察今日现况，此弊害已现出骄奢之风，其排除甚为必要。[1]

上文分析了“国粹”在志贺重昂“文化论”中的中心地位。而且，志贺重昂指出，并非只有日本强调国粹对于文化保存的重要性，西欧各国的“国粹”也无一例外地承担了开化的重任。在志贺重昂看来，“开化”不是一个绝对的过程，它需要与各国的国情相适应，于是便有了“希腊的开化”“罗马的开化”“英国的开化”“日本的开化”等融入各国“国粹”的特色开化。

关于日本的“开化”，当时有一种论调叫“打破日本分子论”，即主张“日本将来的大经纶应该是悉数打破日本原有的旧分子，并且用泰西新分

[1] 志賀重昂「所謂文明の本色如何」、松本三之介編『明治文学全集：37　政教社文学集』、東京：筑摩書房、1980年版、第28頁。

子进行替换。"❶ 志贺重昂在《〈日本人〉怀抱旨意告白》中斥责这种主张完全抛弃了日本传统，认为追求泰西文明的"打破日本分子论"是荒诞的。他说，如果通过数学理解"打破日本分子论"，那么后进国日本之开化可用数字"1、2、3、4"表示，而西洋之开化则可用数字"1、2、3、4、5、6、7、8、9、10"表示，所以"打破日本分子论"是提倡直接把西洋开化的"10"输入日本。然而，殊不知悉数打破日本原有的分子后，日本就变成了"0"，而骤然输入西洋开化的"10"的话，从"0"飞跃到"10"的中间必将会生出大大的空隙，不免会因其根底基础脆弱而有倒塌崩溃的危险。因此，反而不如从"1、2、3、4"逐渐递增引进，慢慢达到"5、6、7、8、9、10"，通过此举实现的开化安全又牢固。❷

志贺重昂批判"打破日本分子论"，称其为"涂抹旨义"。他说："何谓涂抹旨义？就是以泰西开化为营养物，以日本国土为身体饮食之，而非咀嚼消化并同化于日本国土之内。"❸ 志贺重昂对于日本开化的态度，不是"眩惑于彼之西洋开化，如舔其糟粕"，❹ 而是具有"日本开化"的特点。用他的话来说就是"予辈非彻头彻尾保存日本固有之旧分子，意欲维持旧元素，只主张输入泰西开化时，以日本国粹为胃咀嚼之消化之，同化于日本身体内。"❺

志贺重昂还以世界历史上各国以本国"国粹"作为消化器官选择性吸收他国文明的事例，佐证自己的上述观点。在谈到欧洲文物典章制度的源头——希腊的开化问题时，志贺重昂总结道："希腊的开化如何？希腊的'赫林'民族以自身固有的国粹消化和同化了自芬尼西亚引进的文明开化，创立了一种所谓特殊的'希腊的开化'；罗马的开化如何？罗马的罗甸民族以自身的国粹消化和同化了自希腊引进的文明开化，创立了一种所谓特殊的"罗马的开化"；法国的开化是法兰克民族以固有的天性模仿罗马的文物资料，铸造了一种开化的方式；英国的开化如何？以国粹为基础，以罗甸、日耳曼为素材，以此重新建筑而成。因此，我日本也应该以我国粹为精神和骨髓，以此作为大和民族现在未来变化改良的基本标准，而后输

---

❶❷❸❹❺ 志賀重昂「『日本人』が懷抱する処の旨義を告白す」、松本三之介編『明治文学全集：37　政教社文学集』、東京：筑摩書房、1980 年版、第 100－102 頁。

入他国之长处妙处，创立所谓‘日本的开化’。❶

结合志贺重昂对日本开化和国粹的理解可知，在他眼里，日本的国粹是引进西洋文明的基本标准，发挥着过滤作用。而且，志贺重昂运用人类历史上的开化事例，表明其观点——人类的发展和历史的进步并不是单一的形式，而是由个别的、独特的文化呈现的多元共存的样式组成。志贺重昂的观点既不同于幕末攘夷论者，也不同于主张“东洋道德、西洋艺术”的开国论者。他承认西欧文明对于日本实现文明开化有积极作用，因此并不排除引进西欧文明，但是应该以日本民族的文化为土壤，吸收和消化外来文明，使之成为日本文明的一部分。换言之，如果日本是一个人，那么国粹就相当于这个人的胃，是消化外来食物的器官，只有经过吸收之后，外来食物才能被内化成身体的有机组成部分，成为对身体有用的物质。志贺重昂强调，所谓“开化”并不只有一种模式，“希腊的开化”“罗马的开化”“法国的开化”“英国的开化”以及“日本的开化”，各自的承担者都是各国的“国粹”。

从这个意义上来说，志贺重昂此时对于“国粹”与文明开化的阐述，可以说很好地概括并代表了明治时期日本人面对外来先进文化的态度。日本文化具有一种良好的消化功能，无论是对中国唐朝的律令制度、宋明朝的理学，还是室町时期引入的南蛮文化，又或者是明治时期的西欧文明，都无一例外地能拿来为己所用，而且在这种吸收消化过程中，并未失去本来的特色。

四、志贺重昂的地理学与国粹主义

志贺重昂在倡导“国粹保存”运动的同时，也开始认真研究地理学。1888年4月18日，《日本人》第二期刊登了他的《〈日本人〉怀抱旨意告白》，他在开篇就热情地赞美了日本风景的秀丽卓绝。

> 圆锥形的镇火山，秀然拔海而出，屹立一万余仞，千年万年冰雪皑皑堆积其峰岭，实乃富士之峰，而几多山系相互绵延，插翠空横碧云，远眺宛如一幅活画。人不知不觉养成美术观念，而且渐次发达，

---

❶ 志賀重昂「『日本人』が懐抱する処の旨義を告白す」、松本三之介編『明治文学全集：37　政教社文学集』、東京：筑摩書房、1980年版、第101-102頁。

> 盖非偶然也。又，我日本海岛点缀温带圈中央，其沿岸均之处受温暖潮流洗涤，气候和煦，风土润泽，此处樱花烂漫，与旭日交相辉映之处，两只丹顶鹤翩翩翱翔其间，观此情此景，人自然养成优雅温婉高尚之观念。❶

显然，这篇文章是以《日本人》杂志宣扬的“国粹主义”为中心，但是志贺重昂从富士山、樱花等自然风景以及日本海岛所处的地理位置、气候着手，首先论述了日本地理风景的优美，以此作为大和民族“国粹”的存在基础。因此，可以说志贺重昂的地理学与国粹主义思想是一体的，相互不可分割。

无独有偶，志贺重昂在1897年1月出版的讲义录《地理学》中说道：“教育家、政治家、事业家、宗教家等，无论男女，无论是谁，只要是日本人就必须掌握和运用地理学知识，四千七百万人头脑需要清楚地了解世界形势和列国的兵备贸易，从而知道一切事物的得失利害，四千七百万地理学者化身四千七百万外交家，倘若发生万一，也不至于狼狈周章，未雨绸缪以保全国家之体面。”❷ 志贺重昂认为，地理学一定能够为日本人“很好地掌握世界万国形势”服务，而当时全日本的四千七百万人，每个人自觉地掌握和运用地理学知识都与国家独立、国家实力、国家体面息息相关。一个人在从“国民”到“外交家”的转变过程中，不仅需要地理学知识，更需要开放的世界视野与对“一身独立”之于“一国独立”意义的认识。

志贺重昂地理学对于日本人的世界认识以及国民性的形成具有重要的影响。在他去世以后，山崎直方在《悼念志贺重昂君》一文中评价其在学界中的功绩“其实在于地理学的民众化与国民化”❸。大正时期的思想家吉野作造在《志贺重昂先生》一文中回忆道：“先生的地理学研究对我们青

---

❶ 志賀重昂「『日本人』が懷抱する処の旨義を告白す」、松本三之介編『明治文学全集：37 政教社文学集』、東京：筑摩書房、1980年版、第99頁。

❷ 志賀重昂「地理学」、志賀重昂全集刊行会编『志賀重昂全集』（第4卷）、東京：志賀重昂全集刊行会、1929年版、第287頁。

❸ 山崎直方「志賀重昂を弔す」、志賀重昂全集刊行会编『志賀重昂全集』（第8卷）、東京：志賀重昂全集刊行会、1929年版、第225頁。

年时代的国民理想提供了深刻的启示。”[1]

志贺重昂的地理学与国粹主义具有深刻的联系。他认为地理学虽然在日本国民形成世界认识的过程中具有重要作用，但是并非唯一的作用，他同样强调日本国民自我认识的重要性。在他看来，日本风土地貌等地理学要素是日本国粹的重要成因，所以“国粹”是日本人在长期自然与社会生活中的产物，在日本人自我认识中也占据相当重要的地位。研究日本的地理学，就是研究在这个地理环境中生活的日本人。对此，志贺重昂说道：“人生于土地之上，死于土地之上，在土地上的生活形成了历史，简而言之，土地是人类生活至今的原动力，同时也是人类的活动舞台，而且是独一无二的舞台。因此，土地与人类不可分离，不同意‘土地与人类关系’的说法而欲使其分离的话，最终也不能将其分离。”[2]

志贺重昂强调人与土地的不可分离性，所以在他看来，日本是岛国，国民气质自然与大陆国家的不同。1894 年 10 月 24 日，政教社出版了志贺重昂的《日本风景论》，收获好评连连。《日本风景论》也是明治时期少有的长盛不衰的畅销书。截至 1903 年，志贺重昂对其间发行的每一版《日本风景论》都进行了增订修改，修改次数多达 15 次。1894 年 7 月，日本挑起了与中国的战争。在这种战争氛围之中，志贺重昂借助《日本风景论》抛出了自己的日本文化论。他在绪论中引用“江山洵美是吾乡”，认为人世间无人不夸耀自己的家乡秀美。自不待言，《日本风景论》就是志贺重昂对于日本风景秀美的夸耀之作，与《日本人》杂志宣扬的思想保持了统一论调。志贺重昂在其中“日本气候、海流多变多样”的部分，指出：

> 盖日本国中到处存在松柏科植物，足以涵养日本国民气象。日本人均以樱花为国民性情代表，樱花美亦佳，奈何早早飘零惹人怜惜，忽而烂漫，忽而飘落，不能抗风抗雨，狼藉碾作春泥，不足以代表日本人性情。松柏科植物不然，独自经历隆冬不曾凋落，其身躯直耸入

---

[1] 吉野作造「志賀重昂先生」、志賀重昂全集刊行会编『志賀重昂全集』（第 8 巻）、東京：志賀重昂全集刊行会、1929 年版、第 229 頁。

[2] 志賀重昂「地理学」、志賀重昂全集刊行会编『志賀重昂全集』（第 4 巻）、東京：志賀重昂全集刊行会、1929 年版、第 348 頁。

> 天，枝叶负担数千钧重量，孤风凛冽，自守扶持，节操高迈，超绝其他庸庸植物之上，其态度调和几何学与美术学，无人不惊叹于其品望之高雅。思松柏耸立入天之本性，而其根所托土壤量少，亦敢逆四围之境遇。假令其干不能冲天，亦不减豪气，虽断垣绝壁石面棱层，且扎根其中，树干枝叶四时抵抗劲风，其他生平竞艳献媚软弱植物尽数枯死，独坚持生存。而以斧伐之，亦毫不留恋昂然赴死，非其他花木所能企及，足为日本人性情之一标准。❶

志贺重昂从节操、豪气、对待死亡的态度等方面比较樱花与松柏科植物，批判了本居宣长之后日本以樱花作为国民性情代表的看法，认为松柏科植物的坚忍不拔与铮铮傲骨才符合日本国民性的特征，于是提出日本不应被称为“樱花的国度”，而应该冠以“松国”的名称。❷ 志贺重昂从自身札幌农学校的经历出发，站在地理学的角度论述自然地理环境对于一国国民性情的影响，称日本“江山洵美，动植物种类繁多，是过去、现在、未来涵养日本人审美心之原动力。忽视此原动力如同忽视日本未来人文启发一般。”❸ 因此，为了启发日本的人文精神，志贺重昂力主保护日本的风景。

志贺重昂一方面强调日本风景的独特性，另一方面对比日本与朝鲜和中国，企图进一步突出日本风景的优越性。在“日本风景与朝鲜、中国风景之比较”的部分，他对日本的火山岩之多颇感自豪：

> 回想火山岩与地皮皲缩之际，热气挥霍，激怒暴然自表土喷出，喷出溶石接触外气收缩，故其状槎牙重复，如裂似缺，或刻削如壁，或斧凿如柱，谲奇变幻不可具状，日本表土五分之一实系此岩，可知日本方物原本謷拔秀俊。❹

❶ 志賀重昂「日本風景論」、松本三之介編『明治文学全集：37　政教社文学集』、東京：筑摩書房、1980年版、第7頁。

❷ 志賀重昂「日本風景論」、松本三之介編『明治文学全集：37　政教社文学集』、東京：筑摩書房、1980年版、第8頁。

❸ 志賀重昂「日本風景論」、松本三之介編『明治文学全集：37　政教社文学集』、東京：筑摩書房、1980年版、第87頁。

❹ 志賀重昂「日本風景論」、松本三之介編『明治文学全集：37　政教社文学集』、東京：筑摩書房、1980年版、第25-26頁。

然后，他对于朝鲜与中国的地貌如此写道：

> 盖朝鲜多系原始期、太古期地质，火山岩甚少。中国北方一片系第四纪地层，平坦水成岩绵延四万二千方里（日本全面积之一点七倍多），称为“黄土”，黄河浊浪汪汪，蜿蜒其间，注入黄海，满眼皆黄色，其中无一山一峰耸起，其风物单一同样，实令行客倦怠。……其南方十之七八系太古期、中古纪岩石，此亦平凡无奇，而森林经几千年滥伐，少巨木高树之幽邃（四川省、扬子江上流除外），仅同薯蓣一样，以假形山水呈现眼前，所谓卧游聊以自慰，素不如火山岩国日本景象所到之处皆警拔秀俊。[1]

由上可知，志贺重昂刻意对日本、朝鲜与中国的地质情况进行区分，认为中国北方黄土大地风景单调，黄河蜿蜒其中毫无风情，南方森林植被流失，山水不足为奇，只能“卧游”其中，不像日本处处都是奇风异景。实际上，中国国土广袤，各种地形地貌荟萃，南方秀美清丽，北方辽阔壮美。所以，志贺重昂对于朝鲜和中国风景的贬低，其实是为肯定日本做铺垫。因为他的目的在于从地理上“凸显”日本之于中国和朝鲜的优势。

在甲午战争正酣之际，日本国内如内村鉴三等反对战争的有识之士，就对《日本风景论》进行严厉批判。内村鉴三写作的一篇题为《志贺重昂氏所著〈日本风景论〉》的文章，批评了志贺重昂从地理学的角度宣扬日本文化优越性的做法。内村鉴三甚至称志贺重昂为日本的拉斯金（John Ruskin，1819—1900）。内村鉴三认为《日本风景论》虽然确实足以成为“近代名著”，但他讥讽主张“国粹保存论”的志贺重昂为“纯粹的日本人”，痛击其提出世界之美均在日本的夸张说法。[2]

值得注意的是，为了突出日本风景在其心中的优越性，志贺重昂不惜贬低朝鲜与中国，还借助欧美人的口吻，列举日本特色的十二种风景，强调“这是欧美人在自己国家都看不到”[3]的风景。虽然志贺重昂主张日本

---

[1] 志賀重昂「日本風景論」、松本三之介編『明治文学全集：37　政教社文学集』、東京：筑摩書房、1980年版、第25-26頁。

[2] 南博：《日本人论：从明治维新到现代》，邱琡雯译，广西师范大学出版社，2007，第37页。

[3] 志賀重昂「日本風景論」、松本三之介編『明治文学全集：37　政教社文学集』、東京：筑摩書房、1980年版、第24頁。

的风景优于东洋国家，但是对西洋国家却不尽然，而且他强调的是日本与西方国家的相似性而非独特性。志贺重昂对于东西方风景的差别叙述，一方面与当时日本为取得与欧美国家的对等地位而强调自身具有的文明“普遍性”有关，另一方面与当时日本为达到对朝鲜和中国不可告人的目的而强调自身具有的文明“特殊性（优越性）”有关。其实，志贺重昂对于世界各国风景的态度，与当时日本人对待“文明”的态度具有惊人的一致性，或者说“风景”与“地理”在国粹主义者眼里只不过是追赶西洋、蔑视东洋的表达方式而已。

志贺重昂忽视社会历史的影响，特别强调自然地理因素对于一国国民性形成的重要性，以抑朝鲜与中国，而扬日本之风物。虽然其立论角度与同时期的福泽谕吉、德富苏峰不同，但是他们的共同点在于均将日本尊奉为亚洲的领导者，认为“帮助”亚洲走向文明进步乃日本的“天职”，是一种典型的美化侵略战争的言论。

志贺重昂在写《日本风景论》之前，曾经游历太平洋诸岛和夏威夷、澳大利亚、新西兰等当时遭到殖民统治的地区和国家，所以他写作《日本风景论》的初衷，正好与日本对从被殖民到殖民的地位转变的期待具有一致性。在“寄语钻研亚细亚大陆地质的日本地学家”部分，志贺重昂写道：“这本应该放在《日本风景论》的结尾部分”“日本是亚细亚先驱国，开发亚细亚人文乃日本人之天职”。[1] 这里的表述可谓志贺重昂对其地理学性质的露骨表达。

在日本有“国民作家”美誉的司马辽太郎，曾经于20世纪70年代出版了长篇历史小说《坂上之云》，获得空前的好评。小说以1904—1905年的日俄战争为表现对象，意在刻画为了追赶西方国家这朵“坂上之云”而奋起的日本人的精神面貌。小说展现的精神气质与20世纪70年代的日本努力摆脱第二次世界大战失败的阴影、试图重回发达国家行列的时代氛围不谋而合，作品因此长盛不衰。的确，日俄战争的胜利对于日本的意义巨大，让日本人进入自信心无比“膨胀”的时期。1910年，志贺重昂重游欧美，但此时日本与欧美的相似性已经不在他的议论范围之内。他气定神闲

[1] 志賀重昂「日本風景論」、松本三之介編『明治文学全集：37　政教社文学集』、東京：筑摩書房、1980年版、第88頁。

地把木曾川与莱茵河、信州的湖泊与瑞士的湖泊相提并论。❶ 由此可见，时代的课题催生了时代的精神，而引领社会思潮的思想家的言论就是对时代课题的积极回应。后人在历史中寻找思想家的思想碎片，试图以此重现远去的时代风貌。这也是重新思考和讨论历史的意义所在。

第三节　三宅雪岭的对外认识

众所周知，“国粹”与“欧化”是对立的姿态，但是“国粹”的内容不仅涉及日本应该如何吸收西洋文明的问题，还涉及日本人应该如何认识自身传统的问题。因为，对外认识归根结底是一个自我认识的问题。换言之，对“国粹主义”的探讨只有从国粹主义者的世界认识与自我认识两方面进行，才有可能揭示国粹主义的思想特质。或者说，只有厘清国粹主义者的自我认识，才能更加深刻地理解其对外认识的内涵。以下，笔者就以三宅雪岭的作品文本为例，分析其中蕴含的对外认识。

一、三宅雪岭与《日本人》

三宅雪岭生于加贺藩（今日本石川县金泽市）的医生家庭，曾学习过汉学与英文。1875 年和 1876 年先后进入爱知英语学校和开成学校学习。1883 年从东京大学文学部哲学专业毕业。大学期间受教于外山正一和外国教授费诺罗萨，接受了西方哲学思想，其中以加勒尔与斯宾塞的国家有机体学说对其产生的影响最大。大学毕业后，三宅雪岭以文学部准助教授（准副教授）的身份从事日本佛教史书籍的研究和编撰工作。1886 年，东京大学改称为帝国大学，其下属的编修所被移入日本文部省。三宅雪岭因此被转入文部省的编辑局，但在一年半后辞职。其后他在东京专门学校（今早稻田大学）担任哲学讲师，教授西洋哲学史等课程。1887 年，因为“知道了官厅的弊病，决心不应再就官职”❷，三宅雪岭再度辞职，此后终

❶　船曳建夫：《“新日本人论”十二讲》，蔡敦达译，华东师范大学出版社，2011，第 23 页。

❷　日本近代思想史研究会：《日本近代思想史》（第 2 卷），李民、贾纯、华夏等译，商务印书馆，1991，第 21 页。

身以在野身份活跃于日本思想言论界。

三宅雪岭在《谈自己》（1938）一文中回顾了自己创办《日本人》杂志的动机："本人在大学三年，文部省一年半，直到明治二十一年，和同志们一起创办了《日本人》。一方面由于高官嬉戏于鹿鸣馆，丑声外溢，受到刺激；另一方面政府执行"保安条例"，见枯芒而惊为幽灵，为其狼狈相所动，感到过于不成体统，认为必须有所表示。"❶

由此可见，三宅雪岭对于藩阀政府倡导的鹿鸣馆欧化风潮感到非常忧心，又对日本政府在1887年12月25日颁布的"保安条例"中抑制言论自由的做法深感不满。对于政府的"外柔内刚"政策，三宅雪岭认为"必须有所表示"，于是与同道人一起创办《日本人》杂志以"发扬国粹"。1914年，三宅雪岭出版了《明治思想小史》一书，并在其中详细介绍了自己创立《日本人》的原因，强调日本政府在内政外交方面都必须考虑国家的立场，由此可见当时国粹主义者的国权主义立场。

> 明治二十一年祭祀神武天皇时，出现一份杂志，提倡保存国粹。旋即感到"保存"不够适当，遂改为发扬；当时保存国粹这个名词已在社会上广泛传播，便决定照旧通用。显然，这么做并非出于熟悉当时的详情，而是反抗政府的外柔内刚，想到内政外交都必须考虑国家本身的立场。以前奔走于政界者，并未受过正规教育，上过大学而出入于早稻田者，也是当学校的教员。而新出身于国立学校者，却对政府表示出反抗的态度，因而对社会有些刺激。而国粹言论之所以迅速广泛散播开来，是由于政府的措施到处碰壁，业已形成势必有所转变的时机。❷

二、三宅雪岭的对外认识

（一）东西哲学思想互动

三宅雪岭在1889年出版了《哲学涓滴》一书。船山信一在《明治哲学思

---

❶ 日本近代思想史研究会：《日本近代思想史》（第2卷），李民、贾纯、华夏等译，商务印书馆，1991，第17页。

❷ 日本近代思想史研究会：《日本近代思想史》（第2卷），李民、贾纯、华夏等译，商务印书馆，1991，第19-20页。

想史研究》中评论该书作为“成于日本人自身之手的最早的近世哲学史”❶，足见三宅雪岭在日本哲学思想史上的重要地位。三宅雪岭在《哲学涓滴》第一部第四章“东洋哲学和西洋哲学”的起首写道：“东洋西洋各有优劣”，继而又写道：“东洋哲学与中国、印度、波斯、犹太、埃及等相关，西洋哲学与希腊、罗马、英伦、德意志、法兰西、意大利等相关，东洋最重要的是儒道佛三教，足以与西洋各派学理抗衡。”❷ 三宅雪岭在此强调东洋与西洋各有优劣，东洋哲学足以与西洋哲学抗衡，肯定了以儒道佛为中心的东方文化的价值。

三宅雪岭认为，哲学界国土三分，中国哲学以情为主，印度哲学以意为主，欧洲哲学以智为主，都有存在的理由。❸ 东洋哲学受到轻视，并非因为其缺乏作为哲学的本体，而是因为其学问缺乏体系性的说明，因此才落后于世界哲学。❹

在《哲学涓滴》问世的4年后，三宅雪岭又出版了《王阳明》（1893）一书。1893年正值日本社会盛行西风之时，三宅雪岭在此时出版此书，也是试图从日本文化的母体——中国思想文化中选取代表性思想家，说明“东洋哲学本身也具备作为世界哲学的价值和意义，东洋哲人中也有可以比肩西洋近代康德、谢林、黑格尔、叔本华的大家。”❺ 可以说，《王阳明》“是日本近代历史中，采用西方新的研究方法研究中国思想的早期代表性之作。”❻ 换言之，三宅雪岭此时已经自觉运用西洋的思维和研究方法对东方哲学（家）进行体系性的说明。这一点具有重要的历史意义。

《王阳明》的出版意义，不仅在于三宅雪岭对东洋哲学和东洋文化的肯定，而且在于他对王阳明“知行合一”治学态度的推崇，还在于他试图

---

❶ 王守华：《明治二十年代的国民主义》，载卞崇道、藤田正胜、高坂史郎主编《中日共同研究：东亚近代哲学的意义》，沈阳出版社，2002，第108页。

❷ 三宅雪嶺「哲学涓滴」、柳田泉編『明治文学全集：33　三宅雪嶺集』、東京：筑摩書房、1967年版、第150頁。

❸ 三宅雪嶺「哲学涓滴」、柳田泉編『明治文学全集：33　三宅雪嶺集』、東京：筑摩書房、1967年版、第151頁。

❹ 三宅雪嶺「哲学涓滴」、柳田泉編『明治文学全集：33　三宅雪嶺集』、東京：筑摩書房、1967年版、第424頁。

❺ 三宅雪嶺「哲学涓滴」、柳田泉編『明治文学全集：33　三宅雪嶺集』、東京：筑摩書房、1967年版、第427頁。

❻ 李庆：《日本汉学史》（第1部），上海人民出版社，2010，第380页。

通过汉学研究抵抗日本国内万事万物皆以西洋为上的思想风气。可以说，明治日本思想界综合运用儒教资源与西洋的研究方法来抵抗西洋思想的做法，在思想资源上与德川时代的儒学存在延续性，在“方法”上具有新颖性。

由上可知，三宅雪岭的思想认识具有将东西方思想融会贯通的特点。这在其著作《宇宙》（1909）中得到更为充分的体现。三宅雪岭在《宇宙》的第一篇《见地》中，强调运用科学观察与哲学思考，运用从可知到不可知的类的推发，由此可见其对斯宾塞思想的汲取与运用；第二篇《原生界》强调从宇宙观我，是客观的观点；第三篇《副生界》，主要以宇宙的一部分——人类赖以生存的地球为中心，讨论物种起源、矿物、植物、动物、人类等现象。第四篇《意识》，分析了人类的精神生活；第五篇《浑一观》，从整体上探讨宇宙的精神活动、知情意的作用以及贯彻其中的真善美的理想。

三宅雪岭运用其哲学训练与汉学素养阐述了自身的宇宙认识，他说：“宇宙是一个巨大的生物，宇宙与人类的关系，宛如人与细胞的关系，人是宇宙的一分子，或直接或间接地来自宇宙”。[1] 如图 3－1 所示，在《宇宙》一书中，三宅雪岭的视点不断移动，得出宇宙具有大生命的结论。也就是说，他借助近代科学的观察方法，由客观入手，逐渐聚焦人类本身对整个宇宙的哲学思考，认为人类生活的终极意义在于追求和实现真善美。

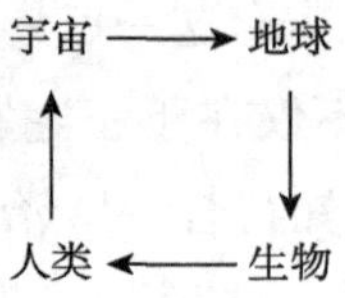

图 3－1　三宅雪岭《宇宙》中的宇宙关系图

（二）对同时代中国与朝鲜的认识

1890 年（明治二十三年）3 月 18 日、4 月 3 日与 4 月 18 日，三宅雪岭在《日本人》杂志上连续刊登了《亚细亚经纶策》系列文章，阐述自身

[1] 三宅雪嶺「宇宙」、柳田泉編『明治文学全集：33　三宅雪嶺集』、東京：筑摩書房、1967 年版、第 34－36 頁。

对于“亚细亚”的“经纶”。他在文章中称，日本要与西洋文明国家对抗，就有必要对西邻中国清政府的改革加以指导。中国过去曾是先进的文明国家，但历经长期的统一以及安定，已经疏于接受和吸收其他文化，由此堕落成一个自以为是、抱残守缺的旧大国。

三宅雪岭在此并没有否定中国古代的学问和文化，但又认为这些只是先人圣哲留下的遗产，并且指出不论在无形之中还是有形之上都有接受西洋文明的必要。这就是三宅雪岭的“东西文化融合论”。三宅雪岭对中国有较强的警戒心，认为中国作为日本的“竞争者”，资源丰富，人口众多，尤其在生丝产业方面与日本存在竞争关系。他分析清政府的改革，称“如果没有接受西洋无形的思想文化并将其消化吸收的体力，那么有形而先进的利器就绝不能发挥卫国的作用”。❶ 此外，如“在民情风俗如中国这样的国家建立整齐的法律以及严厉的条令，决非那些臭味相投的士人所能办到的，这些只有外国人才能独自承担”❷ 之语，都表明了其对于清政府态度的自负与野心。

在《亚细亚经纶策》的最后，三宅雪岭阐述了其设想的日本人的政策：“经略中国事务者最重要的是应兼具文明的精神和野蛮的身体，欧美人一般是不能承受身体和精神痛苦的”“如果兼具上述两个特点，并成长于东洋的风教之下，作为一个在东西文明冲突所激起的革命骇浪中奋勇搏击的勇士，出现在竞争的世界时，胜利就绝不会为那些远来的金发碧眼之客所摘走”“这里有东方的一国。……且人多地狭，……应把对故国的眷恋之情藏在心中，早日离开绝望的口岸，乘长风朝着那充满希望的海洋出航”，等等。❸ 由此可见三宅雪岭对于同时代中国应开展积极政策的主张。

在《日本的朝鲜政略》❹ 中，三宅雪岭回顾了三韩以来日朝之间的密切关系，并反问道：“如果俄国将兄弟朝鲜纳入它的保护国，我们对此能同意吗?”“如果法国宣称将比利时纳入自己的保护国，那么即便是英国的和平主义运动家也不得不主张宣战论。”而“我们与朝鲜的关系更为亲密。”在结尾处，三宅雪岭还说道：“亚洲事物应由亚洲人适当处理。日本

---

❶❷　三宅雪嶺「亜細亜経綸策」、『日本人』明治二十三年三月十八日（1890 年 3 月 18 日）。

❸　三宅雪嶺「亜細亜経綸策」、『日本人』明治二十三年四月十八日（1890 年 4 月 18 日）。

❹　『日本人』明治二十三年十一月二十五日（1890 年 11 月 25 日）。

人与亚洲事物紧密相连，这源于日本人的天职，所以应将国家政策的根本以及外交的基础毅然置于此处，以此来推行宏远千秋的经略，这才是眼下最为重要的。”

三、三宅雪岭对日本的认识

笔者在前文叙述了志贺重昂对于“国粹主义”的理解，阐述了其文明开化观和对世界的认识。三宅雪岭与志贺重昂同属政教社，但是因其与志贺重昂的经历不同，三宅雪岭对于“国粹”给出另一种理解方式。他在《真善美日本人》中写道：“汇集不同境遇、不同经验之中的极多不同事理，剖析异同，甄别是非，以归趋至大道理，乃真极要道。”❶ 对于国粹主义，三宅雪岭采取的是经验式、实证式的理解方式。

《真善美日本人》出版于1891年3月，三宅雪岭在书前的“凡例”中写道：“为自国尽力就是为世界尽力，发挥民族人种特色就是裨益辅助人类之化育，护国与博爱没有冲突。本书读者必须明了此理。”❷ 三宅雪岭认为，发扬民族精神与促进世界文明、保护国家与人类博爱具有一致性，试图化解西洋文明的普遍性与日本文明特殊性之间认识的对立。他在“凡例”中接着写道：

> 世间所谓国家主义者，果欲振作整个国家的势力，余固然赞同。然倘若附和部分德意志学者，以为现存政府具备全能要素，余决不能赞同。尝询问板垣翁，翁云持国家主义乃胸怀全体国家者，余愿附国是之名大为赞同。本书读者务必明了此意。❸

因此，可以说三宅雪岭的国粹主义挣脱了认为护国与博爱相互对立的狭隘的国粹主义思想，又与接受德国思想、主张政府是最大主体的官僚国家主义不同。明治政府接受德国思想，走上普鲁士—德意志帝国模式的典型事例，莫过于1889年2月11日《大日本帝国宪法》（通称“明治宪

---

❶ 柳田泉「解題」、柳田泉編『明治文学全集：33　三宅雪嶺集』、東京：筑摩書房、1967年版、第201頁。

❷ 三宅雪嶺「真善美日本人」、柳田泉編『明治文学全集：33　三宅雪嶺集』、東京：筑摩書房、1967年版、第200–201頁。

❸ 三宅雪嶺「真善美日本人」、柳田泉編『明治文学全集：33　三宅雪嶺集』、東京：筑摩書房、1967年版、第201頁。

法”）的颁布。就在宪法颁布的当天，伊藤博文被天皇授予旭日大桐花勋章，足见其在宪法制定过程中的重要作用。作为“明治宪法之父”的伊藤博文，撰写了《帝国宪法义解》，阐述《大日本帝国宪法》具有基于“皇权神授”思想、强调“天皇主权”以及根据“人体机能”理论“多权分立”的特点。❶ 对此，三宅雪岭撰写了《评〈大日本帝国宪法〉》《评伊藤伯著〈帝国宪法义解〉》等文章，严厉批判明治官僚的国家主义。

《真善美日本人》共分为日本人的本质、日本人的能力、日本人的任务三大部分。首先，三宅雪岭阐述了日本国家的来历。他说日本“早在年代不详之神秘《古事记》出现之前，生殖栖息，分合扩大，以致现今无忧无虑之四千万情爱兄弟，岁月悠久，境遇千种万样，陶冶酝酿，渐成日本国家之形”“斯如历史悠久之日本国家分子之人，乃日本人也。”❷ 三宅雪岭把日本人形容为日本国家有机组成部分的说法，不禁令人联想起其在东京大学学习时受到加勒尔与斯宾塞的国家有机体说的影响。

其次，三宅雪岭认为，为保持国家独立，日本应该取长补短，向欧美白人学习。他说：“如今欧美势力强盛，所向无敌，假以时日将泛滥日本，惟泯灭旧之特色，发挥自身特长。所谓极真极善极美，能否毫发无损？自然冥冥之中运用其不可测势力，在亚细亚诸国接踵败亡之际，绝海之东丛尔岛国屹然独立得称日本帝国，是故运用其特色乎？毫无疑问，日本人应大力发挥自身特长，弥补白人缺陷，担负向极真极美极善圆满幸福世界迈进之一大任务。”❸

最后，三宅雪岭认为，日本人担负着向极真极善极美圆满幸福世界迈进的重大任务，所以应该对自身的能力进行深刻的自我反省。在“日本人的能力”部分，他对日本人与欧美人进行比较，批判了“欧美人种优秀说”，认为日本人在欧美人面前不应该妄自菲薄，更不应该盲目崇拜外国人。三宅雪岭主张，不仅应该学习欧美的“工艺学术、制度文物”，而且应该摒弃外国人优秀论的迷信，发扬日本民族特性。❹

---

❶ 参阅伊藤博文：《日本帝国宪法义解》，牛仲君译，中国法制出版社，2011。

❷ 三宅雪嶺「真善美日本人」、柳田泉編『明治文学全集：33　三宅雪嶺集』、東京：筑摩書房、1967 年版、第 202 頁。

❸❹ 三宅雪嶺「真善美日本人」、柳田泉編『明治文学全集：33　三宅雪嶺集』、東京：筑摩書房、1967 年版、第 203-204 頁。

那么，三宅雪岭又是如何理解“真善美”的呢，笔者以下将对此进行论述。

第一，关于“真”，三宅雪岭写道：“从整体上探究世界知识，自不待言，日本人尚不具备这种能力。但是一个国家自有一个国家的特长，而且一个国家自有一个国家的职分（职责），日本人应该特别探求学术，日本人应该以求真为职分”。[1]日本人应该研究东洋史迹、东洋典籍并向亚细亚大陆派遣学术探险队，进行生物学、地质学、人类学等研究，而且日本具有成为“东方亚历山大的希望”。[2]

第二，三宅雪岭认为，“极善必须首先认识正义”，而“自主发扬正义需要抛开权力差别共赴平等”，也就是说，“实行正义必须要相互权力平等”，接着他写道：“敢问我们日本现代势力，果真拥有保持权衡均衡、对抗海外诸强国伸张正义之实力？抑或不然”。[3]三宅雪岭说：“有论者动辄比较海外诸强国与我国势力，以皮毛论之，彼我势力差距显著，战战兢兢望彼之后尘而凄然者不在少数。欧洲诸强国其兵员于我十倍尚且有余，其军舰数目于我十倍尚且有余，加之将帅聪明、兵士勇敢、操练精熟、兵器锐利，人亦无不感叹不能克之”。[4]

那么，日本今日以本国势力保全国家人民的出路何在呢？“两刃之下，两虎之间，常恐投身其间危险，逡巡退缩，莫如自保其身。”“以我国今日势力保全二万五千里面积与四千万人口而患其不足，不可晏然放心。千八百五十一年万国大博览会号称和平，讴歌四海兄弟永远太平实乃表象。不久俄英法间、清英法间、澳意法间、德法间不告而起大战乱。安南既无，缅甸尽失，思彼念此，军备扩张，日益为之乃不得已之事。”[5]三宅雪岭从世界形势出发，认为世界各国表面号称四海兄弟，倡导爱好和平，顷刻之间便毫无征兆地爆发战争，争夺殖民地，从而得出日本必须更加致力于扩张军备的结论。

---

[1][2][3] 三宅雪嶺「真善美日本人」、柳田泉編『明治文学全集：33　三宅雪嶺集』、東京：筑摩書房、1967年版、第209-211頁。

[4] 三宅雪嶺「真善美日本人」、柳田泉編『明治文学全集：33　三宅雪嶺集』、東京：筑摩書房、1967年版、第211-212頁。

[5] 三宅雪嶺「真善美日本人」、柳田泉編『明治文学全集：33　三宅雪嶺集』、東京：筑摩書房、1967年版、第213頁。

三宅雪岭在善以及追求极善的思想中，从善出发阐述了正义的必要性，接着从正义引发了对于日本与欧美诸国实力的讨论，最后得出日本应该走上振兴产业、扩张军备的道路。从而可知，三宅雪岭作为政教社国粹主义的重镇，其出发点是为了对抗欧化提倡发扬日本国粹，但是为了最终能与欧美列强对抗，却转向强调发展军备的军事扩张论调，似乎脱离了其彰显“国粹”的基本立场。值得注意的是，三宅雪岭曾经撰文猛烈地批评了以伊藤博文为首的德国流的国家主义者，殊不知其本身的论调与官方乃“殊途同归”。

第三，三宅雪岭论述了他的“极美”理论。在三宅雪岭眼里，“盖我日本气候温和、风物清纯，回望三笠山月水天高、通淡路岛之千岛声朗水波呼应”❶，奇特绝妙，少有可以超越或与之相媲美的风景。当然，日本的美不仅在于风光明媚，而且在于优美的山水之中孕育和培养的日本人对于美的感受的能力。三宅雪岭举例说明：“试看其收入不足以糊口之一家，虽妻儿饥寒，入室观之墙壁张贴锦绘，插花亦随四季变化，更甚者吹笛、三弦、歌舞亦无不能。”❷ 三宅雪岭还进一步说明富裕人家的日常生活情趣雅致，器具精致华美，从而说明生活在日本特殊风土中的日本人，无论贫穷与富有，均拥有良好的生活情趣与艺术鉴赏能力。接着，三宅雪岭自然而然地提到了日本古代美术之发达，寺院建筑、雕刻等技艺之高超，“与希腊相比也不居于下风”❸。三宅雪岭还以伯乐与千里马的关系说明日本美术与日本人认识之间的关系。常言道“千里马常有而伯乐不常有”。三宅雪岭认为，日本美术虽然优秀，但是缺乏能够欣赏和认识到这一点的人，所以他主张，日本人应该重新认识日本美术的繁荣和优秀。

需要说明的是，三宅雪岭所言的“美术”，其实应该是广义上的“艺术”。他对“美术”的阐述范围从自然风光到日常生活，再到建筑、雕刻、绘画等方面，其实涉及的是广义的艺术领域。三宅雪岭还把日本的艺术归纳为“轻妙”二字，并自称这是对日本人特有才能的一种抽象性概括。这似乎可以进一步佐证三宅雪岭所言的“美术”实乃“艺术”。另外，三宅

---

❶ 三宅雪嶺「真善美日本人」、柳田泉編『明治文学全集：33　三宅雪嶺集』、東京：筑摩書房、1967 年版、第 216 頁。

❷❸ 三宅雪嶺「真善美日本人」、柳田泉編『明治文学全集：33　三宅雪嶺集』、東京：筑摩書房、1967 年版、第 216–217 頁。

雪岭提出，具备轻妙特色的日本艺术可以与世界范围内其他各国优秀的艺术相媲美，强调这也是“日益散布于宇内，此亦追求人类极美之一种手段。”❶ 从这个角度来说，三宅雪岭在世界范围内宣扬以日本古代美术为代表的日本艺术的思想，似乎与其以彰显“国粹”来对抗欧化风潮的初衷非常契合。

综上所述，《真善美日本人》是三宅雪岭融合历史视野与哲学思考的作品。它针对日本国民迷失于自上而下推行的“欧化”风潮而催生的丧失自信、盲目尊外的社会风气，运用国家有机体学说，基于每个日本人都是日本这个国家有机体的一分子的说法，一扫萦绕在日本人心理上的迷雾，在思想上对“真正”的日本人进行了统合。在此基础上，三宅雪岭从欧洲人种与日本人种角度出发，驳斥了欧美人种优秀说，强调日本虽然目前落后于欧美，但是日本人具备追赶欧美强国的能力。这是对当时丧失自信的日本人的极大鼓励。

在阐述日本的任务时，三宅雪岭则从宇宙人类论切入论述。因为他认为人类的活动原理是进化论，所以在追求人类的理想时应该追求极致的真善美。日本人既然身为人类整体的有机组成部分，也应该加入追求真善美理想的队伍当中，因为这不仅有助于人类整体的文明开化，而且能彰显日本的“国粹”，发挥日本民族的特色，即所谓的“护国与博爱并无冲突”。但是，考虑到明治二十年代的世界形势，为继续保持日本能够屹然独立于亚洲边陲之东海一隅，三宅雪岭认为日本人应该充分发挥自身的能力，从而提出日本人应追求真善美的三大任务。

倘若简要概括三宅雪岭对于真善美的理解，即极真就是要特别追求学术，运用西洋的科学方法把日本塑造成一个科学的国家；极善就是追求正义，以求在世界大国夹击包围的国际环境中求得一席之地，而振兴产业、扩充军备是提升本国实力、以求自保的不二法门；极美就是应该重新认识日本古代美术的独特与优秀，充分领略日本艺术“轻妙”的特点，并在世界范围内与他国优秀的艺术一较高低，而这也是极美——追求人类文明开化的手段之一。可以说，三宅雪岭在《真善美日本人》中阐述的观点具备

---

❶ 三宅雪嶺「真善美日本人」、柳田泉編『明治文学全集：33　三宅雪嶺集』、東京：筑摩書房、1967年版、第220頁。

以下三个特点。

第一，书中对于真、善、美的思考，遵循了宇宙、国家、人类理想的思考路径，这一点与其在《哲学涓滴》中的逻辑一致。

第二，书中对于真——学习西方的科学精神，善——扩张军备以伸张正义，美——认识日本古老美术和发现日本艺术之“美”的论述，基本可看作是明治二十年代以前日本对于西洋文明的学习、思考与反思的缩影。

第三，三宅雪岭对于“真善美”的阐述，尤其对于“善”的论述，似乎与其曾经批判的德国流的国家主义一致，背离了其作为一名国粹主义者的基本立场，而其对于“美”的论述，又似在强调其自身彰显“国粹”的身份与作用。二者看似有些矛盾，但其实不然。因为明治二十年代的国粹主义反对的是表面的“欧化”，并不反对吸收西方文明，而且希望日本人能够从精神方面进行内在的欧化。所以，在野的国粹主义者与掌权的国家主义者在“欧化”的目的方面，即与西洋列强抗衡的目标上具有一致性。

第四节　陆羯南的对外认识

一、陆羯南对外认识的基本出发点

> 福地、福泽时代渐行渐远，后辈才俊记者勃兴，新闻出版行业新陈代谢。中有文坛将星三人，德富苏峰、朝比奈碌堂、陆羯南是也。❶

著名的明治人物评论家鸟谷部春汀在 1896 年 3 月的《三报纸记者》中做出如上评价。在明治后半期的思想言论界中，以政论见长的莫过于陆羯南。他以报纸《日本》为言论基地开展了一系列活动，获得了广泛的关注。陆羯南在开展言论活动之前曾经就职于内阁官报局，翻译并且出版过法语书籍。不过，此时他的才华只在很小的范围内获得认可。据说在陆羯南被内阁官报局次长高桥健三提拔为《东京电报》主笔时，平田东助（时

❶ 鳥谷部春汀『春汀全集』(第 2 卷)、東京：博文館、1909 年版、第 269 頁。

任内阁法制局部长）感到非常惊讶，说道："陆是那么有才华的人吗？"❶

陆羯南，出生于弘前在府町（今日本青森县弘前市），其父为弘前藩士中田谦斋。1871 年，陆羯南进入工藤他山私塾学习汉学，两年后进入东奥义塾开始接受西式教育；1874 年，进入宫城师范学校学习；1876 年，进入司法省学校勤学苦读，却因抗议伙食事件与原敬、加藤恒忠、国分青厓、福本日南等受退学处分。其后，陆羯南辗转青森报社、北海道纹别制糖所，1881 年赴东京从事了一段时间法语翻译工作。1883 年 6 月，陆羯南进入文书局担任太政官御用挂。1885 年 12 月，日本创立了内阁制度，陆羯南随之担任内阁官报局编辑课长。1888 年 3 月，陆羯南辞职并离开官场，次月出任《东京电报》主笔兼社长。

陆羯南离开政界投身新闻业的原因与前一年反对修改条约运动有关。陆羯南在晚年回忆时说，在谷干城辞任农商务大臣，"保安条例"发布后，"余抱有加入浪人中间之念头，语之高桥君（健三），此时恰逢今农商务大臣曾祢荒助氏任官报局长，余向高桥君请获自由身，后与谷陨山氏等谋划《东京电报》刊行之事。"❷

《东京电报》创刊时得到谷干城的支持，其前身是《商业电报》，归陆羯南在官报局任职时的局长青木贞三所有。不过，《东京电报》曾由于经营不善而陷入即将倒闭的困境，但凭借高桥健三与福富孝季等人的努力，于 1888 年年末开始计划更名为《日本》。谷干城与其同乡福富孝季认为，"报纸在将来愈发必要"，所以谋求创办《日本》。❸

《日本》于 1890 年 10 月刊载了一篇题为《报纸记者》❹ 的文章，表明了陆羯南作为一名记者的基本立场。陆羯南在文中批判了当时的一些从属于党派、专门为扩大党派势力服务的机关报纸，以及"没有一定的见识，纯粹只是为了获得更多的读者而贩卖印刷报告"的营利性报纸。在他眼里，只有"具备一定的见识、代表或发挥舆论导向作用的报纸"才称得上

---

❶ 「政教社回顧座談会」、『日本及日本人』昭和十三年（1938）四月号。

❷ 陸羯南「自恃庵の書柬」、『陸羯南全集』（第 9 巻）、東京：みすず書房、1975 年版、第 630 頁。

❸ 陸羯南「臨淵言行録の首に題す」、『陸羯南全集』（第 9 巻）、東京：みすず書房、1975 年版、第 654 頁。

❹ 松本三之介編『明治文学全集：37　政教社文学集』、東京：筑摩書房、1980 年版、第 158 頁。

是独立报纸。因此，记者的“见识”与“节义”显得格外重要。陆羯南特别强调，报纸原本就不应以世人的喜好为目的。陆羯南对于报纸的信念被严格贯彻在《日本》的办报方针之中。鸟谷部春汀在评价《日本》时说：“其纸面与陆羯南理念完全吻合，宛如陆羯南人格之异彩，报纸《日本》亦为文化事业大放异彩”。❶

1887年7月，以谷干城辞任农商务大臣为契机开始的反对井上馨条约修改方案的运动，因为日本政府宣布与各国谈判延期以及井上馨辞去外务大臣职务而趋于平静。但是，1889年6月，《日本》登载了大限重信提出的条约修改方案，并批判其与此前井上馨的方案大同小异，使得一度趋于平静的反对修改条约运动再次高涨，甚至引发了针对大限重信的炸弹袭击事件。三宅雪岭在回忆录中说：“陆君最活跃的时期在修改条约期间，当时他可以与人一边谈话一边写文章，运笔飞快，晚年时感叹再不能奋笔疾书。”❷

陆羯南通过一系列的言论活动，起到了影响修改条约的政治效果。大限重信遭遇炸弹袭击的事件，一方面使得日本政府认识到“无视舆论已不可能取得外交的成功，就这一点说来，大限事件具有划时代意义”。❸另一方面该事件使得舆论先锋陆羯南深深地认识到内治与外政的相互关联，即对外问题能影响内治，并且内治的政治目标是外政方针的基础。

修改条约问题，在陆羯南看来是一项“国家问题”，其结果“明显增强了民间政党的势力”❹，同时刹住了“官尊民卑的风气”，催生了“人民自主的风气”❺。在谈论甲午战争期间日本国内政治状况时，陆羯南评论道：“不仅是官民一致，在萨长氏族中加入了文治武断的平衡，甚至有元勋之流。1895年（明治二十八年）的春天出现了一个理想的帝国”“（明治）二十七

❶ 鳥谷部春汀『春汀全集』（第2巻）、東京：博文館、1909年版、第366頁。

❷ 三宅雪嶺「陸羯南の面影」、『陸羯南全集』（第10巻）、東京：みすず書房、1985年版、第209頁。

❸ 信夫清三郎：《日本外交史》（上册），天津社会科学院日本问题研究所译，商务印书馆，1992，第232页。

❹ 陸羯南「政党及び政党内閣（一）」、『陸羯南全集』（第2巻）、東京：みすず書房、1968年版、第289頁。

❺ 陸羯南「革新の時期（一）」、『陸羯南全集』（第2巻）、東京：みすず書房、1968年版、第320頁。

八年或是我国宪政史上发生空前绝后壮美奇观的时期。”[1]

陆羯南对于日本国内各派合流、一致对外的情形赞不绝口，但对于日本全国一致发动的侵略战争丝毫没有反省之心。他已经充分认识到对外问题对于国内政治的影响力。不仅如此，陆羯南还认识到，是自己的思想言论引导了舆论导向，刺激了国内政治的走向，于是自觉地涉及对外问题。他坦白自己提起“厉行现行条约”的动机是为了“告别内讧即官民纷争的时代”状况。[2] 在甲午战争爆发之际，陆羯南说：“外部刺激乃破除内部私情的希望”。[3] 由此可以看出，陆羯南的思考逻辑，即外交问题是解决日本国内政治矛盾的有效手段，因此要鼓吹对外侵略战争的合法性。明治三十年代以后，陆羯南一方面猛烈批判立宪政治，尤其是政党政治，另一方面加入东亚同文会、国民同盟会等。他对对外问题的深入参与，与其对内治外政的思考逻辑不无联系。

陆羯南非常清楚对外问题对于当时日本国内政治的作用，即对外问题的政治功能。尽管陆羯南一生都在深入探讨对外问题，但是通过自己的思想言论给予国内政治刺激，并不是其最终目标。在陆羯南眼里，世界各国的对外政策“皆为内治之必要”，他们增强军备并非要夺取他国，而在于“要求殖民地、扩大贸易范围，以保内治安宁”。[4] 可以说，“内治安宁”是陆羯南对外认识的基本出发点，其相关对外言论内容的中心正在于此。换言之，随着日本国际地位的变化，陆羯南对外言论的态度与战略也发生变化，谋求“国利民福”即谋求“国民”福祉，始终被贯彻于其外政观点当中。

二、陆羯南与国民主义

对于“nationality”一词，志贺重昂将其翻译为“国粹”，陆羯南则称之为“国民主义”。“nationality”以“nation”（国民）为基础，不同于其

---

[1] 陸羯南「吾が立憲政記略（八）」、『陸羯南全集』（第10卷）、東京：みすず書房、1985年版、第386頁。

[2] 陸羯南「国家論の程度」、『陸羯南全集』（第10卷）、東京：みすず書房、1985年版、第134頁。

[3] 陸羯南「情実時代の再現」、『陸羯南全集』（第10卷）、東京：みすず書房、1985年版、第177-178頁。

[4] 陸羯南「国是問題」、『陸羯南全集』（第2卷）、東京：みすず書房、1968年版、第641頁。

他国民，具有独立性与特殊性的性格。[1]“国民主义”的内涵是“于内国民统一、于外国民独立”。“国民”具有“在历史上发展形成的特有性格”[2]，也就是说是在“一国特有的文化”[3]基础上形成的一种文化共同体。文化决定了一个国家的特有性格，包括“语言、风俗、血统、习惯、与其他国民进退时相适的制度法律等”。[4]在陆羯南眼里，一国文化上的同质性即使不能保障其政治上的统一性，但是“只要文化生活的统一性得到巩固，国民便会自然滋生自负心，政治生活因此得以统一巩固”。[5]

陆羯南确信，倘若国民没有独立性，则国民观念无法成立。为此，他对政治和文化予以严格区分。一方面，陆羯南在政治上主张接受普遍性，认为立宪体制等西欧政治制度具有普遍性，作为有机的组织对于国民国家的统一不可或缺，倡导积极引入欧美制度，但是这种普遍性的事物终究不过徒具制度外形，其内容必须依据本国固有的历史。另一方面，陆羯南在文化上主张维护独立性，认为任何国民都具有历史发展而来的固有的特征，如将其破坏，则国民的观念无法存立，文化的独立性才是“国民自负心”的依据。如此一来，历史形成的文化特性和国家政治独立紧密结合，使得国民和国家都被认为是深植于历史之中。

此外，他认为“国民主义”衍生出“我国、我国的权利、名誉、利益”等概念，构成了“爱国心”“国民的自负心”的基础。正因为如此，在国际关系方面，陆羯南主张一个国家的文化应该以保证“自主独立的国权”为前提。因此，“倘若一国文化受到他国感化，完全失去本国特有性格，其国民便失去自主独立的基础。”[6]陆羯南认为，一个国家受到外国的文化统治比政治统治的后果要严重许多。因为，即使一个国家在政治上受到他国支配，只要国家的精神内核——文化共同体尚存，这个国家便依然

---

[1][2] 陸羯南「日本文明進歩の岐路（一）」、『陸羯南全集』（第1卷）、東京：みすず書房、1968年版、第397頁。

[3] 陸羯南「日本文明進歩の岐路（一）」、『陸羯南全集』（第1卷）、東京：みすず書房、1968年版、第398頁。

[4] 陸羯南「日本文明進歩の岐路（一）」、『陸羯南全集』（第1卷）、東京：みすず書房、1968年版、第399頁。

[5] 陸羯南「世界理想と国民的観念（二）」、『陸羯南全集』（第2卷）、東京：みすず書房、1968年版、第371頁。

[6] 陸羯南「日本文明進歩の岐路（二）」、『陸羯南全集』（第1卷）、東京：みすず書房、1968年版、第398頁。

拥有重新振作的能量。但是，如果一个国家受到他国文化的支配，那么这个国家就完全失去了内在凝聚力，根本没有雄起的机会。陆羯南的这种思考也贯彻在其撰写的《国际论》中，强调要防范“心理的蚕食”。

从陆羯南阐述的“国民统一”与“国民独立”内涵，可以看出其反对修改条约方案的动机。修改条约方案包括遵循“西洋主义”的法令法规和任用外国人为审判官等内容，陆羯南担心因此失去“国民”的基础——“本国特有”的文化。他对于任用外国人为审判官一事也持相同的态度，说“不只是损失了司法权，将不得已成为社交上的先例”❶，其实也是担心会因此影响日本国民的精神。

陆羯南以“国民主义”作为反对修改条约的思想理论，不禁令人想到幕末时期主张反对一切外来文明的“攘夷论”。有学者批判陆羯南的“国民主义”是一种攘夷论，因与“国民主义”具有某种共性而受到人们欢迎。对此，陆羯南在《近世政论考》中表示自己为受到“偏见愚陋之徒的喜爱”❷而深感忧虑，因为他的“国民主义”不是一种绝对排外的思想。于是，陆羯南屡番强调其“国民主义”是近代世界的一种普遍现象，与西欧社会强调的“博爱主义”“四海同胞主义”绝不矛盾。

首先，他援引德国法学家伯伦知理的“国民主义是建立近世国家的基础”的理论作为“国民主义”的立论依据。强调“国民主义”并非日本特有的思想主张，而是“近世列国竞争时代的一大潮流。”❸在《近世政论考》中，陆羯南简单地介绍了欧洲“国民主义”的形成历史，指出欧洲的国民主义“非但不是排他论派，反而是博爱论派。”“反抗我国国民论派的欧化主义，犹如反抗他国国民论派的法国压制❹一般”，极力主张日本的“国民主义”没有违背世界潮流。❺也就是说，陆羯南一方面从伯伦知理的理论中寻找日本“国民主义”的普遍性依据，另一方面又以世界潮流作为日本“国民主义”正当性的依据。

---

❶ 陸羯南「続外国人論」、『陸羯南全集』（第2卷）、東京：みすず書房、1968年版、第145頁。

❷ 陸羯南「近時政論考」、『陸羯南全集』（第1卷）、東京：みすず書房、1968年版、第64頁。

❸ 陸羯南「日本文明進步の岐路（二）」、『陸羯南全集』（第1卷）、東京：みすず書房、1968年版、第398頁。

❹ 指拿破仑战争时代。

❺ 陸羯南「近時政論考」、『陸羯南全集』（第1卷）、東京：みすず書房、1968年版、第66頁。

其次，陆羯南又在《世界的理想与国民的观念》一文中反复驳斥“国民主义”与普遍理念矛盾的问题。他的观点可以概括为“国民主义”承认“世界理想”的高尚性，并且以未来为目标，继而论断两者并无矛盾。只是，明治日本应该以“国民的观念”为优先。从这个角度上来说，“国民的观念”是“达成世界理想的前进道路”❶。陆羯南认为，明治日本应以“国民观念”为优先的原因有两点：第一点是虽然世界上的各国表面上都在讴歌“世界理想”，但暗地里都以“国民的自负心”为行动指南；第二点是受到日本当时所处的国际地位的制约。

关于第一点，陆羯南叙述道：“观（世界列国）对待劣等邦国之表现，少见博爱之宗旨，多见凌辱其他后进国。且求合于所谓博爱者，多偏惠小信，不见真世界理想。其中独美国为少见之侠义国家，亦难越各国而一意孤行”。❷ 陆羯南认为，导致上述现象出现的理由主要在于本来国际社会的组织原则就不是以“个人”为单位，而是以“国民”为单位，“国民的自负心”，即“爱国心”是“国民”形成“国家”这种共同体的思想基础。❸换言之，各国都是为了各自国民的利益而行动，因此形成这种世界状况也是理所当然的事情。联系笔者在前文阐述的陆羯南以国民福祉为国家政治最终目的的观点，不难理解陆羯南对于“国民意志”正当性的强调：国家遵循“国民意志”行动具备正当性，只要是国民的意志，国家就应该以此为行动的依据并可以忽略其带来的后果，比如对其他国家的侵略和殖民。

关于第二点，陆羯南认为日本的“独立”依旧处于不安定的状态，但这并非意味着日本有沦落为殖民地的可能。他说：“吾辈绝不妄信日本将轻易沦落为彼等殖民地”❹，但因为日本人缺乏“文化共同体”意义上的“国民”意识，“国民”面临着崩塌的危险。此外，陆羯南也意识到日本在世界范围内难免沦为“贫穷”国家的境遇。陆羯南认为，“贫穷”国家在自身尚未在国际上站稳脚跟之时谈论高尚的“世界理想”，无异于痴人说

❶ 陸羯南「世界理想と国民的観念（二）」、『陸羯南全集』（第2巻）、東京：みすず書房、1968年版、第373頁。

❷ 陸羯南「世界理想と国民的観念（一）」、『陸羯南全集』（第2巻）、東京：みすず書房、1968年版、第370–371頁。

❸ 陸羯南「世界理想と国民的観念（一）（二）」、『陸羯南全集』（第2巻）、東京：みすず書房、1968年版、第371–372頁。

❹ 陸羯南「国是問題」、『陸羯南全集』（第2巻）、東京：みすず書房、1968年版、第641頁。

梦，并进一步举例说明，“犹如脂肪多的肉类本来于人类营养有益，但胃弱之人食之反而于其健康有害”，于是他警告说：“其（世界理想）目的未曾前进半步，瞬间自家存立之地尽失”。❶ 与此同时，陆羯南极力宣传其“国民主义”思想，“同胞国民之权利福祉且不能保，何谈世界人类？”❷

倘若说陆羯南的“国民主义”不仅没有排他思想，反而以“独立”为国家的正当权利，倒不如说他将“独立”理解为“自卫”的正当手段。陆羯南否定了“国民主义”中的侵略性动机，“家族、部落、国家等各种共同生活体，其特立之本来目的是要破彼等博爱之道、针对害他之外敌，不以害他为目的。”❸ 此外，他又把自身的“国民主义”与西洋各国的“侵略性国民主义”进行了区分。

> 今日和平是武器维持的和平，今日公法是以实力守护的公法。立此世局、此形势，意欲保全一国独立生活，则非以国民精神之觉醒，保持国民权利、名誉、利益之力不可。故吾辈所谓国民主义绝非彼等自觉文明富强诸大国所持侵略的国民主义，乃公法上公认之自卫的国民主义。❹

总而言之，陆羯南以反对修改条约方案为契机抛出的“国民主义”，从修改条约对一个国家独立的基础——“本国特有”的文化基础的危害性出发，形成了保护“国民”共同体的思想理论。陆羯南的“nationalism”思想，是以修改条约为问题意识，强调与西洋列强“侵略性国民主义”的区别，以一国的“独立”与“自卫”为目标的思想理论。

“国民主义”思想理论中隐含了陆羯南对于国际秩序的看法。陆羯南认为，国民论派是“对世界各国民对等权利的认识”，这种权利与国家间

---

❶ 陸羯南「世界理想と国民的観念（三）」、『陸羯南全集』（第2巻）、東京：みすず書房、1968年版、第373頁。

❷ 陸羯南「国民的建国」、『陸羯南全集』（第2巻）、東京：みすず書房、1968年版、第705頁。

❸ 陸羯南「世界理想と国民的観念（三）」、『陸羯南全集』（第2巻）、東京：みすず書房、1968年版、第373頁。

❹ 陸羯南「国民的建国」、『陸羯南全集』（第2巻）、東京：みすず書房、1968年版、第705頁。

军事力量、经济力量的差距无关。❶ 而且，各国应该致力于发展世界文明，具有发展“国民天赋的任务”，为了完成这项任务，“必须努力保存和发扬国民之固有势力与其特有能力”。❷ 不仅如此，世界各国拥有对等权利，应该各自维持自身国有势力，在此基础上还应该为世界文明的发展作出自己的贡献。因此，“国民主义”是陆羯南“nationalism”的原型，是分析其对外论的有效途径。

三、陆羯南的“狼吞”与“蚕食”理论

（一）福泽谕吉、德富苏峰对于修改条约的批判

笔者在前文中提到，因《日本》的大幅报道，反对修改条约运动再次高涨，明治政府删除了修改条约方案中根据“西洋主义”制定法律法规以及任用外国人审判官等条规。不过，自开设议会后，日本国内政治开始聚焦在“内地杂居问题”上。治外法权，是不平等条约中最为重要的一项内容。随着治外法权的废除，外国人与日本人的“杂居”问题也自然浮现。

内地杂居，意味着外国人在日本居住、旅行和出行不受限制。日本国内以其将对社会经济、民族风俗、宗教信仰上带来混乱为由，掀起了反对内地杂居的运动。客观而言，当时的内地杂居反对派观点与“内地杂居尚早论”均带有一丝极端排外的色彩。反对内地杂居运动真正开始的时间，是在1893年10月“大日本协会”结成之后。《国民之友》的社论对反对内地杂居运动进行批判，主张以内地杂居为交换，完全恢复法权和税权。福泽谕吉批评政府内的保守势力是“因循守旧的排外论”。❸

德富苏峰也谴责“大日本协会”“事实上与天保时期的炮击外国人令相同”，是“修改条约中止党”，强调“从国权上来看修改条约最关键的就是必须撤销（外国人享有）特权的居留地”。❹ 德富苏峰以“进步”为最高价值，从一开始就非常支持修改条约。在评论大隈重信的条约修改方案

---

❶❷　陸羯南「近時政論考」、『陸羯南全集』（第1巻）、東京：みすず書房、1968年版、第67-68頁。

❸　福澤諭吉「非内地雑居論に就て」、慶応義塾編『福澤諭吉全集』（第14巻）、東京：岩波書店、1961年版。

❹　德富蘇峰「大日本協会を論ず」、『国民之友』明治二十六年十月十三日（1893年10月13日）。

时，他虽然对雇佣外国人审判官条规感到不满，却说“有胜于无”，表达了支持态度。此外，对部分人士担心的内地杂居问题，德富苏峰驳斥道，其实外国人与日本人已经处于杂居的状态，即使修改条约也不能迅速改变状况。而且一旦条约获得修改，日本对外国人也失去了吸引力，他们将不再像洪水一般涌入。[1] 在有条件地允许内地杂居的《条约修改上奏方案》上奏以后，德富苏峰更是分8次连载了《条约修改论》，努力营造当前才是修改条约最好时机的社会舆论。[2]

（二）陆羯南对于修改条约的批判

陆羯南在《日本》上刊登《国际论》相关论述的时期，正好与德富苏峰连载《条约修改论》的时间相近。他不同意德富苏峰的观点，呼吁民众应对内地杂居问题保持警惕。渡边昭夫在评价《国际论》时，从其从“国民国家形成期对外关系的作用以及反作用互动进行透彻洞察”的角度，指出“它是当时日本人写作的最优秀的国际政治评论”。[3]

《国际论》是日本国际政治论的滥觞。《国际论》的理论框架源于俄罗斯社会学家诺维科（J. Novicow，1849—1912）的《国际政治》。[4] 诺维科的《国际政治》是一本积极接受社会达尔文主义、鼓吹帝国主义合法性的著作。陆羯南的《国际论》主要分为两大部分内容：第一部分指出日本当时在国际上竞争的方式以及面临的严峻形势；第二部分试图以“人道”原理重新诠释“优胜劣败”的国际竞争原理。

陆羯南在分析当时的国际政治状况时，把国际竞争的方式分为“狼吞”与“蚕食”两种类型：“狼吞”是在“国家意志的作用下吞并其他国家”；“蚕食”是指“个人偶然侵食其他民族”。虽然表述不同，但二者最终得到的结果都是“狼吞”。[5] 尽管“狼吞”与“蚕食”难以被严格区分，但陆羯南还是对自己划分的理由作出说明，试图向读者揭示以下情形。

---

[1] 德富蘇峰「条約改正、其の来歷、其の結果」、『国民之友』明治二十二年七月二日（1889年7月2日）。

[2] 德富蘇峰「条約改正論」、『国民之友』明治二十六年三月至六月（1893年3—6月）。

[3] 中村隆英・伊藤隆編『近代日本研究入門』、東京：東京大学出版会、1977年版、第134頁。

[4] 本田逸夫「明治中期の『国際政治学』：陸羯南『国際論』とNovicow J.，*La politique internationale*をめぐって」、『法学』第59巻第6号、1996年、第905-932頁。

[5] 陸羯南「国際論」、『陸羯南全集』（第1巻）、東京：みすず書房、1968年版、第147頁。

> 国际竞争并非仅限于依照政府意志所引发的激烈而且明确的竞争，个人偶然所为也可能形成平静而且暧昧的国际竞争，它是当今世界现存的最好的竞争形态。狼吞法多行于往时，现在并不多见。蚕食法古今通行，特别是在当今世界尤为便利，在人不知不觉之间进行着。[1]

陆羯南认为“蚕食法”是一种暧昧而且难以感知的竞争方式。“狼吞犹如用刀架在人的脖子上，人们见状难免感到惊讶。蚕食犹如把毒掺入食物当中，人们在不知不觉中安享。当今国际竞争的方式就好像掺毒，吞食者不自知。”[2] 陆羯南在此提醒明治时期的日本人要警惕这种无声无息地“蚕食”的存在。“狼吞”与“蚕食”都分别具有“生理的”、“财理的”和“心理的”三个方面特征，如图3－2所示。

国际竞争
- 狼吞型：生理的（领土）→财理的（经济与政治）→心理的（文化）
- 蚕食型：心理的（文化）→财理的（经济与政治）→生理的（领土）

图3－2　陆羯南所示的国际竞争方式与特征

陆羯南论述“蚕食法”使用的武器“最初是僧侣、其次是领事、最后是士兵”。[3] 陆羯南在《国际论》中着力叙述了“蚕食型”，而在其三方面的特征中又以论述“心理的”篇幅最重，“财理的”居次。从陆羯南把以“语言、文学艺术、学术、技能、宗教、哲理等”为手段的“心理的蚕食”作为论述的重点可以看出，陆羯南对国家完整性与独立性的重视，与其“国民主义”中对于“文化共同体”的强调一脉相承。

在“蚕食篇”中，陆羯南认为“狼吞”是强国才能实行的方式，而“蚕食”则不一样，即便是弱小国家也能进行。因为，国家以及个人的偶然行为都有可能形成“蚕食”的效果，所以在“强国——国民精神的强国”与“弱国——国民精神的弱国”之间，“蚕食”的竞争方式可能引发局面的逆转。换言之，只要国民精神强大，就能够抵御外国的蚕食；倘若国民精神微弱，反会招致“被蚕食”的结果。在陆羯南眼里，“划分（国

---

❶ 陸羯南「国際論」、『陸羯南全集』（第1巻）、東京：みすず書房、1968年版、第147－148頁。

❷ 陸羯南「国際論」、『陸羯南全集』（第1巻）、東京：みすず書房、1968年版、第150頁。

❸ 陸羯南「国際論」、『陸羯南全集』（第1巻）、東京：みすず書房、1968年版、第151頁。

家）强弱的标准只在于国民精神组织的情况”。❶

在对“国民主义”的阐述中，陆羯南提出各国享有对等的权利，对世界文明的发展都负有责任。从表面上来看，此时陆羯南宣扬的“国民主义”与社会达尔文主义主张的“优胜劣败”旨趣不同。陆羯南不仅在《近时政论考》中宣称“痛恨排斥自然优劣论”❷，也在《国际论》中驳斥了优胜劣汰的进化论。不过需要指出的是，陆羯南对优胜劣汰进化论的批判是以日本国内修改条约运动为前提，其目的是批判持优胜劣汰理论的西方强国。换言之，陆羯南对于优胜劣汰理论的批判，是在“国民”（nation）尚未形成、国家力量依然弱小的情况下，从理论上实现日本的“自卫”以及对西洋的“反抗”活动。

根据以上对陆羯南“国民主义”“狼吞”和“蚕食”理论的分析，可以知道他最为担心的是日本在国家独立基础——作为文化共同体的“国民”——尚未确立的时候，西洋文化不断向日本渗透而导致日本“国民”基础的土崩瓦解，最终失去独立自主的国家地位。因此，在这个意义上，可以把陆羯南的“国民主义”理解为：在“西洋冲击”下，被迫进入近代国际体系的非西方国家试图以回归和坚守本国传统文化的方式回应“西洋冲击”的理论。而且，陆羯南与政教社的同人都是日本第一批接受过近代高等教育的人士。近代日本高等教育中大力提倡外语教育，并在此基础上开展西洋教育。也就是说，日本第一批接受近代西洋教育的文化精英是以回归传统的方式开展对西洋的批判，这一点尤其值得玩味。

从幕末攘夷论到以陆羯南的“国民主义”为代表的国粹保存运动，日本人的对外认识经历从固守传统到开国进取，再到全面欧化，进而回归传统的思想历程。这个思想历程始终以改变日本在近代国际体系中的地位为前提。也就是说，幕末以来的日本人在此过程中成功地解体了传统的“华夷”观念，并且对“华夷”的主体进行置换。无论是在近代国际体系还是传统的“华夷体系”面前，日本人对于外界的敏感与关注始终存在，并且自觉地对自身的身份进行调试与转换。最终，日本在世界进入帝国主义阶段的19世纪末获得了提升国际地位的机会。陆羯南作为当时颇具社会影响

---

❶ 陸羯南「国際論」、『陸羯南全集』（第1巻）、東京：みすず書房、1968年版、第160頁。

❷ 陸羯南「近時政論考」、『陸羯南全集』（第1巻）、東京：みすず書房、1968年版、第69頁。

力的“意见领袖”，也努力地为提升日本国际地位提供思想理论。以下，笔者将围绕陆羯南在甲午战争时期的言论，分析其思想从“自卫的国民主义”向“侵略的国民主义”的转变。

四、从“自卫的国民主义”到“侵略的国民主义”

（一）陆羯南对外认识的双重结构

陆羯南在阐述“国民主义”时说道：“虽然近时公法逐渐将博爱推及其他国民，但是能够接受这种恩惠的仅限于获得独立国家资格的人民。”❶可见其最终目标是要建立具有国际关系主体地位的国民国家。而且，他认为国民国家的形成最终依靠的是各国自身的能力。换言之，虽然陆羯南批判了“优胜劣汰”的国际关系理论，却也在不断思考日本应该如何应对这种状况，其思考的结果就是应该与这种理论合流。例如，陆羯南在论述“国民主义”时，称“无自治能力者必须接受被治，无法自立者只能受制于他者”。❷在《国际论》的结尾，陆羯南写道：“自辱而后侮人，苟俨然威仪自重，虽妇女亦足防他侮。世间妇女往往被强暴，妇女若成人中弱者，虽入侵者穷凶极暴，亦被侵者自招之过。言语容貌贤良淑德自持者，暴徒望而惮之，不敢狂妄胁迫之。”❸

陆羯南列举妇女被恶徒强暴的例子，意在试图说明自身有能力者可以避免外在的侵犯，一旦成为弱小者，虽被外敌侵犯，也只能怪罪自身能力弱，自己也难辞其咎。换言之，陆羯南的《国际论》虽然意在敦促日本人不要盲目追随西方，但是其堂而皇之地论述“被侵者”的“自我责任”，其实是为“入侵者”提供合理的借口。当他把“无自治能力者”的标签贴在朝鲜与中国身上时，就为日本作为酝酿和发动侵略战争的“入侵者”提供了适时的思想理论。

甲午战争爆发的前一年，内地杂居问题引发日本国内社会舆论。“今年初以来人心逐渐厌倦内讧，朝野对外思想勃发，曾经嘲笑吾辈者亦追随

---

❶ 陸羯南「世界理想と国民的観念（三）」、『陸羯南全集』（第2巻）、東京：みすず書房、1968年版、第373頁。

❷ 陸羯南「近時政論考」、『陸羯南全集』（第1巻）、東京：みすず書房、1968年版、第69頁。

❸ 陸羯南「国際論」、『陸羯南全集』（第1巻）、東京：みすず書房、1968年版、第178頁。

其后，一变从前口风，愤慨于外人之跋扈。此应为国家可喜可贺之一现象。”❶ 陆羯南为人们的注意力集中在对外问题上感到欢欣鼓舞，他利用舆论风向，及时抛出“谋求进军海外”的口号。

《国际论》中的“蚕食论”在此时也获得了用武之地。陆羯南主张进军海外应该采用“蚕食”的方式。“国权范围并非在于迅速向其他国家扩张，首先必须采取移民、殖民、航海、贸易、布教等方式，必须建立在这些要素的基础之上”——尤其应该以殖民的方式在他国的土地上站稳脚跟，以殖民地作为立足点，逐渐进行资本投资，建立两国的经济联系，则国权的影响势必遍及其领土。❷

在陆羯南看来，朝鲜半岛是日本扩张国权的首选，因此日本应该承认并拥护朝鲜王朝的“独立”地位。“征韩论”失势以后，明治政府与朝鲜王朝不顾清政府的反对，在1876年签订了《朝日修好条规》。但是，明治政府也与清政府签订了《天津条约》，促使清政府承认朝鲜的独立地位。关于《天津条约》的意义，陆羯南总结道：“与清政府共同承认朝鲜的独立，由此开始与清政府共同拥有对朝鲜半岛的平等权利。”❸ 也就是说，明治政府在名义上承认朝鲜王朝的“独立”，但其真实意图是削弱清政府地位，为以后干涉朝鲜半岛事务制造口实。此外，陆羯南认为，对于“病弱的”朝鲜，日本的任务是“扶朝鲜国病、救其灭亡乃我国国是。然同病相怜，防御外人侵压亦我国任务。”❹

这里的“外人侵压”其实并非泛指西洋国家，在一定程度上特指的是清政府。陆羯南在叙述朝鲜保留治外法权的同时涉及允许“外国人”在朝鲜居住并经商的问题时，认为朝鲜的财政将受到毁灭性的打击，而在朝鲜国内最有实力的外国商人就是中国商人。❺ 而且，陆羯南还因为明治政府

---

❶ 陸羯南「対外論の風潮」、『陸羯南全集』（第4巻）、東京：みすず書房、1970年版、第129-130頁。

❷ 陸羯南「国権の圏囲」、『陸羯南全集』（第4巻）、東京：みすず書房、1970年版、第152-153頁。

❸ 陸羯南「朝鮮瑣談（二）」、『陸羯南全集』（第3巻）、東京：みすず書房、1969年版、第88-89頁。

❹ 陸羯南「朝鮮瑣談（三）」、『陸羯南全集』（第3巻）、東京：みすず書房、1969年版、第89頁。

❺ 陸羯南「朝鮮瑣談（二）」、『陸羯南全集』（第3巻）、東京：みすず書房、1969年版、第87-88頁。

在朝鲜半岛的政治、经济等方面的影响力都落后于清政府❶，所以批判尽管签订了《天津条约》，但是明治政府并没有获得与清政府之于朝鲜半岛的同等权利。陆羯南关于当时日本对朝政策的思考，始终伴随着与清政府的竞争心理。简而言之，陆羯南在甲午战争爆发之前对东洋的认识，是以承认并维护朝鲜王朝的独立为基本方针，同时伴随着强调明治政府与清政府开展竞争的意图。

隐藏在陆羯南当时的朝鲜观与中国观后面的，是明治时期日本人在全面欧化汲取近代西洋文明后，对中国与朝鲜仍然以传统中华秩序约束彼此的状况提出挑战的心理。在日本举国关心修改条约问题的时候，陆羯南以“国民主义”为旗帜，呼吁日本“国民”警惕西洋对日本文化共同体的侵蚀和消解，俨然成为“病弱”东洋的“自卫”言论。陆羯南巧妙地利用“文明”与“国粹”两种手段武装其“国民主义”。具体来说就是文明是日本抵抗近代国际秩序话语的手段，但是全面吸收西洋文明，将瓦解日本的“国粹”；发扬国粹可以巩固以国家为单位的文化共同体，而且可以令世界各国都享有对等的权利和发扬世界文明的责任。这样一来，“国粹”与“文明”就成为日本平等地进入近代国际秩序的有效保证。

在东洋内部，陆羯南一方面借助近代国际条约体系对传统中华秩序的主体进行置换，把清政府与朝鲜王朝的关系通过条约的形式转变为平等、独立的关系。此时，明治政府不再效仿以往游离于中国与朝鲜关系之外的做法，而是积极与双方政权分别签订条约，主动加入对东洋秩序的“构建”。陆羯南另一方面运用曾被自己猛烈批判的“优胜劣汰”的国际关系理论，辅之以“国民主义”中“无法自立者只能受制于他者”的主张，为日本充当“救助帮扶”朝鲜半岛的“他者”，作出思想上的铺垫。

综上所述，陆羯南的对外认识包括世界的“文明”（西洋）与“落后”（东洋），以及东洋的“文明”（日本）与“落后”（朝鲜、中国）的双重结构。需要指出的是，在陆羯南对外认识的双重认识结构中，近代国际体系与传统中华秩序并存。而且可以说陆羯南借用“文明”对传统中华秩序的主体进行置换的思考逻辑，与幕末开国时期思想家借用儒教的“有

❶　陸羯南「対韓策如何」、『陸羯南全集』（第 4 巻）、東京：みすず書房、1970 年版、第 124-125 頁。

道”概念对“华夷”观念的主体进行置换的思考逻辑具有一致性。在此，西洋的“优胜劣汰”理论与日本的“国粹主义”被完美地结合，唯一需要的便是未来实践的机会。

（二）陆羯南的东洋认识

1891年3月，俄国开始修建西伯利亚铁路，日本人受到来自俄国的压力。政论家大石正巳（1855—1935）把西伯利亚铁路看作是“席卷日中朝，逐英国于太平洋之外，以囊括亚洲之武器”，并预测铁路完工之日，“不动一兵，不派一舰，即可把朝鲜划入该国版图之中”，同时他警告日本“国家之寿命”将随着西伯利亚铁路的延长而缩短。[1] 1891年5月11日发生了俄国皇太子遇刺事件。通过这起过激的事件可以看出，虽然日本国内叫嚣对外强硬论，但明治朝野上下无不对国际形势感到担忧，是日本在国际压力下“内虚”的极端反应。同年7月，清政府的北洋舰队访日抵达横滨港，其显示出的军威震惊了日本社会。日本人此前由于清政府在鸦片战争中的溃败而产生的蔑视心理，似乎因为北洋舰队的来访受到了打击。于是，此时的日本人对中国抱有蔑视与恐惧交织的复杂心理。

陆羯南在谈及1891年之于日本的历史意义时说道：“的确是日本对东洋问题开始进行活动的时代。”[2] 1893年6月9日，陆羯南在《对清如何》一文中从经济与安全战略两个方面分析了中国对于日本的意义。在经济上，中国是“富国”，因此日本在“国家利益上不可失”；在安全战略上，中国是“邻国”，因此日本在“国家安全上不可失”。[3] 在论述朝鲜时，他同样从经济与安全战略的角度出发分析道：“朝鲜独立一旦异动，我国国权将遭受非常之逼迫，我贸易将遭遇非常之侵害，此东方之和平将濒于非常之危殆。”[4]

自1894年2月起，朝鲜半岛多次发生农民起义，朝鲜王朝向清政府请求援助。而此时日本国内政局动荡，议会面临解散。明治政府需要把民众

---

[1] 信夫清三郎：《日本外交史》（上册），天津社会科学院日本问题研究所译，商务印书馆，1992，第240页。

[2] 陸羯南「日本（六）」、『陸羯南全集』（第4巻）、東京：みすず書房、1970年版、第664頁。

[3] 陸羯南「対清如何（下）」、『陸羯南全集』（第4巻）、東京：みすず書房、1970年版、第148頁。

[4] 陸羯南「三危邦」、『陸羯南全集』（第4巻）、東京：みすず書房、1970年版、第138頁。

对政局的注意力转移出去，所以认为这是向朝鲜半岛出兵的极好机会。1894年6月2日，伊藤博文首相决定解散众议院并向朝鲜半岛出兵。6月9日，陆羯南在《朝鲜事变之大势》中论述了朝鲜半岛形势。如“轻视则为单纯的强盗起义，重视则为亚欧交涉之开端”❶所示，朝鲜事态的轻重缓急完全在于日本的意图，明治政府对朝鲜半岛的野心越大，则朝鲜半岛的事态越严重，反之亦然。

此时的明治政府由于国内政局的动荡以及外在的压力，产生了一种强烈的危机感，向朝鲜出兵是其从“内虚”与“外患”之间获得喘息的机会。而且，经过20多年的学习，明治政府已经学会引进西方智力的成果后转用于欺负弱小国家。陆羯南坚决支持明治政府的计划，认为出兵“帮助”朝鲜王朝平复“东学党”起义以后，还要达到保障帝国将来免于危险，或“扩张帝国既往威力”的目标。❷朝鲜王朝向清政府请求支援，使得陆羯南认为清政府在朝鲜王朝的影响力实际上正在增强，明治政府若不出手，就将在“东洋的均势”面前处于失势的状态，而且“万一朝鲜失控归属清政府，则日本海南门失去了半扇”。❸陆羯南认为从安全战略上来说，此时的日本面临着重大抉择，自然毫不犹豫地支持出兵政策。

时任外务大臣陆奥宗光在他的甲午战争回顾录《蹇蹇录》中写道：“我国政府在外交上虽常处于被动地位，但一旦有事，在军事上却完全要先发制人。”❹换言之，军事上的先发制人是日本摆脱外交被动的有效手段。其实，明治政府此时已经做好开战的准备，但是苦于没有开战的机会，需要制造“有事”的外交局面。于是，明治政府提出与清政府共同对朝鲜王朝进行内政改革的方案。陆奥宗光在叙述明治政府此举的动机时说：“今后的一线希望，只系于中国政府能否同意我国的提案。如果中国政府拒绝我国提案，不问其理由如何，我政府皆不能漠视，并由此可断定中日两国的冲突终将不可避免，不得不实行最后之决心。这个决心，帝国

---

❶ 陸羯南「朝鮮事変の大勢」、『陸羯南全集』（第4巻）、東京：みすず書房、1970年版、第524頁。

❷ 陸羯南「出師の結局は如何」、『陸羯南全集』（第4巻）、東京：みすず書房、1970年版、第538頁。

❸ 陸羯南「朝鮮事変の大勢」、『陸羯南全集』（第4巻）、東京：みすず書房、1970年版、第526頁。

❹ 陆奥宗光：《蹇蹇录》，伊舍石译，谷长青校，商务印书馆，1963，第21页。

政府在最初向朝鲜出兵时业已决定，事到今日就更无丝毫犹豫之理。”❶

清政府断然拒绝了日本的方案，一切事态都在明治政府的意料之中。于是，明治政府又提出了单独改革朝鲜王朝内政的方案。其实，所谓改革朝鲜王朝内政的方案，完全是由于明治政府试图与清政府争夺在朝鲜半岛的影响力而制造的“问题”。自从明治政府公开宣布将独立对朝鲜王朝内政进行改革以后，朝野舆论一致——“朝鲜为我国邻邦，我国纵使遭遇一些困难，为了邻邦的友谊；也应加以援助，这是作为一个仁义之邦的帝国所义不容辞的。”❷ 陆羯南完全支持明治政府的政策，1894 年 7 月 22 日，在甲午战争即将爆发之际，陆羯南提出如果朝鲜王朝不接受日本的改革方案，那么日本“有必要诉诸非常断然可行之手段”。❸ 事实上，日本军队在翌日武力占领了朝鲜王宫，建立了傀儡政权。同年 7 月 25 日，日本海军在丰岛海域炮击北洋舰队，打出向中国开战的第一炮。

（三）从东洋到西洋之间的思想逻辑

甲午战争爆发后，日本非常忌惮西洋势力的介入。于是，日本国内舆论把战争自我美化为“抑强扶弱，大兴仁义之师，置本国成败于度外”的“道义”之战。❹例如，陆羯南发表了《妨碍我帝国对朝政策的国家并非文明国家》一文，试图从“人道”和“文明国家”的角度赋予战争的合法性。他说：“虽说国际关系中不存在人道，但世界上的（国际）公法家并非都不讲究人道。如果在国际关系中不施行人道，那么对朝鲜国的现状视而不见，放任不管，还能以文明国家自居吗？”❺ 接着，陆羯南又为日本在朝鲜“抑强扶弱”的政策寻找根据，批判清政府应朝鲜王朝的要求出兵是“干涉”朝鲜的“独立性”，而日本对于朝鲜的“保护”是出于“先进国家帮扶邻邦的深厚友谊”。陆羯南将日本划为文明国家，认为日本向朝鲜输出“文明事物”，充当朝鲜接触“欧美事物”的“介绍人”是对其深切

---

❶ 陆奥宗光：《蹇蹇录》，伊舍石译，谷长青校，商务印书馆，1963，第 23 页。

❷❹ 陆奥宗光：《蹇蹇录》，伊舍石译，谷长青校，商务印书馆，1963，第 28 页。

❸ 陸羯南「善後の断行策」、『陸羯南全集』（第 4 巻）、東京：みすず書房、1970 年版、第 558 頁。

❺ 陸羯南「我帝国の対韓政策を妨害する国は是れ文明国に非ず」、『陸羯南全集』（第 4 巻）、東京：みすず書房、1970 年版、第 563 頁。

关心的表现。[1]

明治日本的思想先驱福泽谕吉也在《时事新报》上发表了“甲午战争乃文明与野蛮之战”的著名论断。他将这场战争定性为“虽然发生在日本与中国之间，但究其根源，是谋求文明开化的进步者与妨碍其进步者之间的战争，绝非两国之间的战争”。[2] 内村鉴三也把甲午战争定义为“义战”。1894年9月3日，内村鉴三在《国民之友》上发表《甲午战争之义》[3] 时说：“甲午战争其实是我们的义战，其义不仅在于法律，而且在于伦理，此战争并非我们不熟悉的战争，它依照的是我们固有的教义，我们经常进行这种战争。”[4] 陆羯南则表示“我王师的最大目的在于谋求东洋的进步，在于征服中国之野蛮国家。”[5]

陆羯南、福泽谕吉与内村鉴三言论的相同点，不仅在于运用“文明”与“野蛮”作为立论的依据，而且目标一致。他们的目标有两个：一是美化战争，为战争贴上“人道”的标签；二是向西洋各国示好，表明日本在朝鲜的行为是为了朝鲜的文明开化，以此求得欧美国家的理解。无论是国民主义阶段的“博爱”，还是当时的“人道”与“文明”，在西方资本主义国家向帝国主义过渡的时期，陆羯南都出色地运用西洋的文明开化理论，试图达到征服东洋、说服西洋的目的。

对此，陆奥宗光自认“日本俨然把这种外交问题，看作是与其说是出于政治上的需要，毋宁说是出于道义上的要求。如果推究一下他们的内心深处，不难看出他们表面上以改革朝鲜为名，实际上企图逐渐扩张我国的版图。即使不是这个企图，也是想朝鲜成为我国的保护国，使其永远屈服于我国权力之下；或是实际上想使朝鲜进行相应的改革，使其略具独立国的形式，以备将来我国与中国或俄国有事时，作为缓冲……”[6]

---

[1] 陆羯南「我帝国の対韓政策を妨害する国は是れ文明国に非ず」、『陸羯南全集』（第4巻）、東京：みすず書房、1970年版、第564頁。

[2] 慶応義塾編『福澤諭吉全集』（第14巻）、東京：岩波書店、1961年版、第491頁。

[3] 即内村鉴三1894年8月13日在『国民之友』发表的《Justification of the Korean War》之日译文，日文标题为《日清戦争の義》。

[4] 河上徹太郎編『明治文学全集：39　内村鑑三集』、東京：筑摩書房、1967年版、第308頁。

[5] 陆羯南「征蛮の王師」、『陸羯南全集』（第4巻）、東京：みすず書房、1970年版、第580頁。

[6] 陆奥宗光：《蹇蹇录》，伊舍石译，谷长青校，商务印书馆，1963，第28–29页。

1894 年 8 月 1 日，日本发布宣战诏书。随着战事的进行，陆羯南对日本取得战争的胜利充满了期待，他甚至已经开始设想战后的东洋新局面。陆羯南说道："东洋的西南地区已经任由欧美人侵蚀，现今东洋只剩下日中朝三个国家，从世界大势来看，在欧美诸强国俎上的东洋也包含我日本帝国。东洋三个国家皆为俎上之鱼肉，欧美国家意欲料理之。吾辈有识之士对外之热切期待只在于帝国离开俎上，坐上料理人之席。"❶

陆羯南有关甲午战争的言论，尽管打着"文明"的旗号，"帮助"东洋国家文明开化，但实际上是希望日本能够从"被他国鱼肉"的角色转变为"鱼肉他国"的角色。日本从明治维新以后实行文明开化的政策，通过岩仓使节团的欧美 12 国考察、启蒙思想运动、国粹保存运动，准确理解和掌握了宣扬"文明""公法"等概念的近代国际秩序后面"力"的本质，并发挥其民族"顺应大势"的优良传统，强烈希望能够搭上"帝国主义"的快车。至此，陆羯南的"国民主义"已经从其最初的"自卫的国民主义"完全倒向"侵略的国民主义"。

本章小结

日本在遭遇西方的强制开国后，殖民地危机感促使其确立了建成强有力的国民国家目标。19 世纪 80 年代前期的自由民权运动，由于明治政府的弹压与怀柔、民权派的内部对立以及运动的激进化等原因而分崩瓦解。在舆论界，被当作自由民权运动理论依据的天赋人权论虽流行一时，但最终没落，而基于进化论对社会现象的说明，逐渐在明治时期的日本社会拥有了说服力。在明治日本社会的舆论空间变化和世代交替的潮流之中，修订条约的政治课题于 19 世纪 80 年代中期浮现。

为了实现修订条约的目标，明治政府从 1884 年开始积极推进欧化政策。这种将文明开化定位为实现国家独立的手段，与福泽谕吉在《文明论

---

❶ 陸羯南「東洋の新局面：戦後の事局を予め想定せよ」、『陸羯南全集』（第 4 巻）、東京：みすず書房、1970 年版、第 580 頁。

概略》中所提出的方略一致。欧化主义者认为，为确保国家的独立，只有通过欧化才能提升日本的国际地位。其关键在于，通过采用欧化政策，以表明拒绝欧美各国将日本与其他亚洲国家视为同类的态度。尽管明治政府的欧化政策与福泽谕吉的本意相去甚远，但在西欧的目光下自觉地表达“脱亚”的意图上，二者是一致的。

以鹿鸣馆舞会为象征的欧化政策引发了“国粹主义”的兴起。急速的欧化带来了日本人在文化上自我认同的危机，以及欧化后仍不能得到欧美国家认可的强烈挫败感。德富苏峰的《大日本膨胀论》非常准确地表达了这种曲折心理和意欲恢复自尊的决心，而甲午战争的胜利对于明治时期的日本人而言，则证明了欧化政策的正确并确认了膨胀的方向。

第四章　明治后期日本人的对外认识

爱德华・W. 萨义德（Edward W. Said，1935—2003）在其论著《文化与帝国主义》中指出，当今世界对于“帝国主义”的讨论多集中在政治与经济方面，“然而，很少有人注意我所认为的现代帝国历史中的文化的特殊作用，而且很少有人注意传统的19世纪及20世纪初的欧洲帝国主义势力非同寻常地扩张到全球，并在我们自己的时代仍然投下相当大的阴影这一事实。”❶ 萨义德基于文化的视角，对于“帝国主义”的定义是“统治遥远土地的宗主中心的实践、理论和态度”。❷

汉娜・阿伦特（Hannah Arendt，1906—1975）在《极权主义的起源》❸ 第二部“帝国主义”中，将1884—1914年的30年定义为帝国主义时代。这种以1884年为帝国主义起始期的时段划分，仿效的是霍布森（John Atkinson Hobson，1858—1940）于1902年出版的《帝国主义》（*Imperialism：A Study*）中选择将西欧列强真正开始瓜分非洲作为帝国主义发端的标志性事件。对此，米原谦指出阿伦特和霍布森的帝国主义观是欧洲中心的视点，当以东亚为中心论述帝国主义时，从当时的德国租借胶州湾起，中国开始不断被列强蚕食的1898年之状况更加符合东亚的实际。❹ 不过，倘若站在近代中国的角度而言，以1894年甲午战争的爆发及其引发的“三国干涉还辽”事件为发端，则更为准确。

---

❶ 爱德华・W. 萨义德：《文化与帝国主义》，李琨译，生活・读书・新知三联书店，2003，第4页。

❷ 爱德华・W. 萨义德：《文化与帝国主义》，李琨译，生活・读书・新知三联书店，2003，第9页。

❸ 汉娜・阿伦特：《极权主义的起源》，林骧华译，生活・读书・新知三联书店，2014，第183-398页。

❹ 米原謙『日本政治思想』、京都：ミネルヴァ書房、2017年増補版、第120頁。

因此，笔者在本章将以甲午战争为契机，首先探讨甲午战争之前日本帝国主义思想的源流，接着分析甲午战争在近代日本思想史上的意义，最后分析甲午战争之后日本帝国主义思潮的形成与内容，同时选择德富苏峰、竹越三叉（1865—1950）、高山樗牛（1871—1902）和浮田和民（1859—1946）作为代表，以阐述日本从19世纪末到20世纪初“帝国主义”思想理论的特质。

第一节　日本帝国主义思想源流

一、帝国与帝国主义

西方文化中的“帝国”（empire）一词，源于古代罗马拉丁语的“imperium”，其表达的含义是专制的权力和集中的政府。广义上帝国主义一词涉及“一个国家或一个人群对其他国家或人群的统治，而其统治方式使前者得到好处，而后者往往受到损害。”[1] 帝国主义分为传统帝国主义和新帝国主义两个阶段，传统帝国主义与重商主义的资本主义和工业资本主义的早期阶段联系在一起；新帝国主义概念一般指欧洲发达国家互相之间的激烈竞争，具有代表性的是非洲在1884年的柏林会议上被瓜分，但在19世纪与20世纪之交，这种瓜分变得更加引人注目。[2] 身为亚洲国家，日本在世纪之交加入帝国主义阵营，参与瓜分世界，对于亚洲近代史和世界近代史都具有深远的影响。

“帝国主义”在不同时期不同语境下被赋予不同含义。[3] 一般来说，帝国主义是“在国际关系和文化关系中间实行非经济性强制力的同义词”。[4]

---

[1][2] 罗纳德·H. 奇尔科特：《批判的范式：帝国主义政治经济学·导言》，施杨译，社会科学文献出版社，2001，第3-4页。

[3] 刘文明：《“帝国”概念在西方和中国：历史渊源和当代争鸣》，《全球史评论》2018年第2期。另可参阅陈力卫：《“帝国主义”考源》，载东亚观念史集刊编审委员会编《东亚观念史集刊：第3期》，政大出版社，2012，第363-382页。

[4] M.C. 霍华德、J.E. 金：《关于帝国主义的理论究竟遇到了什么问题?》，载罗纳德·H. 奇尔科特编《批判的范式：帝国主义政治经济学》，施杨译，社会科学文献出版社，2001，第1页。

迈克尔·多伊尔指出，“帝国是一种正式或非正式的关系。在这种关系中，一个国家控制另一个政治社会的有效的政治主权。这种控制可以通过强力、通过政治合作、通过经济、社会或文化依赖来取得。帝国主义不过是建立或保持帝国的政策和过程。”❶ 关于帝国实行帝国主义的有效手段，霍布森在其《帝国主义》中批判帝国主义残酷无情的经济制度、资本输出、与残忍的势力相互勾结和以“文明”为借口的假面具。❷ 的确，“文明”也是日本帝国主义理论的有力工具。

二、日本帝国主义思想源流

有着近代日本思想舆论界“常青树”之称的德富苏峰，在1916年出版了《大正青年和帝国前途》。他在论述帝国主义的由来时称，“日本近世帝国急先锋乃丰臣太阁（丰臣秀吉）”，遗憾的是德川幕府政策“牺牲了民族的雄飞”，直到林子平、本多利明、佐藤信渊在18世纪末期出现后，日本才出现“帝国主义的初音”，而他们之后，横井小楠、佐久间象山、吉田松阴、桥本左内等幕末志士均为帝国主义的倡议者。❸ 德富苏峰的《大正青年和帝国前途》在其《将来之日本》与《新日本之青年》的基础上写作而成，充分体现了他对新日本帝国的前途持膨胀的态度。

的确，德富苏峰所言的每一位日本思想家都在不同时期阐述过各自的帝国主义思想。18世纪末，日本面临沙俄南下的威胁，林子平首先写作了《三国通览》，主张加强海防以防范沙俄入侵，而且还需要效仿沙俄“开拓北方领土”；本多利明在其著述的《西域物语》中主张占领库页岛和中国东北地区；佐藤信渊在《宇内混同秘策》中直接提出日本要吞并中国东北地区，进而以此作为据点占领整个中国，再以中国为大本营把日本的势力范围扩张至东南亚和印度地区，其野心之大令人咋舌；佐久间象山主张扩充军备，“雄飞”于海外；吉田松阴则主张日本应该要求朝鲜朝贡，然后割据中国东北和台湾地区，还有吕宋诸岛；桥本左内主张日本应该选择与

❶ 爱德华·W. 萨义德：《文化与帝国主义》，李琨译，生活·读书·新知三联书店，2003，第10页。

❷ 参阅霍布森：《帝国主义》，纪明译，上海人民出版社，1960。

❸ 德富蘇峰「大正の青年と帝国の前途」、神島二郎編集『近代日本思想大系：8　德富蘇峰集』、東京：筑摩書房、1978年版、第170-182頁。

沙俄结盟瓜分世界。

毋庸讳言，以上每一位“帝国主义”言论者都清楚地认识到欧美国家对于日本的野心，强烈的对外危机感促使他们发表言论唤起日本民众的警惕。虽然直到1853年美国提督佩里到访后，日本才逐步打开国门，并在经历明治维新后逐步具备统一的近代国家形态，但是日本人的对外危机意识并没有消失。它伴随着日本国内和国际政治形势的变化而变化，成为明治时期日本国家思想中的主线之一。

三、甲午战争前后日本人的对外认识

“开拓万里波涛，布国威于四方”，是维新政府颁布的对外方针。在国家政策的意义上，这是日本以对外扩张来塑造国际体系的正式起点。甲午战争是近代东亚国际体系演变史上的关键性事件，对日本国民，尤其是对时事动向异常敏感的日本言论界产生了重大影响。为了更加清晰地辨明甲午战争前后日本人对外认识的变化，笔者认为有必要先对甲午战争前的言论动向，即对明治政府如何认识亚洲与中国的问题进行梳理。

1868年明治维新以后，日本走上建设近代国家的道路。当时的日本主要面临两方面任务：一是需要在国内对民众进行启蒙，向文明国家迈进；二是需要实现国家富强和军备建设，谋求国家独立，摆脱自1853年以来西方列强通过不平等条约强加的种种束缚。尽管日本自身尚未摆脱民族危机，但是明治政府在对外方面采取了屈服于欧美强国和试图欺压近邻弱国的双重态度。前者可以举出1871年岩仓使节团在美国提出修改条约的要求遭到拒绝后则开始专注于考察文物制度的事例，后者可以举出明治政府围绕“征韩”问题爆发的论争。

明治维新成功以后，日本先后提出了“文明开化”“殖产兴业”“富国强兵”三大政策。明治时期的“富国强兵”含义较幕末时期发生了变化。幕末时期是指各藩向西方国家出口特产以购买军舰、大炮、步枪等军事设备，富国的目的是为了强兵。但是，大久保利通跟随岩仓使节团游历西方后改变了“富国强兵”认识，提出要重视提高经济实力的“殖产兴业”和导入宪法体制的“文明开化”政策。[1] 与此相对，以在戊辰战争中功劳显赫的西乡隆盛等为首的留守政府，重视的则是“强兵”和“议会”。留守政府与岩仓使节团成员在国家政策目标上的分歧被转化为领导权力的斗争。

在政权领导权力斗争之外，明治政府还面临着士族叛乱的问题。明治初期的废藩置县（1871）、地租改革（1872）和征兵制（1873）等政策取消了士族的经济特权与政治地位，引发了中下级武士的不满和反抗。为了转移国内矛盾，士族的精神首领西乡隆盛提出“征韩论”。[2]“征韩论”遭遇大久保利通等外游人士的反对，西乡隆盛等“征韩论”的提倡者也因此辞去职务离开政府，引发了“明治六年政变”。值得玩味的是，尽管政变后大久保利通取得了领导权，但他却在 1874 年同意出兵中国台湾。[3]

关于“征韩”问题的论争，既有“维新三杰”围绕政府领导权斗争的原因，也有日本对亚洲始终抱有野心的因素，它是日本内外因素角力的结果。“征韩论”是明治政府的亚洲认识在国家对外政策方面的最初体现。以此为开端，明治时期日本对亚洲的政策首先便是确立对朝鲜半岛的统治权。1875 年“江华岛事件”的结果是明治政府与朝鲜王朝签订了《朝日修好条规》，朝鲜被迫向日本开国。朝鲜在 1882 年的壬午事变与 1884 年的甲申政变等，也都与日本扩大在朝鲜半岛的影响力、谋求自身利益的尝试有关。

朝鲜半岛在 19 世纪 90 年代初成为西方列强和日本争夺的焦点。此时日本国内提出的“征韩”的理由有三：一是日本不向海外发展则不能图强；二是日本不先下手，西方各国则占朝鲜；三是“征韩”能为因日本废

---

[1] 日本学者五百旗头薰从军事保障安全、保障军事安全和保障政治安全（軍による安全、軍からの安全、政治からの安全）视角阐释了“征韩论”与“明治六年政变”后大久保政权对内、对外军事行动的逻辑。五百旗頭薫「三つの安全を求めて：近代日本の政党政治と軍部」、細谷雄一編『軍事と政治　日本の選択：歴史と世界の視座から』、東京：文藝春秋、2019 年版、第 34–44 頁。

[2] 关于西乡隆盛是否为“征韩论”者，日本学界有观点分歧，参阅佐々克堂先生遺稿刊行会編『克堂佐々先生遺稿』、東京：大空社、1988 年復刻版；毛利敏彦『明治六年政変』、東京：中央公論新社、1979 年版。坂野润治：《日本近代史》，杨汀、刘华译，新华出版社，2019。

[3] 勝田政治『大久保利通と東アジア：国家構想と外交戦略』、東京：吉田弘文館、2016 年版、第 8–87 頁。毛利敏彦『大久保利通』、東京：岩波書店、1969 年版、第 176–186 頁。

藩而不得志者谋出路。[1] 1894年，日本为了争夺对朝鲜半岛的支配权与中国对立。当时，美国要开放朝鲜市场，英国要阻止俄国南下，所以都对日本表示支持。俄国不满足已获得的中国黑龙江以北的土地，对中国东北其他地区和朝鲜半岛均怀有野心。德国也不例外，对朝鲜半岛虎视眈眈。[2]在这种国际环境下，日本利用其与朝鲜半岛在地理上相近的优势，积极寻找借口，图谋出兵。1894年春，朝鲜爆发了东学党起义，这对日本来说可谓“天赐良机”。最终，正如明治政府所愿，日本先发制人地迫使中国应战。

1840年，清政府被鸦片战争的枪炮声惊醒，接踵而来的还有西方列强的侵略，面临存亡危机。尽管如此，清政府依然维持着旧的专制体制，在谋求国家近代化的道路上，态度迟疑、行动缓慢。这一时期，与中国同样面临西方列强侵略危机的日本国内出现了不同的中国认识。其中有一种是“日中提携（合作）论”，这种论调的依据是清政府因循守旧、苟安现状，从而诱发和加剧了西方列强对中国的侵略言论，日本需要联合中国共同抗击西方列强。

“如今西洋诸国以威势迫近东洋，其状无异于火之蔓延。然东洋诸国，尤以我近邻中国朝鲜等迟钝无能抵挡其势，如同木造板屋起火。故可知我日本以武力援之，非单为他而是为己。武以保护，文以诱导，方可使其迅速仿效我例进入近时之文明。”[3] 福泽谕吉将中国、朝鲜视为迟钝守旧的国家，把日本划为文明国家的行列，进而赋予日本在东亚的“领导”角色。

与上述观点相反，日本国内还存在“潜在威胁论”，即认为中国依然国力强大，仍然是日本潜在的威胁。毋庸置疑，中国庞大的人口数量和幅员辽阔的国土是该观点的表面论据。“潜在威胁论”者着重论述的还有清政府不容小觑的军事力量。1851—1864年，中国爆发了太平天国运动，1856年又发生了“亚罗号事件”。以这两次历史事件为契机，清政府的领导阶层认识到必须改革自强，而推行洋务运动以后，清政府的军事力量也得到迅速增强。所以，明治时期的日本人依然认为中国是日本的潜在

---

[1] 蒋廷黻编《近代中国外交史资料辑要》（中卷），商务印书馆，1934，第634页。

[2] 赵建民、刘予苇编《日本通史》，复旦大学出版社，1989，第204页。

[3] 福澤諭吉「時事小言」1881年9月刊、慶応義塾編『福澤諭吉全集』（第5卷）、1959年版、第187頁。

威胁。

1880年11月30日，时任参谋本部长的山县有朋在意见书中记述了清政府的动向，称"近年以来清廷外交屡遇艰险，刺激甚大，故论兵备改革者亦非鲜已，"其兵备之充实"与咸丰同治之清国不可同日而语"，"夫邻邦兵备之强，亦喜亦惧；其为亚细亚东方之强援则可喜，与其生嫌隙则可惧，当慎之"。❶ 山县有朋论述了同处东亚的中日之间的关系，以及围绕可能出现的尖锐对立，提出要对中国保持警惕。

如前所述，1882年的壬午事变与1884年的甲申政变，都反映了日本觊觎朝鲜半岛的野心。此后，日本国内对中国的认识逐渐转向"潜在威胁论"。同时，因为东亚各国在近代化进程上的差距日益明显，日本逐渐抛弃了"指导"落后国家进步、相互合作的"日中提携"论调。同时，日本一直非常在意欧美国家向自身投来的目光，也意识到只要仍然被欧美国家归在亚洲各国之列，就难以免除来自欧美的偏见。一些日本人认为，甲午战争的胜利可以作为日本比中国强大的证明，但是依然不能消除欧美的歧视态度，这不符合日本成为文明国家目标的自我定位。于是，在对中国、朝鲜的蔑视与被欧美歧视的复杂心态之下，福泽谕吉提出了著名的"脱亚论"。

"脱亚"是明治时期日本人对外认识的最好注脚。该词源于福泽谕吉在1885年3月16日的《时事新报》上发表的《脱亚论》。此文不乏轻视、侮辱中国和朝鲜的表述，提出要警惕日本被欧美视为中国和朝鲜的"恶友"，主张日本国民的精神应该脱离"亚细亚之固陋"，以达到西洋的"文明之域"。❷ 但是，这与其在1878年《通俗国权论》中提出的伸张国权的主张以及当时正在兴起的自由民权思想相左。另外，福泽谕吉在1881年的《时事小言》中称"保护亚细亚东方是我之责任"❸；在1883年《通俗外交论》中，则提出"日本国要加入吞食者行列，与文明国人同求良饵"。❹ 至此，福泽谕吉的"脱亚论"已具备雏形。

❶ 大山梓編『山県意見書』、東京：原書房、1966年版、第96-97頁。

❷ 福澤諭吉「脱亜論」、『時事新報』1885年3月16日、慶応義塾編『福澤諭吉全集』（第10巻）、東京：岩波書店、1960年版、第240頁。

❸ 福澤諭吉「時事小言」1881年9月刊、慶応義塾編『福澤諭吉全集』（第5巻）、東京：岩波書店、1959年版、第95-232頁。

❹ 福澤諭吉「通俗外交論」1881年9月刊、慶応義塾編『福澤諭吉全集』（第5巻）、東京：岩波書店、1959年版、第421-444頁。

"日本的国土虽然位于亚细亚的东边，但是国民的精神已经脱离了亚细亚的愚陋，移植了西洋的文明"，"我国不能迟疑等待邻国开明共兴亚细亚，不如脱其队伍与西洋文明国共进退，尽管与中国、朝鲜相近为邻，然而不用特别知会，只要按照西洋人对待他们的方式即可"。❶ 西洋人对待近代中国与朝鲜的方式，无不是采取蚕食掠夺的手段，若不成功便以大炮武器相威胁，甚至不惜发动战争，但福泽谕吉认为日本只需效仿他们即可。他先前提出的帮助中国和朝鲜实现"开明"以共同构筑亚洲国家防线的想法已全然不见踪影。

福泽谕吉认为甲午战争是"文明对野蛮的战争"，是"谋求文明开化进步的国家与妨碍其进步的国家之战"。❷ 这种言论与其对外扩张国权的思想可谓一脉相承，在当时的日本思想界具有代表性。他甚至将这场战争的目的美化成"只是谋求文明的进步"，"所以它不是人与人、国与国之间的事情，而是一种宗教之争"。❸ 当时持相似观点的还有植村正久，他称"甲午战争的真正动机是新旧两种精神的冲突，日本为进入新文明不惜流血的气势，可以告知天地神明。这场战争是因为大日本帝国意识到自身开明进步的天职，也是向全世界展露的机会。"❹

甲午战争前夕，日本人的亚洲认识主要围绕中国和朝鲜，其间还经历了从主张联合、警惕到"脱亚"的变化过程。甲午战争爆发以后，日本国内上至政府官僚、下至文人志士，均手持"文明"这把看似无所不能的利刃，竭尽所能地美化战争目的，以掩盖他们对朝鲜半岛的野心。"西欧式新文明与东亚式旧文明的冲突"，是时任外相陆奥宗光对甲午战争的评价，即其试图以"文明"为幌子，隐藏自身对外扩张、压迫其他亚洲民族的真实企图。❺

1895 年 1 月，《太阳》杂志创刊。创刊人大桥新太郎在创刊词中写道："今外则征清军所向之处而奏大捷，内则不能禁浩然之气磅礴郁积，我帝

---

❶ 福澤諭吉「脱亜論」、『時事新報』1885 年 3 月 16 日、慶応義塾編『福澤諭吉全集』（第 10 巻）、東京：岩波書店、1960 年版、第 240 頁。

❷❸ 福澤諭吉「日清の戦争は文野の戦争なり」、『時事新報』1894 年 7 月 29 日、慶応義塾編『福澤諭吉全集』（第 14 巻）、東京：岩波書店、1961 年版、第 491 頁。

❹ 植村正久「日清戦争を精神問題とせよ」、『福音新報』1894 年 11 月 9 日、『植村正久著作集』（第 2 巻）、東京：新教出版社、1966 年版、第 186 頁。

❺ 陆奥宗光：《蹇蹇录》，伊舍石译，谷长青校，商务印书馆，1963。

国三千年来蕴蓄之实力，焕然发扬，耸动世界之耳目，宇内一大强国诞生之感，世界到处反响，愉绝快绝。今后四千余万同胞不复是眠于深窗之日本人，而是阔步于五大洲中之大日本人，此岂不谓为我邦第二维新之时耶？当此时，大求智识于世界，发扬我邦真正之文明，而宏之于宇内，盖国民之任务也。”❶ 在此，大桥新太郎直截了当地表达了日本意欲成为世界的野心。

值得注意的是，在日本朝野对甲午战争的言论趋向一致的时候，内村鉴三在甲午战争走向结束之际开始了反省。因为内村鉴三看到了日军在战争中对朝军和清军的暴行，深刻认识到这场战争不是所谓的“义战”。1894 年 8 月 1 日，日本明治天皇发布了《对清宣战诏书》，意味着自称“文明国家”的日本将遵守战时国际法，但是“高升号事件”与旅顺大屠杀都以残酷的事实揭穿了所谓“文明战争”之虚伪。❷

四、甲午战争在日本思想史上的意义

查尔斯·蒂利（Charles Tilly，1929—2008）曾经指出，民族国家发端于战争和谈判、条约、世袭权力之中。❸ 远山茂树也认为，“我们不谈战争，就无法谈近代的日本历史”。❹ 在日本历史的时期划分上，学者们见仁见智，但通常将 1868 年的明治维新和 1945 年的战败投降分别视为近代日本的起点和终点。其间，日本先后参与了甲午战争、日俄战争、第一次世界大战、出兵西伯利亚与侵华战争。可以说，近代日本与经年累月的战争交织在一起，政治、经济、思想文化等各个领域均与战争发生了密不可分的联系。

甲午战争的胜利是日本近代史上的标志性事件，它改变了近代日本的

---

❶ 大橋新太郎『太陽の発刊』、鈴木正節「博文館『太陽』の研究」、東京：アジア経済研究所、1979 年版、第 37 頁。转引自郑匡民：《梁启超启蒙思想的东学背景》，上海书店出版社，2009，第 172 页。

❷ 陈恭禄：《中国近代史》，中国工人出版社，2012，第 259 页；大谷正『日清戦争』、東京：中央公論新社、2014 年版、第 122 頁。

❸ 查尔斯·蒂利：《强制、资本和欧洲国家：公元 990—1992 年》，魏洪钟译，上海人民出版社，2012，第 28 页。

❹ 远山茂树、佐藤进一编《日本史研究入门》，吕永清译，生活·读书·新知三联书店，1959，第 272 页。

国际地位。明治政府对朝鲜的政策，可看作是其与清政府的利益角逐，并在甲午战争后迎来重大的转折。以甲午战争为分水岭，战败的中国丧失了对朝鲜事务的发言权，而获胜的日本则逐步扩大其势力，并且进入了与俄国的对抗状态。此外，明治政府与清政府又签订了《马关条约》，其中除了巨额赔款和通商特权，日本还开始了对台湾的殖民统治。近代日本也正式成为远东的“新兴帝国”。从思想史的角度而言，甲午战争是日本对亚洲、对西方和对自身认识转变的重要契机。[1]

（一）近代日本对亚洲认识的转变

近代以前，日本一直视中国为学习的榜样。上至国家体制、下至百姓生活层面，日本处处充满了来自中国这个东方巨人的投影。这种投影也被深深地植根于日本人内心，而由中国作为“他者”带来的潜在压力，也在日本人的心中挥之不去。此外，岛国的地理环境不仅使日本民族充满了危机意识，而且令来自中国的压力在无形之中被放大。

然而，在近代，甲午战争的结果却证明了中国这个东方巨人是如此不堪一击。因此，甲午战争的胜利，对当时的日本以及生活在其中的日本人来说都意义重大。日本在甲午战争中的胜利彻底打破了其一直以来以中国为中心的传统型“华夷”秩序。本来处于亚洲边缘的日本，由此一举成为亚洲的中心强国，实现了在近代国际秩序中从“边缘”到“中心”的转变。

（二）近代日本对西方认识的转变

甲午战争也改变了日本对西方的认识。近代以后，日本面临着新的“他者”——西方列强的威胁。1853 年佩里舰队的到来激发了日本人革新的决心。日本在很长一段时间内把西方文明尊奉为绝对文明，认为建设近代化国家即建立西方式国家。明治时期日本国内舆论把甲午战争看作“文明与野蛮之战”即当时日本对西方文明权威依附心理的反映。近代日本以西方为参照系对其他国家进行划分，并努力向西方国家迈进。

甲午战争之后发生的“三国干涉还辽”事件，使日本人彻底认识到西

[1] 作为一种对照，可参阅葛兆光：《1895 年的中国：思想史上的象征意义》，载葛兆光《中国思想史》（第 2 卷），复旦大学出版社，2013，第 466-488 页。

方所谓文明的本质。借用俾斯麦的话来说，就是依靠“力”推行文明，《万国公法》不过是推行文明的工具而已。❶ 在此意义上，甲午战争是日本向以西方列强为主导的近代国际秩序迈进的尝试，直至这种尝试受到阻碍。于是，此时的日本国内上下决心“卧薪尝胆”，为此后的日俄战争以及日本走上对外扩张的道路埋下伏笔。

（三）对日本自身认识的转变

明治政府提倡的近代化政策，帮助日本建立了近代化工业体系，让日本在物质层面逐渐走向近代化。同时，1889 年《大日本帝国宪法》颁布，明治宪法体制的建立意味着日本在制度层面成为近代型的国家。在这两方面原因的共同作用下，明治时期日本人对亚洲和西方的认识也发生转变，这必然引发其对自身认识的改变。虽然明治政府推行废藩置县政策，但这种行政规划上的革新并没有迅速改变当时的日本人对自身身份的认识。明治时期大多数日本民众的内心仍旧只有“藩”的概念，而没有“国家”的意识。

甲午战争促进了明治时期日本人从旧的“藩民”向近代国家体制下“国民”的身份转变。在甲午战争期间，战争的动员和士兵的征集则是以“国家”的名义进行。❷ 另外，当时日本的国力其实难以支撑战争所需要的巨大费用，但变身为近代国家地方领导的旧藩主，在筹集战争资金、美化战争和表彰参战个人、帮助伤亡士兵家属等方面发挥了巨大作用。通过甲午战争，许多原来与近代国家没有直接关联的普通日本人逐渐与近代国家“日本”产生关联。在这种意义上可以说，甲午战争是日本人开始接受自身近代国民身份的重要契机。

第二节　从平民主义到帝国主义的思想变奏

作为日本近代史上第一次真正意义的对外战争，甲午战争的胜利给日

---

❶ 田中彰「『脱亜』の明治維新——岩倉使節団を追う旅から」、東京：日本放送出版協会、1984 年版、第 123 頁。

❷ 三谷太一郎『近代日本の戦争と政治』、東京：岩波書店、1997 年版、第 11 頁。原田敬一『日清戦争論：日本近代を考える足場』、東京：本の泉社、2020 年版、第 12–19 頁。

本带来的影响是多方面的。然而，对于明治时期的日本而言，“三国干涉还辽”是一个非常意外的事件，令其对欧美列强威胁的认识比战争之前更加深切。不仅如此，甲午战争的胜利促进了日本国内资本主义的发展，相关的社会问题也随之而来。在此背景下，帝国主义思想言论迅速在日本国内膨胀，并成为社会的主流思潮。帝国主义思潮的流布与发展，对日本后来走上对外扩张的帝国主义道路至关重要。

笔者在前文探讨“陆羯南的对外认识”时引用了鸟谷部春汀在1896年3月的《三报纸记者》上的观点，即福地樱痴、福泽谕吉等“天保老人”的时代已经远去，思想言论界正在被1860年（万延元年）前后出生的新生力量取代，德富苏峰就是其中的文坛“将星”之一。[1] 另外，从平民主义转向帝国主义的思想变化，还发生在同一时代的竹越三叉身上。为了能言简意赅地反映明治中后期日本人思想变化的综合特征，笔者在本节以德富苏峰和竹越三叉的对外言论为代表，探讨明治时期日本人的思想从平民主义向帝国主义的转变。

一、德富苏峰的对外认识

德富苏峰的一生横跨明治、大正与昭和三个时代，经历了明治维新、甲午战争、日俄战争、两次世界大战，人生阅历可谓丰富多彩。德富苏峰在其波澜壮阔的一生中，始终以“立言者”身份倡导“文章报国”，他本人的思想言论也发生过重大变化。这种变化甚至可看作是日本近代思想史变迁的缩影。另外，正如米原谦所指出，德富苏峰的思想转变也是近代日本民族主义轨迹变迁的投影。[2] 德富苏峰思想最为重要的变化，当属从自由民权思想转向平民主义，再从平民主义转向帝国主义以及为日本的对外侵略摇旗呐喊。

（一）从自由民权思想到平民主义

1863年，德富苏峰出生于熊本。其父德富一敬（1822—1914）是横井小楠的第一位弟子，在幕末维新时期参与过熊本的政务。其父的身份及其

---

[1] 鳥谷部春汀『春汀全集』（第2卷）、東京：博文館、1909年版、第269頁。

[2] 米原謙『德富蘇峰』、東京：中央公論新社、2003年版、第 ii–v 頁。

经历使德富苏峰在“胸中萌发了政治敏锐性”❶。1872 年，德富苏峰进入熊本洋学校学习，却因年幼被退学。1875 年再次入学，开始接触西洋学问与基督教。1876 年，德富苏峰经新岛襄（1843—1890）受洗成为一名基督徒；1877 年，受到《东京日日新闻》记者福地樱痴的影响，立志成为一名记者；1881 年，进入相爱社机关报《东肥新闻》担任编辑，同年加入相爱社。

1885 年，德富苏峰在熊本经营大江义塾，并且创办《大江义塾杂志》，宣传西欧的政治经济思想，极力主张日本应作为“民主国家”实行“总自治”。德富苏峰标榜大江义塾是以“自治、自动、自尊、自重”为宗旨的“自由学校”。19 世纪 80 年代中期正是日本民权运动高涨的时期，日本国内不仅兴起一股民主思想，也在有关日本出路的对外认识方面出现新动向。自由民权思想中的国权思想与国内民主变革的愿望交织在一起，使得国权与民权一时间成为当时日本社会的热门话题。

日本自由民权思想家对外认识的基本态度体现在 1874 年 1 月 17 日由板垣退助等 8 人向政府提交的《设立民选议院建白书》之中。该建白书以“兴我人民敢为之气势，辨知天下分任之义务，参与天下事物”为目的。❷当时日本的自由民权思想家认识到日本在世界范围内的立足需要全体日本人的参与，因此需要打破“天下人民茫然不知者十之八九”的国内政治生态。❸ 换言之，《设立民选议院建白书》中所含的自由民权思想，主张国权扩张必须以伸张民权为基本前提。其实，日本在 19 世纪 70 年代中期以后兴起的自由民权思想，是对明治维新政府表面上实行“文明开化”、实际上压制民权思想的反抗。这一时期的自由民权思想家试图以启蒙思潮中输入的“天赋人权”等西方民主理念，革新日本传统的国家与人民的关系模式。由此，笔者认为明治自由民权思想时期日本人的对外认识呈现两个特点。

第一，对内要求变革的民主主义呼声与对外要求独立的民族主义呼声相互交织。其中最典型的事例就是日本举国一致支持修改条约，争取国家

---

❶ 松本三之介：《国权与民权的变奏：日本明治精神结构》，李冬君译，东方出版社，2005，第 93 页。

❷❸ 国立公文書館デジタルアーカイブ「民撰議院設立建白書」、https：//www. digital. archives. go. jp/DAS/pickup/view/detail/detailArchives/0101000000/0000000007/00。

独立。及至明治自由民权运动最高峰时期，“修改条约、开设国会、改革地租”共同成为运动的三大口号。

第二，一方面希望以民主思想为武器革新国内传统的统治秩序格局，另一方面希望以民主思想革新以欧美列强为主导的近代国际秩序格局。关于明治时期的日本人把对国内秩序格局的构想推演至国际秩序的思维特点，笔者在前文“幕末开国时期日本人对外认识状况”中已有叙述，在此不再重复。需要特别指出的是，尽管时代的主题在不断发生变化，社会思潮的内容也在随之变化，但是日本人的民族国家心理以及思维方式具有惊人的稳定性和连续性。

基于上述明治自由民权思想时期日本人的对外认识的特点表明，一个国家的社会思潮从来都与其民众的对外认识密不可分，这一点在近代日本表现得尤为明显。在甲午战争以前，日本迫于外来压力，虽然国内曾经爆发过“征韩”论争，但最终确立的还是在富国强兵为总目标下内治优先于外政的方针。明治政府对改革身份制度、实现国家统一、加强国民对国家认同政策措施等方面，都旨在建立统一、富强的民族国家，并在此基础上取得与欧美国家对等的国际地位。可以说，文明开化时期的启蒙思想运动，就是日本社会思想界对于同时代课题的有力回应。

在自由民权思想时期的民权与国权论争中，“为国权的民权”思想占据上风，终于使得国权主义成为主流。同样，德富苏峰的思想也经历了相同的变化。他曾经一度热衷于宣传自由民主思想，而当明治二十年代政府主导的全盘西化风潮兴盛的时候，又开始倡导平民的欧化。笔者在前文叙述了明治中期思想界为了对抗“欧化”风潮而以彰显“国粹”为宗旨的国粹主义。其实，还有一股思潮的影响可与之并驾齐驱，或者说有过之而无不及，这就是平民主义思潮。德富苏峰在1887年创办了民友社，发行杂志《国民之友》，是平民主义的主要旗手，而从自由民权思想到平民主义，是德富苏峰思想的第一次转变。

（二）德富苏峰从平民主义到帝国主义的思想转变

1. 转变契机

德富苏峰帝国主义言论的集大成之作，当属1916年出版的《大正青年与帝国前途》一书。该书以《将来之日本》（1886）与《新日本之青年》（1887）为基础修改而成。关于修改原因，德富苏峰在“绪言”中自叙道：“特别是明治二十七八年役前后，予政治、社会意见发生重大变化——在予来看来乃进化，甚感必要。”❶

甲午战争结束后，明治政府朝野上下欣喜若狂，但是这种喜悦的心情立刻被“三国干涉还辽”事件冲击得无影无踪。德富苏峰当时正在中国的辽东半岛考察，他踏上中国大陆时感到“愉快”与“满足”，但当他听到因欧美国家干涉，日本要把辽东半岛归还给中国后，说“此次归还辽东，几乎支配了予一生之命运。自听闻此事以来，予在精神上几乎变了一个人。毕竟此乃力不足之故，确信倘若力不足，一切正义公道半文不值”。❷

德富苏峰所言的精神上的“巨大转机”，就是其思想从平民主义向帝国主义的转变。他说：“尔来，自二十七八战役至三十七八年役期间，予论文或演说等，无不一以贯之。何也？自不待言，乃贯穿平民主义、国民主义、国家社会主义之皇室中心主义也。君民一德、举国一致之帝国主义也。即内行平民主义、外行帝国主义，而以皇室中心主义贯穿、统制两者。”❸ 由此可见，德富苏峰的帝国主义与其在明治二十年代提倡的平民主义具有内在关联性。

2. 平民主义中潜在的“膨胀”论调

明治时期的平民主义是以国家独立发展为基本前提，强调尊重人民的自由与权利，维护人民的利益与幸福，因此批判藩阀政府专制统治的立宪政治思想。不难看出，平民主义与为了伸张国权而伸张民权、开设国会等自由民权思想的关联性。平民主义的特征在于重视政治改革、经济社会改革以及人民精神改革。

关于政治、经济社会以及精神改革，德富苏峰在 1887 年 4 月出版的《新日本之青年》序中写道：“新日本社会必须由新日本青年斡旋经理。旧

---

❶　德富蘇峰「大正の青年と帝国の前途」、神島二郎編集『近代日本思想大系：8　德富蘇峰集』、東京：筑摩書房、1978 年版、第 64 頁。

❷　德富蘇峰『蘇峰自伝』、東京：日本図書センター、1997 年版、第 225 頁。

❸　德富蘇峰「大正の青年と帝国の前途」、神島二郎編集『近代日本思想大系：8　德富蘇峰集』、東京：筑摩書房、1978 年版、第 64- 65 頁。其中，“二十七八战役至三十七八年役”，分别是指明治二十七至二十八年（1894—1895）的甲午战争和明治三十七至三十八年（1904—1905）的日俄战争。

日本老人料理新日本事务如猎夫意欲驾舟”，心有余而力不足，因此需要新的日本青年来担当此重任。❶《新日本之青年》是在1885年出版的《十九世纪日本的青年及其教育》基础上，添加了一篇题为《新日本之青年》的总论而构成的。德富苏峰认为，明治青年要比“天保老人”先进，故明治青年不应该接受天保老人的指导，而应该指导“天保老人”。❷

明治青年比“天保老人”先进的地方是什么呢？德富苏峰的答案是“精神文明”。他说：“故欲于我邦扶植泰西文明，必先看破其真面目。看破其真面目，必先注目其精神文明。此两个文明（物质文明与精神文明）关系并非相互矛盾冲突之表面关系，其实乃阴阳电气亲密结合之关系，而彼物质文明仅为精神文明之反射。盖此两个势力相携以成就共同目的。嗟乎我党之好青年、好男儿，若卿转一步进入泰西自活社会，愿卿转两步进入泰西之道德社会。若期望物质文明，更应举眼期望精神文明。”❸

德富苏峰一扫“天保老人”继承的“东洋道德、西洋技术”的思想，认为应该学习西方精神文明，它不仅与物质文明并不矛盾，还是物质文明发达的思想基础。在谈到明治青年如何促进社会、国家和文明的进步时，德富苏峰强调“非教育则不可”❹，并批判了当时教育中存在的复古主义、偏知主义和折衷主义潮流。

第一，所谓复古主义，“乃使今日世界恢复封建时代教育，以《论语》《孟子》《靖献遗言》《古事记》《令义解》等，取代达尔文、斯宾塞等著述，以我邦之历史、普通变则之汉学，取代物理、植物、博物、化学、经济、法律、心理、哲学学问。唯以忠信孝悌教义，取代职分、自由、自动、独立、劳作、刚毅等训言。要之，欲于今日世界废除今日世界合适教育，以封建时代教育取代之，欲一蹴而恢复今日社会为封建时代之旧古”。❺

---

❶ 德富蘇峰「新日本之青年序」、神島二郎編集『近代日本思想大系：8　德富蘇峰集』、東京：筑摩書房、1978年版、第3頁。

❷ 德富蘇峰「新日本之青年」、神島二郎編集『近代日本思想大系：8　德富蘇峰集』、東京：筑摩書房、1978年版、第7頁。

❸ 德富蘇峰「新日本之青年」、神島二郎編集『近代日本思想大系：8　德富蘇峰集』、東京：筑摩書房、1978年版、第12頁。

❹ 德富蘇峰「第十九世紀日本の青年、及其教育」、神島二郎編集『近代日本思想大系：8　德富蘇峰集』、東京：筑摩書房、1978年版、第18頁。

❺ 德富蘇峰「第十九世紀日本の青年、及其教育」、神島二郎編集『近代日本思想大系：8　德富蘇峰集』、東京：筑摩書房、1978年版、第32頁。

第二，关于偏知主义，德富苏峰认为信仰此主义者“唯以满足一身生活为教育之本分”，容易使人陷入“小节细目”的俗世物质生活之中，而且偏知主义者因为信仰“社会有常势，唯放任常势时不漏所谓水到渠成之理而自然运行”。[1] 换言之，德富苏峰认为偏知主义与日本文化中的“顺应大势主义”精神相通。

第三，折衷主义是指在“智育方面，发挥泰西的新主义，在德育方面宣扬鼓舞东洋流之旧主义，希望天下青年以此成为智德完美的教养人民”。[2] 德富苏峰并不否定折衷主义的教育目标，但是对实现目标的手段是否恰当提出了自己的观点。他认为，“欧洲体现出进步的特征，而亚洲则显现出秩序特征”，从学术上来看东洋学问的秩序特征毫无价值。[3]

德富苏峰眼中理想的教育，就是要实践“智德一途的教育”，改良以前智德相互矛盾的教育法。第一，应以熟知原因结果为目标，培养科学精神；第二，应宣扬自尊自爱的风气；第三，应发挥自情径行、自治的精神；第四，在宣扬自尊自爱风气时，发挥推己及人的同情心；第五，可移植泰西社会流行的道义法。总之，德富苏峰希望通过革新学问以及教育培养出具有科学精神与独立人格的新日本青年。

如果说《新日本之青年》主要侧重于明治青年的精神变革，那么1886年出版的《将来之日本》则偏重政治改革。随着《将来之日本》的发行，德富苏峰一时成为“平民主义”的代言人，获得了巨大的社会关注。就在该书出版之后不久，德富苏峰携双亲迁居东京，一年后便创办了《国民之友》杂志，在思想舆论界大放异彩。

德富苏峰在《将来之日本》中，从“日本将来如何”这个问题出发，通过分析国际关系状况、社会历史发展大势、日本历史发展趋势等，提出将来的日本应该是一个和平的、平民主义的生产国家。在“绪言”中，德富苏峰叙述自己写作此书的身份定位时说：“既不是一个高尚深奥的哲学

---

[1] 德富蘇峰「第十九世紀日本の青年、及其教育」、神島二郎編集『近代日本思想大系：8 德富蘇峰集』、東京：筑摩書房、1978年版、第33頁。

[2] 德富蘇峰「第十九世紀日本の青年、及其教育」、神島二郎編集『近代日本思想大系：8 德富蘇峰集』、東京：筑摩書房、1978年版、第34頁。

[3] 德富蘇峰「第十九世紀日本の青年、及其教育」、神島二郎編集『近代日本思想大系：8 德富蘇峰集』、東京：筑摩書房、1978年版、第38頁。

家，也不是一名活跃雄飞的政治家，而仅仅是日本一介忠厚真挚的平民”。[1] 个人的生存与生活是德富苏峰写作《将来之日本》的基本出发点。在“一国之生活”中，德富苏峰写道，“人类不只是为了生活而来到这个世界上，但是如果要问人之最初的目的是什么的话，三尺童子也会异口同声地回答是为了生活”[2]，因为生活是其他一切愿望的基础，一个国家的目的也是如此。

德富苏峰认为，保护一个国家的生活有两种手段，一个是生产机关，另一个是武备机关。生产机关提供内部供给，武备机关防御外部入侵。孔子所谓足食、足兵即是如此。这两个机关职务起初未必分开，甚至可以说在社会草创时期相互混合不分，随着社会进步，人事愈趋繁多，才被逐渐细分。[3] 具体而言，德富苏峰指出，武备机关越发达则生产机关越收缩，国家政权集中于少数人之手，社会将由“威力即权理”的不平等主义支配；生产机关越发达则武备机关越收缩，政权分配于多数人民之手，社会将由以正义为法则的平等主义支配。所以，武备社会是贵族的现象，生产社会是平民的现象。保护一国之生活就是为了保护这两个机关，而这两个机关之间是此消彼长的关系，分别对一国政治、经济、知识、文学、社交——一国性质品格以特别的影响。[4] 德富苏峰这种将武备社会与平民社会对立起来的观点，其实与斯宾塞在《社会学原理》中提出的从军事性社会向生产性社会过渡的思想有一定渊源。

“在第十九世纪时代，必须牢记四海万国皆我邻国，且必须牢记邻国大势乃影响我国将来命运之一大要素。然则邻国大势如何，是吾人今回研究之问题。”[5] 德富苏峰从表里两个方面论述了“日本外部社会四围之境遇”，分析了 19 世纪的世界形势，指出日本应该选择和平主义的商业国家道路。在德富苏峰眼里，“盖第十九世纪之今日，实乃绝望之时代。试放

---

[1] 徳富蘇峰「将来之日本」、植手通有編『明治文学全集：34　徳富蘇峰集』、東京：筑摩書房、1974 年版、第 50 頁。

[2][3] 徳富蘇峰「将来之日本」、植手通有編『明治文学全集：34　徳富蘇峰集』、東京：筑摩書房、1974 年版、第 54 頁。

[4] 徳富蘇峰「将来之日本」、植手通有編『明治文学全集：34　徳富蘇峰集』、東京：筑摩書房、1974 年版、第 56 頁。

[5] 徳富蘇峰「将来之日本」、植手通有編『明治文学全集：34　徳富蘇峰集』、東京：筑摩書房、1974 年版、第 57 頁。

眼望我地球四隅，道理势力薄弱未有今日之甚者，强者权利流行未有今日之甚者。昔日世界乃野蛮人以腕力蹂躏开化人之世界，今日世界乃开化人以暴虐吞灭野蛮人之世界。”❶ 此外，德富苏峰还在文中以图表的形式说明欧洲国家战争频发，造成人员、财务等巨大损失。

尽管如此，德富苏峰对于亚洲国家摆脱欧洲国家的统治还是充满乐观，因为他认为“今日世界之境遇实乃富之境遇，今日世界大势实乃平民主义之大势。既然如此，吾人唯以此事实断言我日本将来可成商业国”。❷关于自由贸易，德富苏峰认为生产的增加会促进国际贸易的繁荣，国际贸易繁荣则会促进和平主义的兴盛。商业主义是抵抗“腕力主义”的重要手段，以战争为手段的商业不足以称为商业，而贸易主义就是和平主义。❸所以，德富苏峰认为，平民主义的商业国家是“将来之日本”应该选择的道路。

值得注意的是，德富苏峰的《将来之日本》体现出两个特征。第一是“顺应大势”。随着19世纪末期资本主义世界整体向帝国主义阶段过渡，已经为日本的思想言论转向帝国主义做好了外部环境准备。第二是认可西方强国的战争实质是“富”，即“国家实力”。德富苏峰在此并未否定欧美强国借助强大的军事、经济实力对于其他弱小国家的殖民侵略，也为其以后转向帝国主义言论，公开为侵略摇旗呐喊奠定了思想基础。

3.《大日本膨胀论》

1894年7月25日，中日之间丰岛海战爆发。德富苏峰此时先后在《国民之友》与《国民新闻》上撰写文章对战事发表看法。《大日本膨胀论》收录了8篇文章，由民友社于1894年12月出版。这本书可谓分析德富苏峰思想转变的重要资料。德富苏峰认为，国家的生存与对外膨胀乃自然之事。在《将来之日本》中，他已在“一国之生活”部分畅谈了对于国家生存手段的看法。在《大日本膨胀论》中，德富苏峰清楚地写道：“明

❶ 德富蘇峰「将来之日本」、植手通有編『明治文学全集：34　德富蘇峰集』、東京：筑摩書房、1974年版、第57頁。

❷ 德富蘇峰「将来之日本」、植手通有編『明治文学全集：34　德富蘇峰集』、東京：筑摩書房、1974年版、第89頁。

❸ 德富蘇峰「将来之日本」、植手通有編『明治文学全集：34　德富蘇峰集』、東京：筑摩書房、1974年版、第77-80頁。

而言之，吾人以国家生存为必要，以维持日本新占领地位，并且扩张为必要。无论如何，相信不可禁止军备扩张。”❶ 在此，德富苏峰把日本的扩张与“国家生存”联系在一起，并指出“军备扩张”是国家生存的手段。

其实，早在《日本国民的膨胀性》中，德富苏峰就指出了日本“膨胀”的事实，他说：“区区领海问题只是徒然，现在朝鲜沿海，事实上已是我国版图也。”继而又指出“人口的繁殖是国民膨胀的最重要条件”，❷“考察世界将来问题，应最为关心人种之事。今日已非最早以武力征服天下之时，而是以人种征服天下之时。❸

德富苏峰把维新的意义与日本的对外“膨胀”联系在一起，试图论证甲午战争只不过是实现维新远大目标的一个步骤。在《大日本膨胀论》中，有关甲午战争的内容约占整体篇幅的七八成。德富苏峰认为，“正是有了日本的‘膨胀’，才有‘征清’问题”“因此，著者主观上是讨论‘征清’问题，同时论述当今时务；客观上是考察维新开国史之一环。‘征清’是国家重要的大事件，也是日本‘膨胀’的大波澜，是维新革命命脉的一个喷火口”。❹ 正如书名《大日本膨胀论》一样，德富苏峰时刻不忘为日本的对外“膨胀”叫好。他在评价明治维新时称：“毋庸置疑，维新中兴的目的在于携日本国民雄飞于世界。”❺

在谈到日本与中国开战的问题时，德富苏峰认为这是一个好机会，是“膨胀”的日本开展“膨胀”活动的好机会，而且难得易失，日本应该利用这个机会实现超越性飞跃。❻ 毋庸置疑，这个“超越性的飞跃”就是指日本获得在东洋的盟主地位。关于日本“为何要开战”的问题，德富苏峰说是为了把东洋和平的担保权握在手中。或许这一说法过于抽象，若换言

---

❶ 德富蘇峰「大日本膨脹論」、植手通有編『明治文学全集：34　德富蘇峰集』、東京：筑摩書房、1974 年版、第 272 頁。

❷ 德富蘇峰「大日本膨脹論」、植手通有編『明治文学全集：34　德富蘇峰集』、東京：筑摩書房、1974 年版、第 247 頁。

❸ 德富蘇峰「日本人種の新故郷」、『国民之友』明治二十三年六月（1890 年 6 月）。

❹ 德富蘇峰「大日本膨脹論」、植手通有編『明治文学全集：34　德富蘇峰集』、東京：筑摩書房、1974 年版、第 245 頁。

❺ 德富蘇峰「大日本膨脹論」、植手通有編『明治文学全集：34　德富蘇峰集』、東京：筑摩書房、1974 年版、第 270 頁。

❻ 德富蘇峰「大日本膨脹論」、植手通有編『明治文学全集：34　德富蘇峰集』、東京：筑摩書房、1974 年版、第 249 頁。

之，就是为了维新兴国之大业。兴国大业是“国富民安，尽日本帝国统一自卫之道，大日本向外‘膨胀’也。朝鲜的独立、对清政府的膺惩，只不过是实现此目标的手段而已。我们是为了国家的自卫而战，我们是为了国民的雄飞而战。自卫与雄飞是概括维新大精神的关键词”。❶

德富苏峰把日本挑起甲午战争、占领朝鲜、宰割中国，完全美化成一种“自卫”行动，可知《大日本帝国膨胀论》的目的就是要美化战争，为日本的对外侵略辩护。同时，德富苏峰还不忘借助战争的机会拉近日本皇室与国民的感情距离，强调这也是“‘征清’之真意义”之一，是战争的副产品。在“尊王主义与平民主义”部分，德富苏峰称：“天皇之心与国民之心一致，尊王心与爱国心一致，帝室国民一致，兹始三千年来，得以发扬世界无比之大日本国体也。而见今日此事，言今日乃尊王主义大胜利之日可矣，言平民主义胜利之日亦未尝不可矣。何也？二者名殊而其实乃一，其实乃一而其用相同也”。❷ 正如笔者在前文指出的一样，德富苏峰所主张的平民主义并不否认侵略，它其实与打着“尊王”旗号的侵略战争可谓殊途同归。

而且，在尊王主义面前，平民主义则需要退居次位。德富苏峰对此解释道：“日本国民同心一体、全国民心一致，举全国之力倾注于征清，乃一大快事。所谓国家面前，忘记（个人）一切乃日本国民之特性。忘记一切就是忘记个人利害，忘记从来之行为。忘记自他之恩仇，忘记彼我之异同，应为公民的生活而牺牲个人的生活。”❸ 德富苏峰认为，个人应该完全服从于国家，这种“爱国心”是日本国民的特性之一。其实，这里所谓的“爱国心”是把个人的自由民主权利完全让渡于国家的对外扩张。这是明治自由民权运动时期民权与国权论争的最终归结点，从中也可以看出日本自由民权思想的脆弱性。

另外，在德富苏峰的“大日本膨胀论”中，军备扩张思想也占据了相

---

❶ 德富蘇峰「大日本膨脹論」、植手通有編『明治文学全集：34　德富蘇峰集』、東京：筑摩書房、1974 年版、第 260–261 頁。

❷ 德富蘇峰「大日本膨脹論」、植手通有編『明治文学全集：34　德富蘇峰集』、東京：筑摩書房、1974 年版、第 263 頁。

❸ 德富蘇峰「大日本膨脹論」、植手通有編『明治文学全集：34　德富蘇峰集』、東京：筑摩書房、1974 年版、第 265–266 頁。

当重要的地位。德富苏峰认为，日本的军事尽管在进入明治时期的20年来取得了非常大的进步，但都着眼于内地防御，这是不可争辩的事实。如果当今日本在世界范围“开拓事业”，则需要日本面对世界改变军事战略，甲午战争使日本重新感觉有必要放眼世界。❶ 德富苏峰所言的军事上放眼世界，其实就是指军备扩张。他在叙述“经世两大动机”时，说道：“经世两大动机谓之兵与商，世界如此，今日如此，而今后日本更是如此”“虽富国强兵乃三十年之套话，此四字仍为时务之新必要”。❷ 接着，德富苏峰举出英法战争的例子，说明当时英法战争其实是商权与兵权的战争，最终商权屈服于兵权，由此主张军备扩张的正当性。他说：

> 勿以为吾人反对军备扩张，吾人重申，战胜后须比战胜前加强军备。明而言之，吾人以国家生存为必要，以维持日本新占领地位，并且扩张为必要。无论如何，相信不可禁止军备扩张。但应商讨者乃武备机关扩张同时，生产机关亦应齐头并进。强兵富国，缺一不可。忘记富国而事强兵，非识时务之作为。吾人相信强兵之同时，应施行积极富国策，以为强兵之手段。❸

在《将来之日本》中，德富苏峰强调日本社会正从武备社会向生产社会过渡，并为日本描绘了和平的商业国家的蓝图。但是，在《大日本膨胀论》中，德富苏峰强调武备社会与生产社会要并行不悖，而且生产社会是实现军备扩张的手段，可见其态度发生了明显的转变。德富苏峰作为一名新闻记者，在为国家“膨胀”以及军备扩张发声的同时，还试图唤起日本人对于国民特性的重视。例如，在《“征清”之真意义》中，德富苏峰列举了日本国民的三个特性：第一是日本国民拥有超然于世界的爱国心；第二是日本国民具备灵活运用和消化近代文明的能力；第三是日本国民具备坚实刚健的资质。德富苏峰认为，虽然日本国民拥有许多缺点，但是他们极其真实、诚挚、热忱，并且言行一致，所以日本在世界的地位能够为之

---

❶ 德富蘇峰「大日本膨脹論」、植手通有編『明治文学全集：34　德富蘇峰集』、東京：筑摩書房、1974年版、第270頁。

❷❸ 德富蘇峰「大日本膨脹論」、植手通有編『明治文学全集：34　德富蘇峰集』、東京：筑摩書房、1974年版、第272頁。

一变。❶

德富苏峰的"大日本膨胀论"是帝国主义表现的一种形态。1899年10月，德富苏峰在《国民新闻》上发表《帝国主义之真意》，并在其中表明"帝国主义"一语已在政界流通，并承认自己也是帝国主义者，而主张帝国主义不是侵略主义、排他主义、武断主义和浪费主义——"帝国主义，和平的膨胀主义也，意味非垄断独占之膨胀主义也。以贸易、以生产、以殖民扩充一国之利益，期民族之发达也"。❷ 德富苏峰把明治时期日本社会从和平主义走向帝国主义的理由，归之于甲午战争使日本在世界上的地位发生了变化，以及世界大势正在走向帝国主义。

关于日本在世界上地位的变化，德富苏峰竭尽全力为国家"膨胀"进行道德辩护。他的逻辑是国家的"膨胀"自然会引发人口的增加，而日本人口的增加自然要求日本对外扩张国土。他说："今日日本犹如二人同居于六叠房间，国土逼仄。人口以每年四十余万人规模增加，最终只能到达人住在人上面的地步。如欲现今我邦人口与面积的比例，必须增加二百五十三方里的版图，即必须新增加一个近江国的土地。如果不能增加，则相当于失去近江一国，而且新版图增加的比例必须与人口增加比例一同年年递进，即今后六十年日本国土面积需要达到现今两倍才能保持今日人口与面积的比例。水涌而外溢，外溢则流通。人口运行也是如此，何况我邦占据四通八达的天然好形势与便利。"❸

上述引文表面上分析的是明治时期日本国内人口增加与土地的关系，但是德富苏峰并没有因为日本国土面积不足而提出抑制人口增长的观点。相反，他以水的外溢与流动之关系比喻人口的增加与流动，其实是一种肯定海外殖民的言论。换言之，德富苏峰借助日本国内人口增加的自然现象，为日本的国家"膨胀"制造合理的逻辑。并且，德富苏峰认为，向中国开战是日本的一次绝佳机会，不应该错过，而且明治政府应该借此机会

❶ 德富蘇峰「大日本膨脹論」、植手通有編『明治文学全集：34　德富蘇峰集』、東京：筑摩書房、1974年版、第265-267頁。

❷ 德富蘇峰『蘇峰文選』、東京：民友社、1915年版、第481頁；远山茂树：《日本近现代史》（第1卷），邹有恒译，商务印书馆，1983，第158页。

❸ 德富蘇峰「大日本膨脹論」、植手通有編『明治文学全集：34　德富蘇峰集』、東京：筑摩書房、1974年版、第248頁。

“膺惩”清政府，“扶助”朝鲜王朝。因此，这是一种赤裸裸的帝国主义侵略思想。

> 今上天赐予良机，清政府冥顽不化，为开战提供说辞。清政府已使朝鲜成为其属邦，而妨害我保护朝鲜独立。扶助弱国独立，挫败暴国吞噬，是侠士之事，是义人之事，且乃仁人之事。质之于天地公道，诉之于世界公论，寻之于古今事实，亦毫无疑问。误百年大计于一日苟安也。一日不断、二日不断、三日不断，良机如脱兔一去不复回。汝等若无错失代价之勇，勿忘安逸之极当使国家窒息。❶

在日本与中国开战之后，德富苏峰时刻跟进战争动向，并且不忘美化战争，为日本的侵略战争打出“道德牌”。在“战争与国民”部分，德富苏峰评述了战争的意义。他认为战争在攻斗以外，具有重大的意义；战争在胜败之余，具备深刻的意义——“吾人欲布大义于四海而流血，吾人是文明的向导，是人道的传播者，是光明的使者，是为了中国的教化。因此一次胜利就是进行了一次教化。”❷ 德富苏峰以“大义”“文明”“人道”与“光明”等看上去光鲜亮丽的词汇，美化日本对中国和朝鲜的侵略，试图掩盖其征服亚洲的野心。这是彻头彻尾的帝国主义思想。

二、竹越三叉的对外认识

竹越三叉，出生于越后国（今日本埼玉县），就学于庆应义塾，曾任福泽谕吉创办的《时事新报》记者。1890 年，竹越三叉加入民友社，1891 年出版《新日本史》上卷❸，论述了明治维新以来日本社会变化的主要脉络，1896 年撰写了《两千五百年史》。1902 年，竹越三叉当选为众议院议员（立宪政友会），在 1919—1920 年出版了八卷本的《日本经济史》，1922 年成为贵族院议员，1940 年担任枢密顾问官。

竹越三叉与德富苏峰是同时代的政论思想家，也是民友社的重要成

---

❶ 德富蘇峰「大日本膨脹論」、植手通有編『明治文学全集：34　德富蘇峰集』、東京：筑摩書房、1974 年版、第 250 頁。

❷ 德富蘇峰「大日本膨脹論」、植手通有編『明治文学全集：34　德富蘇峰集』、東京：筑摩書房、1974 年版、第 255 頁。

❸ 竹越三叉的《新日本史》中卷出版于 1892 年，下卷终未出版。

员。其前期思想与德富苏峰相似，但是自甲午战争以后，他们的思想出现了不同的特征。笔者在本节将以竹越三叉的民友社和《世界之日本》时期的言论为中心，以甲午战前后时代思潮变化为大背景，分析其对国内政治和对外认识两方面的特征。

（一）竹越三叉的平民主义思想

1887年8月，竹越三叉发表平民主义启蒙书籍《政海之新潮》，并寄希望于"同视社会不德、祸乱、配材分权之不宜，胸中畏天爱人，欲守护常伤一般平民之平民制度"的国士。[1] 竹越三叉认为当时的历史在从贵族社会的"英雄崇拜世界"向"平等平民世界"过渡，日本自然也不例外。这种认识与德富苏峰的平民主义思想具有一致性。

1890年，竹越三叉投入德富苏峰创办的民友社，担任《国民新闻》主笔长达6年。在这6年时间中，竹越三叉发表了大量的论著，包括《新日本史》上、中卷、《二千五百年史》等。另外，竹越三叉还在《国民新闻》《国民之友》等杂志上发表多篇论述。民友社时期是竹越三叉作为记者最为活跃的时期，而平民主义是竹越三叉此时期思想言论的一个主要特征。在《新日本史》中，竹越三叉为平民主义给出定义：

> 何谓平民主义？欲在人权上筹措社会组织者也，社会上的社会共和主义，调和国家主义与个人主义。政治上是民权主义，是连接各阶级的关锁，并非通过个人而是借助国民宣扬自主自立精神者也。认识到社会罪恶与压抑，虽欲除之，而不宽宥一个人之堕落也。认识个人隶属于国家，同时认识到个人总量意外存在于无形之国家也。已然如故，凡事主张自由宽容，反对以国家之名谋杀异己分子，主张国家进步最终与个人自由发达相吻合，平民主义如此信任一国人民，相信人民各个发达、信仰、教育、力量、品格缺一不可。另，扩大物质快乐，同时宗教问题并非专门委任僧侣，以其为国民必要之问题。此主义一旦出现，天下将靡然为之倾倒。自由主义、民权论、人权说、个人主义、自由贸易论、最多众民论、国家独立论、精神发达论等，所

[1] 竹越三叉「政海之新潮」、柳田泉編『明治文学全集：36　民友社文学集』、東京：筑摩書房、1970年版、第92頁。

有自由进步文字注入之江海，融解以上文字形成此新平民主义，拥有新奇色泽、新奇领域。要之，此文字乃维新以来单纯反对法权主义专制之所有分子之总管束、总掌管也。❶

上述引文中的“自由主义、民权论、人权说、个人主义、自由贸易论、最多众民论、国家独立论、精神发达论等，所有自由进步文字注入之江海”，正是对明治二十年代自由民权运动退潮以后至甲午战争爆发期间，日本国内围绕建立近代国家形态展开思想论争的全景描绘。

（二）竹越三叉的东洋认识

明治二十年代日本国内的政治焦点主要有两个，一是修改条约问题，二是围绕甲午战争日本国内舆论的对立。因为朝鲜半岛问题，1894 年明治政府试图挑起与中国的战争。竹越三叉对此外交问题发表了一系列言论，其中包括《应当出兵朝鲜》❷、《朝鲜独立之担保》❸、《支那论》（一至五）❹、《垂死的喇叭兵》❺、《日本膨胀的第一页》❻、《日本与英国》❼、《应对清国之道》❽、《与李鸿章伯爵书》❾、《世界之日本乎？亚细亚之日本乎？》❿、《深忧大患》⓫、《日本于列国间的位置》⓬、《同盟时代之日本》⓭、《日本对支那的发言权》⓮ 等。其中，《国民之友》与《国民新闻》上连载的《支那论》由民友社于 1894 年 8 月结集出版，书名仍然沿用《支那

---

❶ 参阅竹越三叉「新日本史」、松田栄一編『明治文学全集：77　明治史論集　1』、東京：筑摩書房、1965 年版。

❷ 「兵を朝鮮に出すべし」、『国民新聞』明治二十七年五月三十一日（1894 年 5 月 31 日）。

❸ 「朝鮮独立の担保」、『国民新聞』明治二十七年六月十二日（1894 年 6 月 12 日）。

❹ 「支那論」、『国民新聞』及び『国民之友』明治二十七年六月至八月（1894 年 6—8 月）。

❺ 「垂死の喇叭卒」、『国民新聞』明治二十七年八月十一日（1894 年 8 月 11 日）。

❻ 「日本膨脹の第一葉」、『国民之友』明治二十八年一月三日（1895 年 1 月 3 日）。

❼ 「日本と英国」、『国民之友』明治二十八年二月三日（1895 年 2 月 3 日）。

❽ 「清国に処する道」、『国民之友』明治二十八年三月二十三日（1895 年 3 月 23 日）。

❾ 「李鴻章伯に与ふるの書」、『国民之友』明治二十八年四月三日（1895 年 4 月 3 日）。

❿ 「世界の日本乎、亜細亜の日本乎」、『国民之友』明治二十八年四月十三日（1895 年 4 月 13 日）。

⓫ 「深憂大患」、『国民之友』明治二十八年四月二十三日（1895 年 4 月 23 日）。

⓬ 「列国間に於ける日本の位置」、『国民之友』明治二十八年六月五日（1895 年 6 月 5 日）。

⓭ 「同盟時代の日本」、『国民之友』明治二十八年六月二十三日（1895 年 6 月 23 日）。

⓮ 「支那に対する日本の発言権」、『国民之友』明治二十八年十二月二十八日（1895 年 12 月 28 日）。

论》。以下，就以《支那论》为文本，分析竹越三叉的亚洲认识以及对外认识结构。

1.“大日本”认识

竹越三叉的《支那论》主要向日本国民阐述甲午战争的意义和目的，全书共分十章。竹越三叉在第一章“大日本”中指出天下形势发生了翻天覆地的变化，日本曾经是东洋的田园国家，如今则“不得已”开展接近大陆的大运动，从经济、人口等角度力证日本必须对外膨胀。竹越三叉所言的“大日本”应该是一个怎样的国家呢?“就自家品质而言，国民志愿理当高洁；就地位而言，国民威望应当强大；而就其力量而言，日本国民生活范围应当扩张”，“大日本”是“Great Japan”，与“国民自信的标识”是同一个意思。❶

竹越三叉在文中谈及了天下形势，他对于“外部形势”的判断是，日本从19世纪资本主义文明中获利良多，从东洋落后的田园国家摇身一变，成为西洋列强在东洋横行时必须依赖的重要国家。因为，第一，19世纪产业以及科学技术的发展可以弥补岛国在交通地理条件方面的缺陷；第二，随着苏伊士运河与巴拿马运河的开通，日本国家的地位有所上升；第三，英国与俄国在争夺世界霸权，尤其在争夺东方霸权时，日本的地位不容忽视。

国内方面，竹越三叉认为国民活力已经达到旺盛的顶端，以至于景行天皇以来开创的日本国土已经满足不了需求。日本自开国以来的30年间，商业取得了令世人震惊的成就。国民的活力与商业的发达导致资本、劳动力等陷入过度竞争，而就最大限度发挥国民活力为国家创造财富而言，日本的国土显得过于狭小。竹越三叉还列举了200年前荷兰设立东印度公司的事例，以此说明日本为了建设“大日本”就必须把资本与劳动力市场扩展至世界范围。此外，竹越三叉还从人口的角度出发，根据1868年以来日本国内人口迅速增加的事实，预测将来日本必须向海外移民8000万人。

因此，在竹越三叉看来，建设“大日本”国家的任务是日本国民生存竞争的唯一胜利法则，是一种必然的趋势。❷ 也就是说，日本国内的资本、劳动力等客观条件，日本国际地位的上升，以及日本国民的活力等，都为

❶ 竹越三叉『支那論』、東京：民友社、1894年版、第28-29頁。

❷ 竹越三叉『支那論』、東京：民友社、1894年版、第25頁。

日本向外扩张准备了充足的条件。竹越三叉关于日本扩张条件准备的叙述，与前文论述的德富苏峰在《大日本膨胀论》中的观点具有一定的相似性。

2. 对于甲午战争的态度

竹越三叉认为日本已经做好了建设“大日本”国家向外扩张的准备，而其向外扩张的第一个也是最大的阻力来自中国，他曾经直言不讳地表明日本外交上的深忧大虑不是欧美而是中国。对照前文已经介绍过的福泽谕吉、三宅雪岭、志贺重昂、陆羯南、德富苏峰等人的中国认识，竹越三叉的中国认识具有独特性。

竹越三叉批判近代中国人是“如同山贼一般的天生侵略人种”[1]，以大国自居的中国是日本国家利益的严重威胁，对付中国的办法只有依靠强大的武力使之屈服。竹越三叉炮轰主张日本与中国携手合作的“日清同盟论”实在迂腐，认为日本的天职是“为东洋宣传文明”，日本必须向清政府宣扬文明，而清政府顽固不化、抵抗文明甚至嘲笑日本的欧化。有鉴于此，日本应该以正义、人道、文明之名，“在上帝面前，在万国注目面前，堂堂正正地拿起剑，运用征讨中国的权利，用兵力火力将其从怠惰中唤醒。”[2] 竹越三叉借用17世纪瑞典与奥地利之间爆发的“三十年战争”，把日本与中国的战争定义为“新旧两大主义”之争。1618年，捷克爆发了反对奥地利哈布斯堡王朝的起义，这是“三十年战争”开始的导火索。瑞典等国家为了拯救被哈布斯堡王朝残酷镇压的新教徒而加入战争。这场战争持续30年，波及所有欧洲主要国家。最终，参战国在1648年签署了《威斯特伐利亚和约》，奠定了近代国际关系格局的基础。在竹越三叉眼里，《威斯特伐利亚和约》是“生民有史以来第一次发明的权力平等的万国交际法”。[3] 因为欧洲各国的国际政治秩序基础已经基本形成，此后两百年间再没有爆发过大规模的战争。

竹越三叉把中国比作代表旧教（旧文明）势力的奥地利帝国，把日本比作代表新教（新文明）的瑞典，称“吾人地位与瑞典类似，等同于新旧两大主义之争也，等同于小大之争也，等同于岛国与大陆之争也。而且相

---

[1] 竹越三叉『支那論』、東京：民友社、1894年版、第43頁。
[2] 竹越三叉『支那論』、東京：民友社、1894年版、第97頁。
[3] 竹越三叉『支那論』、東京：民友社、1894年版、第140頁。

同的是，小且新的国家获得胜利”。[1] 因此，日本在获得战争胜利以后，应该在东洋召开第二次威斯特伐利亚会议，再次实现“权力平等”。竹越三叉在东洋的内部把日本与中国分别重新定义为“东洋的西洋”以及“东洋的东洋”，试图完全模仿西洋世界内部的国际秩序，改写日本在东洋世界内部的国际地位，这是一种典型的对外膨胀言论。

竹越三叉把日本与中国的战争定义为“新旧两大主义之争”，这种认识在明治二十年代的日本思想言论界并不新鲜。例如，福泽谕吉的“文明与野蛮之争”，内村鉴三的“义战”论，都是其中的典型言论。竹越三叉基于“新旧两大主义之争”的立场，主张日本在向邻国中国“传播文明”的同时，国民也应该充分发挥活力，克服畏惧世界强国的心理毛病，昂首挺胸地“登上世界大舞台”。

从向邻国中国“传播文明”到“登上世界大舞台”，表明竹越三叉对外认识的版图已经不仅限于东洋，而是把西洋政治版图也纳入思考范围，说明其对外认识的对象已经延伸至整个世界。因此，不难理解竹越三叉关于对外手段阐述的变化。对待中国，竹越三叉强调使用武力迫使中国屈服，而对待欧洲国家时强调必须同时积极利用外交力量，甚至提倡日本应该与俄国、英国结盟。“日俄英同盟论”应该是对当时流行的“日清同盟论”的反驳。在竹越三叉看来，俄国的不断南下，虽然对日本构成威胁，但是英国也有效地牵制了俄国。另外，“日清同盟论”虽然能够维持东洋的和平，但是日本不得不继续承认中国在东洋秩序中的主导地位，这对于日本实属不利。因此，如果日本与俄国、英国结盟，则既能有效牵制俄国与英国在东洋的势力扩张，又能增强日本在国际事务中的发言权，最重要的是能够取代中国在东洋的霸主地位，巩固日本在朝鲜半岛的利益。

3. 对外膨胀思想

1895 年 4 月 13 日，竹越三叉在《国民时报》中发表《世界之日本乎？亚细亚之日本乎?》并于其中表示要在世界的日本或是亚洲的日本之间选择一个，强调不能把“世界之日本”缩小为“亚洲之日本”。换言之，应该把“亚洲之日本”膨胀为“世界之日本”。竹越三叉在其《支那论》中

---

[1] 竹越三叉『支那論』、東京：民友社、1894 年版、第 140 頁。

则继续贯彻了“对外膨胀”的思想。在《支那论》第七章“没有兵力火力无法向中国传播文明”的部分，竹越三叉认为文明的传播可以依据两种途径，其中包括政治途径。政治上的东洋虽然是一个地理空名，但倘若希望依据人情之大道传播文明的恩泽，必先从我国近邻开始。而且，日本传播文明的范围不应该局限于东洋范围，而是应该以吸收、消化世界文明作为自己的一大天职。由此可见，竹越三叉的观点表明，无论日本是否给予“人情之大道”传播文明，其天职范围都是要面向整个世界。所以其观点是一种典型的对外膨胀思想。

竹越三叉的对外膨胀思想在战后赔偿论中表现得淋漓尽致。竹越三叉认为，即使清政府在甲午战争后可以彻底“抛弃朝鲜是本国属邦的空想”，日本也不能据此认为中国“不再是我大日本的妨碍物，宣传文明的大业不会因为一次战役而一蹴而就。”“大日本扩张”的目标，还需要经历数次战争才能达成，所以不能过分期待本次战争的胜利，日本应该“通过战争增强国力，做好他日再战的思想觉悟”。❶

为此，竹越三叉提出应该从以下三个方面准备：一是向中国索取五亿美元战争赔款用于改革日本的货币制度；二是与中国修改条约，扩大权利；三是割占战略要地台湾地区用于牵制中国大陆。在竹越三叉眼里，中国与朝鲜都是任意宰割的对象。其观点内丝毫不见半点同情与平等交往之心，有的只是沐浴西洋文明光辉的日本与欧洲列强并驾齐驱、通过不义之战一跃成为“世界之日本”的膨胀野心。

4. 对东洋认识的变化

《新日本史》上卷的《外交的变迁（二）》内的“对外进取的历史”部分，涉及日本与朝鲜、中国的交往历史。在与朝鲜的交往历史中，竹越三叉按照时间顺序，叙述了明治维新以后遣使与朝鲜修好、“征韩”论争、“江华岛事件”，日本与朝鲜签订《朝日修好条规》、壬午事变、甲申事变和甲午战争爆发经过等。值得注意的是，竹越三叉选用“对外进取”作为主题，与“膨胀”“扩张”等词具有不同程度的语义色彩。

在谈及《朝日修好条规》的时候，竹越三叉评价日本在欧洲列强面前

❶　竹越三叉『支那論』、東京：民友社、1894年版、第99頁。

处于弱势并试图挣脱与列强签订的不平等条约的束缚；在谈及日本与朝鲜签订条约时，竹越三叉则将日本评价为先进文明国家，视朝鲜为落后野蛮的国家，完全沿袭列强对待日本的态度。❶ 由此可见，竹越三叉在写作《新日本史》的时候，对明治政府采取的双重外交政策有清醒的认识。

1884 年 12 月，朝鲜爆发了甲申事变。事后，日本与朝鲜签订了《甲申事变善后处理条约》，内容包括：（1）朝鲜政府向日本递交国书表达谢意；（2）支付日本伤亡人员的赔偿金，惩处凶犯；（3）重建日本公使馆；（4）朝鲜为日本警卫提供宿舍，等等。

对此，竹越三叉评价道："以我力屈服暴毙之韩廷，如同鞭笞死尸，政府以之治两国足矣。我出手则形迹如此，当时天下舆论埋怨我对韩人如此"。❷ 竹越三叉肯定了日本对于朝鲜的武力外交，但是仍然忌惮舆论对于日本的压力。可见，竹越三叉在《新日本史》中尚未完全流露出以保护朝鲜独立为名的赤裸裸的侵略思想。

（三）关于"世界之日本"的认识

1895 年 12 月，竹越三叉退出民友社，理由与他和民友社创始人德富苏峰在政见上的理念分歧有关。德富苏峰在《苏峰自传》中明确表达了"三国干涉还辽"事件对于其思想转变的重要性，他批判伊藤博文内阁在外交上的软弱，在思想上倾向于支持松方正义、大隈重信的推翻内阁运动。❸ 与德富苏峰不同，此时的竹越三叉却与陆奥宗光、伊藤博文越走越近，导致其与德富苏峰的关系逐渐疏远。❹

1896 年，竹越三叉创立《世界之日本》。这是一本综合性时事杂志，其中开设了社论、时事、史传、文学评论、小说、世界形势、瀛西评传等专栏，内容涉及内政外交、经济社会、文化文艺评论等领域。有趣的是，德富苏峰《国民之友》的封面印有"政治社会经济及文学之评论"，因此竹越三叉的《世界之日本》似乎要与《国民之友》正面竞争。另外，"世

---

❶ 竹越三叉「新日本史」、松田栄一編『明治文学全集：77　明治史論集　1』、東京：筑摩書房、1965 年版、第 115 頁。

❷ 竹越三叉「新日本史」、松田栄一編『明治文学全集：77　明治史論集　1』、東京：筑摩書房、1965 年版、第 122 頁。

❸ 德富蘇峰『蘇峰自伝』、東京：日本図書センター、1997 年版、第 225-229 頁。

❹ 竹越三叉『倦鳥求林集』、東京：岡倉書房、1935 年版、第 104 頁。

界之日本”的标题，不禁令人想起竹越三叉在1895年4月13日《国民之友》上发表的《世界之日本乎？亚细亚之日本乎?》一文。可以说，《世界之日本》就是竹越三叉在甲午战争后对于日本国际地位的肯定回答。

自不待言，《世界之日本》的主将是竹越三叉，它同时还获得了西园寺公望（1849—1940）、陆奥宗光、秋元兴朝（1857—1917）、梅谦次郎、酒井雄三郎（1860—1900）等政坛大腕的支持。这些人在政治上都是深受法国思想影响的自由主义派。竹越三叉后来的自由帝国主义思想与此不无关系。除了获得政治人物的投稿支持，内村鉴三、山路爱山（1865—1917）、大西祝、尾崎红叶、田山花袋（1872—1930）、高山樗牛、泉镜花（1873—1939）、山田美妙（1868—1910）等人都是该刊主笔。这足见《世界之日本》在政论、思想、文学文化领域方面的重要位置。

1896年7月25日，《世界之日本》发行了创刊号。其中的同名社论《世界之日本》详细阐述了该杂志发行的目的与动机。该社论认为，因为外交受到国民自然地位、武力强弱以及国民关于外交知识的多少等三因素的影响，所以日本在甲午战争后加入列强队伍时的外交极为重要，是事关日本国民生死存亡的主要政治因素。竹越三叉在甲午战争时期便主张扩张军备，甲午战争后则更重视外交作用，而且强调国民外交知识的重要性，进而提出日本国民应从“日本人之日本”和“东洋之日本”，迈向“世界之日本”。在竹越三叉看来，今后日本的发展应该放眼于整个世界，因为天地之间“从秋毫之微至天地之大，皆相助相生，相制相存”，所以日本国民应该抛弃“日本人之日本”和“东洋之日本”的思想认识，改革“唯知东洋而不知世界”的狭隘观念，以顺应宇宙之间的“必然之理，必至之势”。❶

关于东洋与西洋之于日本的关系，竹越三叉在《世界之日本》的社论中评价东洋与西洋的区别“只是地理学上的区别，在政治文明上无此区别”，“欧美诸国之于我国，如同中国一般相近。从感知其厉害之敏锐而言，反而比中国近。又，不应拘泥于东洋西洋之空名，至此如主张自日人之日本进之于东洋之日本，自觉自东洋之日本进之于世界之日本，登上世

❶　西田毅「『平民主義』から『自由帝国主義』へ：竹越三叉の政治思想」、日本政治学会编『年報政治学 1982：近代日本の国家』、東京：岩波書店、1983年版、第94頁。

界之舞台，拟定世界之经纶，以胸怀世界之气度周旋于列国之间，国民思想发达顺序固然如此也”。❶

甲午战争以后，日本的目标就是登上世界大舞台，所以应该具有世界性的见解与主张。为此，“取世界思想生活与我比较，可取则取，应弃则弃，当保则保，该学则学，制度法律、文学美术、教育教化、军制军备、学术工艺，以博大心胸于世界众流融化之上求其解释，荟萃万国秀华，咀嚼古今英华”。❷ 对待外来文明，竹越三叉强调应当采取吸收精华、扬弃糟粕的开放态度。

由此可知，《世界之日本》的创刊号社论从国家与国民的命运紧密相关的角度出发，将国民的外交知识作为近代日本开展对外交往的重要影响因素，并且把西洋文明理解为一种普遍主义的文明主张，倡导应该在“世界之日本”的意识下采取开放的摄取外来文明的态度，用以培养“大国民”和提升日本“国家的荣誉”。可以说，《世界之日本》是日本走向世界大舞台的有效舆论宣传工具。

（四）竹越三叉世界认识的结构

竹越三叉的“世界之日本”认识特征，在于“超然于亚细亚、欧罗巴之地理空名之上，以日本直接联系世界”。❸ 理解竹越三叉的世界认识结构，要先理解为什么要越过“亚细亚”与“欧罗巴”而直抵世界中心。这与竹越三叉试图回避日本在亚洲地位的心理有关。换言之，从文明的特征而言，亚洲文明的中心地位是中国而非日本。此外，竹越三叉还从人种与文明两个角度力证日本乃世界之日本。

第一，在谈到有观点认为日本人与亚细亚人种相近时，竹越三叉驳斥道：“云其人种相似乎，亚细亚列国人种相异，日本人种与欧罗巴人种丝毫无异。”❹ 即使日本号称与中国“同文同种”，但从中国风俗、习惯、思

---

❶ 西田毅「『平民主義』から『自由帝国主義』へ：竹越三叉の政治思想」、日本政治学会編『年報政治学 1982：近代日本の国家』、東京：岩波書店、1983 年版、第 94 頁。

❷ 西田毅「『平民主義』から『自由帝国主義』へ：竹越三叉の政治思想」、日本政治学会編『年報政治学 1982：近代日本の国家』、東京：岩波書店、1983 年版、第 95 頁。

❸ 竹越三叉「世界の日本乎、亜細亜の日本乎」、柳田泉編『明治文学全集：36　民友社文学集』、東京：筑摩書房、1970 年版、第 143 頁。

❹

想来看，中国人并非纯粹的“蒙古人种”，因此“吾人倘若亲近同人种，排除异人种，吾人应同排除欧洲一样，排除亚细亚之外国。显而易见，亚细亚在人种上并非一个确定的形体”。❶

第二，在论述日本与亚细亚之“外国”在人种上的不同以后，竹越三叉继续论述了亚细亚文明同样“不具备同一种形态”。他说：“夫日本其地势已远离亚细亚大陆，靠近太平洋中心，其文明亦非蒙古人种之文明，汇集东西南北之精英，咀嚼锻炼而拥有另一个文明”。❷ 他还继续批判了亚细亚联合的思想，因为“倘若亚细亚总联合，中心并非日本，最有可能之代表乃中国也。故亚细亚说实为中国中心说。吾人于世界排除亚细亚中心说，何况甘心于亚细亚之中国中心说也”。❸

毫无疑问，竹越三叉实际上是要以“世界之日本”取代“世界之亚洲”—“亚洲之中国”的中心地位。因此，竹越三叉不仅要“排除欧洲中心说，而且要排除亚细亚中心说。吾人要排除浮夸轻薄的欧洲论，也要排除阴险卑屈的亚细亚说，吾人应以日本为中心，直接打开世界局面。吾人已经登上世界舞台，宜与世界携手飞舞也”。❹

（五）竹越三叉的自由帝国主义论

《世界之日本》于1896年创刊时得到诸多政界权威人士鼎力相助。竹越三叉也与西园寺公望、陆奥宗光、伊藤博文等人私交甚笃。1898年1月伊藤博文第三次组阁时，竹越三叉担任了4个月的参事官，以此为开端，他开始参与政治实践活动。1898年，竹越三叉加入宪政党。

竹越三叉的政治思想可以被简要归纳为四点：第一，认为日本已经告别衰世乱世，进入国家勃兴的时代，因此应该充分利用机会积极进取；第二，强调国民对于国家发展的责任，即国民职分论；第三，主张人民在国家社会中的地位；第四，宣扬“自由帝国主义”思想。“自由帝国主义”简而言之就是“内兴平民主义，多数人民共分权利负担，同时外行帝国主

---

❶ 竹越三叉「世界の日本乎、亜細亜の日本乎」、柳田泉編『明治文学全集：36　民友社文学集』、東京：筑摩書房、1970年版、第144頁。

❷❸ 竹越三叉「世界の日本乎、亜細亜の日本乎」、柳田泉編『明治文学全集：36　民友社文学集』、東京：筑摩書房、1970年版、第144–145頁。

❹ 竹越三叉「世界の日本乎、亜細亜の日本乎」、柳田泉編『明治文学全集：36　民友社文学集』、東京：筑摩書房、1970年版、第143頁；第145頁。

义，力争成为文明国家社团中最上势力之一”。❶

自由帝国主义源于19世纪末期的英国社会帝国主义，主张对外施行帝国主义，对内进行社会改革。这种思想在日本一直持续到第一次世界大战结束，是一种把社会改革与帝国主义膨胀二者结合起来的意识形态。竹越三叉尤其推崇英国首相罗斯伯里，认为其拥有沉着理性的世界认识，超越个人“地位得失与群众毁誉”，始终坚定不移地贯彻自身的外交信念，并称：“日本国民动辄便受到政治煽动家豪言壮语的欺骗，而罗斯伯里可以成为日本国民的楷模”。❷

竹越三叉理解的“自由帝国主义”在其《自由帝国主义》一文中得到阐释。他认为宪政党提倡的帝国主义“绝非国家牺牲个人自由、统治者牺牲人民权利的国家万能主义。对内提倡自由，发挥民众势力。为了增强国民的荣誉与利益，对外并不提倡单一的国权论、沙文主义、武权万能论、侵略主义，倘若必须命名，则可效仿英国罗斯伯德卿，谓之自由帝国主义也。”❸

竹越三叉认为，日本在1900年左右的十四五年间，政党主要致力于改变有司专制、藩阀擅权、族党组织之政治，追求在国民基础上组织政府的内政改革。这是时势使然，也是时代赋予的课题。但是，明治末期日本推进积极外交政策的时机已然成熟，宪政党推行自由帝国主义的“对外经营策略”不是“豹变”而是“进化”。竹越三叉强调，自由帝国主义追求的是“知国而不忘民，同时不忘国权与民权”的民族主义与民主主义的内在结合。当然，此时的竹越三叉不否定积极的军备扩张论与大胆的对外进取论，丝毫不见其在平民主义时期宣扬的和平主义思想的影子。可以说，这是平民主义在自由帝国主义面前的倒退。

---

❶ 竹越三叉「現今政治上の形勢に就いて」、竹越三叉『三叉演説集』、東京：二酋社、1908年版、第125頁。

❷ 竹越三叉「英国自由党の首領」、『世界之日本』明治二十九年十二月十日（1896年12月10日）。

❸ 竹越三叉「自由帝国主義」、『世界之日本』明治三十三年一月六日（1900年1月6日）。

第三节　明治末期的帝国主义思潮

近代日本思想史上的明治二十年代是探索日本国家前途的时代。明治时期自由民权运动受挫以后，国粹主义者以反对政府主导的全盘欧化的姿态，宣扬日本“国粹”，试图重新建立以日本为主体的国家。与此同时，平民主义者吸收了西方军事型社会向生产型社会过渡的思想，希望建立一个以生产为主的国家。明治二十年代的两大社会思潮在甲午战争中汇合，一致主张强硬对外。不过，“三国干涉还辽”事件给日本人当头一击，令他们认识到日本应该成为“世界之日本”，日本应该加入世界强国之列。在此背景下，明治末期帝国主义思潮盛行，高山樗牛与浮田和民便是这股潮流中的代表。另外，在日俄战争前后，以山路爱山、幸德秋水和内村鉴三等为代表的日本知识分子，对帝国主义又呈现不同的理解。

一、高山樗牛的日本主义

高山樗牛，本名林次郎，日本山形县人，毕业于东京大学哲学系。求学期间，高山樗牛写作的历史小说《泷口入道》获得了“读卖新闻奖”，并与友人一同创办《帝国文学》杂志。1896 年大学毕业后，出任第二高等学校教授。翌年加入博文馆，成为《太阳》杂志主笔。他与井上哲次郎（1856—1944）、木村鹰太郎（1870—1931）等人共同创立“大日本协会”，并发行机关杂志《日本主义》，主张以神道对抗基督教、佛教，鼓吹君民一体、忠君爱民。高山樗牛因宣扬日本主义而名声大噪，被称为“年轻的帝国主义旗手”。

（一）日本主义的特征

1897 年，高山樗牛在《太阳》杂志上发表了有关思想问题的第一篇论文《日本主义》。他说：“何谓日本主义？依据国民特性之自主独立精神，以发挥建国当初抱负为目的之道德原理是也。”[1] 而且，“日本主义并非今

---

[1] 高山樗牛「日本主義」、高山林次郎著、斎藤信策・姉崎正治共编『樗牛全集』（第 4 巻）、東京：博文館、1904—1906 年版、第 257 頁。

日吾等之创造，只是国民三千年历史检证之确实自觉心之最明了发表。其由来深植于国民之特性，远溯建国精神之渊源，牢不可破。夫漫然借来外教，与饾饤补缀之物不可同日而语。日本主义乃大和民族抱负及理想之表白，日本主义乃日本国民安心立命地之指定。日本主义非宗教、非哲学，是为国民实行道德之原理。”❶

后来，高山樗牛把自己倡导的日本主义归纳为：“吾所谓日本主义，一言以蔽之，是以日本的国性国体为第一要义，并强调同化外来一切势力的主义。”❷ 高山樗牛还强调，“君民一家是我国体之精华”，其“修国内而临海外，期许与列国共享永远和平。”❸ 结合高山樗牛的《我国体与新版图》（1897）与《明治思想之变迁》（1898）两文，可知高山樗牛的日本主义具备以下三个特征。

第一，以《大日本帝国宪法》规定的“万世一系”的天皇主权，以及《教育敕语》所宣扬的“国体之精华”为基础，并且吸收同化外来势力。“我国体冠绝宇内，吾帝国国民足以向外夸耀。自皇祖建国之初，万世一系天皇君临一亿兆民，皇室一日不曾空虚，常掌握治权，乱臣贼子无法得逞。”❹

第二，以实现神武建国以来的抱负为目的。高山樗牛认为“国家道德之外无人类情谊”，“世上无人类，惟有国民”，“日本之国家，乃日本国民幸福之唯一且必然之形式”。“夫崇尚社会生活，重视国民团结，维持君民一家、忠孝无二之道德，乃现世国民担负完成皇祖建国宏图之命运。”❺

第三，高山樗牛还以“人种竞争”的眼光看待帝国主义。一方面，他认为“白种人”的帝国主义暴露了所谓道义和宗教都不过是兽欲的假面具，是在光天化日之下以人道和世界和平为名横行不法。于是，高山樗牛

---

❶ 高山樗牛「日本主義」、高山林次郎著、斎藤信策・姉崎正治共编『樗牛全集』（第4卷）、東京：博文館、1904—1906年版、第267頁。

❷ 高山樗牛「過去一年の国民思想」、高山林次郎著、斎藤信策・姉崎正治共编『樗牛全集』（第4卷）、東京：博文館、1904—1906年版、東京：博文館、1939年版、第250頁。

❸ 高山樗牛「日本主義」、高山林次郎著、斎藤信策・姉崎正治共编『樗牛全集』（第4卷）、東京：博文館、1904—1906年版、第266頁。

❹ 高山樗牛「我国体と新版図」、高山林次郎著、斎藤信策・姉崎正治共编『樗牛全集』（第4卷）、東京：博文館、1904—1906年版、第296頁。

❺ 高山樗牛「日本主義」、高山林次郎著、斎藤信策・姉崎正治共编『樗牛全集』（第4卷）、東京：博文館、1904—1906年版、第262頁。

在当时不相信日英同盟的可靠性，因为这是“异人种间的同盟”。对作为“白种人”的美国侵占菲律宾的行径，亦持“批判”的态度。另一方面，高山樗牛要求日本国民成为“膨胀的国民”。他强调说：“没有帝国主义的征服或殖民，常会遭到失败。”[1] 因此，高山樗牛的日本主义，是一种特殊的日本帝国主义的意识形态，表现出“黄种帝国主义”的倾向。

高山樗牛的日本主义是甲午战争后日本民族心理的真实写照，甲午战争助长了日本国民的自负心理。高山樗牛指出甲午战争是日本精神的转换点，是日本从分裂走向统一的时期，也是促进日本民族觉醒的关键事件。“三国干涉还辽”事件以后，日本国内响起了“卧薪尝胆”的口号，试图以此唤起民族团结。而在高山樗牛看来，日本主义以国体国情为依据，“完成国民精神统一，既为国内人民福祉，亦为对外宣扬国威之所需”，[2] 是日本“膨胀”为“世界之日本”的手段。

（二）与国粹主义的关系

国粹主义与日本主义都是以日本国家、日本民族为最高价值观念的民族主义思想。但明治二十年代的国粹主义是针对全盘欧化的、媚外的“鹿鸣馆外交”而产生的要求保护民族传统文化、维护民族独立与尊严的政治主张，但日本主义则与之不同。倘若用高山樗牛的话表述，日本主义与国粹主义的不同之处有如下两点。

第一，高山樗牛认为，明治二十年代国粹主义与欧化主义之争其眼界囿于国内，国粹主义思想集中在内争，而以后应向外；日本主义则要求开阔视野，考察广袤世界中一国的地位。日本不应满足于保存国粹，而应当发挥日本建国的远大理想，实现国民的宏大抱负，自觉地成为“膨胀的国民”。

第二，高山樗牛认为，国粹主义为“保存国粹”，是抗拒西洋思想是一种“排外主义”；日本主义则主张与欧美帝国主义的价值观念认同。高山樗牛对日本主义的这一立场表述得十分冠冕堂皇，他说：“不应固守我佛独尊的陋见，……对我邦固有的东西，倘若对国家无益有害，则毫不迟疑地予以排斥，大凡世界一切事物，名目不拘于东、西，所在不拘于彼、

---

[1] 汤重南等主编《日本帝国的兴亡》（上卷），世界知识出版社，2005，第257页。

[2] 高山樗牛「過去一年の国民思想」、高山林次郎著、斎藤信策・姉崎正治共编『樗牛全集』（第4卷）、東京：博文館、1904—1906年版、第468頁。

我，应由‘无私公平’的原则加以权衡而决定取舍、抉择”，“谁言日本主义乃狭量的排外精神之鼓吹耶？日本主义立足于天下之公理，不排外，唯为我。”“就这一意义而言，日本主义是一种世界主义。”❶

（三）高山樗牛的帝国主义论

1899年3月，高山樗牛发表了《作为殖民的国民的日本人》一文。他在文中以日本神话历史论证日本国民的殖民性由来已久，并且认为明治末期日本国内人口增加、商业发达、航海技术进步表明日本国民“膨胀”的时机已经来临，而日本特殊的国体保证了日本国民的“膨胀”资格。❷与此同时，高山樗牛在《太阳》杂志上发表的文章《帝国主义与殖民》，应该算是帝国主义在日本比较早的用例。❸在《帝国主义与殖民》中，高山樗牛区分了帝国主义与殖民的异同。

首先，高山樗牛对殖民持肯定态度。他认为殖民事业是日本国民“膨胀”的性情使然。“历史研究使吾人断言如下曰：凡实行帝国主义、不同时进行扩张领土和殖民地的国家，它必然衰亡。”❹在高山樗牛看来，帝国主义与领土扩张以及海外殖民不可分割。其次，他强调殖民政策应该内外有别，对殖民地人民实行人道大义乃是“国家之大罪恶”。

高山樗牛对帝国主义的定义是：“吾人之所谓帝国主义，乃是不以同本国人相同之权利给予属邦或殖民地异人种或异民族，决然根据权力关系在异邦人与本国人之间规定本支主从差别之主义。换言之，若给予征服得来之属国之民同征服者一样之权利，则非吾人之所谓帝国主义。”❺高山樗牛所言的帝国主义与对外扩张殖民、征服剥削他国人民密不可分。

二、浮田和民的“伦理的帝国主义”

浮田和民，熊本藩出身，在早年就读于熊本洋学校期间成为基督徒，

---

❶ 高山樗牛「国民精神の統一：帝国憲法、教育勅語及び日本主義」、高山林次郎著、斎藤信策・姉崎正治共编『樗牛全集』（第4巻）、東京：博文館、1904—1906年版、第334-335頁。

❷ 高山樗牛『植民的国民としての日本人』、高山林次郎著、斎藤信策・姉崎正治共编『樗牛全集』（第4巻）、東京：博文館、1904—1906年版、第507-513頁。

❸ 井上清：《日本帝国主义的形成》，宿久高、林少华、刘小冷译，人民出版社，1984，第16页。

❹❺ 高山樗牛「帝国主義と植民」、高山林次郎著、斎藤信策・姉崎正治共编『樗牛全集』（第4巻）、東京：博文館、1904—1906年版、第514頁。

后进入同志社英语学校，毕业后加入《六合杂志》。1886年，浮田和民重返同志社英语学校担任教职，1892年赴美国耶鲁大学留学，1897年进入东京专门学校，历任讲师、教授。1907—1917年担任《太阳》杂志主笔。

与高山樗牛所言的“非人道主义”的帝国主义不同，浮田和民试图从伦理道德角度证明帝国主义的正当性。1909年，浮田和民出版了《伦理的帝国主义》，其中收录了由德富苏峰的民友社出版的《帝国主义与教育》，以及自甲午战争到日俄战争期间发表在《太阳》《国民之友》《丁酉伦理讲演集》和教育杂志等刊物上的论文60余篇。

（一）“伦理的帝国主义”的内涵

关于帝国主义的定义，浮田和民认为，“根据对帝国主义的不同解释，其中确有令人甚为忌讳之处”“在国外扶植本国势力，一个独立国一定要在全世界扶植本国的经济或政治势力”，但无论从历史趋势方面考虑，还是从伦理道德方面考虑，推行这种一般意义上的帝国主义，都是为了自卫而不可避免的。[1] 为了使日本的帝国主义道路合理化，浮田和民又说：“应把宪法规定的日本之国家尽量向外扩张”，“为达到这一目的，必须和平地、伦理地去做……其方针是，始终根据国际法准则，并在国际法上尽量主张日本国民的权利，使之开放门户。”[2]

20世纪初，英美法俄等国相互竞争，在疯狂扩张殖民地的同时，还在全世界范围内推销资本主义商品。于是，浮田和民感叹日本的对外政策已经落后，但是推行武力侵略的帝国主义时代已经过去。浮田和民指出，此时的日本之所以要提倡帝国主义，是根据国际法理向欧美各国充分伸张国权，而为了达成此目标，则应该对内推行立宪政治、对外实施“伦理的帝国主义”。[3] “伦理的帝国主义”的具体内容就是向海外“和平殖民”，建设实业上的帝国。

为了强调“伦理”的有效性，浮田和民指出，登上“文明竞争——帝国主义竞争舞台”的日本倘若用黩武的帝国主义谋求领土扩张是十分危险的。日本人“分布”在朝鲜、西伯利亚、中国东北、南北美洲、澳大利

---

[1] 浮田和民『倫理的帝国主義』、東京：隆文館、1909年版、第129頁。

[2] 浮田和民『倫理的帝国主義』、東京：隆文館、1909年版、第887–888頁。

[3] 浮田和民「太陽の読者に告ぐ」、『太陽』1909年2月号。

亚、南洋等地，如果能够服从法律，经营文明生活，便不会遭到当地人的排斥，一旦生活在国外的日本人比国内的多几倍时，那么日本国民在和平时代可将本国商品大量向海外行销，战时则将拥有强有力的海外同盟，这种关系应该比日英同盟还要有效和牢固，这就是“伦理的帝国主义”的强劲功效。❶

（二）“伦理的帝国主义”的特征

“进化论”的运用，让浮田和民为所谓的“伦理的帝国主义”披上伦理与道德的外衣。浮田和民与高田早苗等组成的早稻田大学的政治学派，与东京帝国大学源自德国国家学体系的国家学派相抗衡。早稻田大学派的政治学思想沿袭了英美的政治学系统，其特点是将政治看作社会现象，然后利用社会达尔文主义为帝国主义辩护。于是，浮田和民宣称帝国主义是一种“事实”，“妄图否定帝国主义之做法，已为当今时势所不容许。帝国主义实非主义，乃事实也。”❷

浮田和民所谓的“进化论”，是指生物通过生存竞争与自然淘汰最终进化，而挪用在人类社会便是社会进化论。社会进化论对欧美各国的思想文化产生了重要的影响，特别是在帝国主义侵略扩张盛行的时期，其带来的负面影响就是被用于为种族歧视和帝国主义辩护。对东亚人来说，社会进化论不仅使他们认识到帝国主义主导下的国际形势就是残酷的“弱肉强食”，并且为他们指出能够在这一现实下生存下来的路径，那就是成为“适者”。❸

浮田和民根据达尔文学说提出帝国伦理的三个原则：第一个原则是生存，第二个原则是为生存而竞争，第三个原则是为高尚之生存而竞争。他所说的为生存而竞争分为两种，一是自然生存竞争，即吞噬主义；二是合理或义理上的生存竞争，即浮田和民所谓的“人道主义”。由于浮田和民毫不犹豫地选择后者，于是第三个原则也由此而来——“欲变自然变化为道义变化，人类非但应竭尽全力为生存而竞争，而且应树立理想。进而为

---

❶ 浮田和民『倫理的帝国主義』、東京：隆文館、1909年版、第193-194頁。

❷ 浮田和民『倫理的帝国主義』、東京：隆文館、1909年版、第33頁。

❸ 白永瑞：《思想东亚：朝鲜半岛视角的历史与实践》，生活·读书·新知三联书店，2011，第233-234页。

高尚之生存而竞争，此乃帝国主义伦理之第三原则。为吾人理想之所在”。[1] 应该指出的，浮田和民这种所谓的“为高尚之生存而竞争”，只不过是帝国主义国家侵略弱小国家的借口，而把这种竞争称为“人道主义”，则是对帝国主义，即对日本扩张主义的美化。

（三）“伦理的帝国主义”中的对外认识

浮田和民的“伦理的帝国主义”强调要始终根据国际法准则，在国际法上尽量主张日本国民的权利，使国家门户开放。一个典型的例子就是日本与其他列强一道出兵镇压中国的义和团运动，而且日本的兵力在列强当中最多——这与浮田和民所言的“伦理”不符，也与其所言的“和平”理念相悖。

在中国义和团运动平息以后，浮田和民认为，俄国按照国际法达成协议，获得了至中国辽东的铁路铺设权，在清政府足以维持中国东北的秩序之前，俄国占领中国东北以保护自身利益是完全合理的。关于俄国对中国的侵略，浮田和民不仅没有表示对中国的同情，反而支持俄国的侵略行为，称俄国向中国东北的扩张，是民族的扩张、自然的扩张，等等。浮田和民的这些言论一方面说明日本也效仿俄国“根据国家法”公然损害他国主权与利益；另一方面说明俄国对于中国的侵略尚未触及日本的国家利益。

当然，一旦与日本的利益发生冲突，浮田和民的言论就会变化。1904年日俄战争爆发之际，浮田和民一改其在俄国侵略中国时的态度，放弃对俄不战的论调，指责俄国参与“三国干涉还辽”事件、强迫日本放弃辽东半岛，以及以协助镇压义和团之名占领中国东北并践踏撤兵协议，认为俄国“企图将甲午战争之胜利果实化为乌有，既为独立国，实乃是可忍，孰不可忍！”[2]

浮田和民甚至直言不讳地说道：“国家首先需要成为强国，弱国不能完成国家的任务，对外实行仁义更是无望”，“伦理帝国主义之理想者，是在不允许如今日之宇内分裂成多数之列国，又不允许举世界于单一之国也”，“自今并不难预想，在将来，世界有依照五大陆地理上之形势，而结

---

[1][2] 井上清：《日本帝国主义的形成》，宿久高、林少华、刘小冷译，人民出版社，1984，第143页。

成四五个强大国家或大联邦之倾向”。[1] 由此可见，在浮田和民的“伦理的帝国主义”的理想中，仍是由几个在优胜劣败的角逐中处于优胜地位的强国主宰和分割世界。在此，浮田和民完全忘记了日本挑起甲午战争给中国和朝鲜人民带去的灾难，完全忘记了日本通过甲午战争从中国获得的割地、赔款、通商等权益，完全忘记了日本整个民族与国家为甲午战争的胜利而欣喜若狂的事实，其“伦理的帝国主义”的虚伪性可见一斑。

浮田和民的上述世界认识反映了其观点：当时“独立自满”的中国自然不能加入强国之林，只能成为强国的宰割对象。浮田和民称：“日本未来之重要任务与现在相同，即扶植朝鲜，防止中国被瓜分”；如果列强瓜分中国，“日本只有两条路，或与列强竞争，中原逐鹿；或于列强保护下维持独立”，在此种情况下，应断然选择第一条道路，即“人生于忧患，死于安乐，无敌国外患者国恒亡即此之谓也”。[2]

浮田和民称，文明国“政府半开化之野蛮民族，或吞并本身无能力独立的国家”，并非不正义，因为那是“促进世界文明、人类幸福的行动”。[3] 1905 年日俄战争结束以后，日本取得了战争胜利，在加入帝国主义俱乐部的同时也加深了帝国列强对于日本的敌意与防范。浮田和民结合当时日本的国内外形势说：“由此观之，确保日本帝国生存发展之道，似乎乃在于尽早超越欧美文明国家。”[4] 可见，浮田和民所谓的“伦理的帝国主义”的最终目的，还是在于与欧美文明国家的竞争。

简而言之，浮田和民的“伦理的帝国主义”的理论源于“进化论”（社会达尔文主义），既是日本与欧洲对抗的产物，也是日本侵略落后国家的思想武器，其本质并非人道主义而是对外国实施暴力，促进的是日本而非外国的福利。因此，浮田和民所谓的“和平殖民”只不过是日本对外扩张，争霸世界的幌子而已。

---

[1] 浮田和民『国民教育論』、東京：民友社、1903 年版、第 254–256 頁。

[2] 井上清：《日本帝国主义的形成》，宿久高、林少华、刘小冷译，人民出版社，1984，第 146 页。

[3] 浮田和民『帝国主義と教育』、東京：民友社、1901 年版、第 51 頁。

[4] 浮田和民『帝国主義と教育』、東京：民友社、1901 年版、第 46 頁。

三、日俄战争与日本的帝国主义认识

国际社会是生存空间竞争的代名词，这是日本明治末期思想界的共识。1897 年，德国以本国传教士被杀害为借口占领胶州湾。次年，相继发生了德国“租借”中国山东胶州湾、俄国“租借”旅顺和大连并获得“南满铁道”铺设权、英国“租借”九龙和威海卫等事件。西方列强对中国的蚕食令日本认识到亚洲成为帝国主义角力场的时代已经来临。值得注意的是，这一年也是明治日本与西方列强，特别是与俄国矛盾加剧的开端。

俄国军队为镇压义和团起义而出兵中国东北，并在平乱后继续占领东北。明治政府出于对俄国可能向朝鲜半岛渗透的忧虑，于 1902 年 1 月与英国缔结同盟，以共同对抗俄国。同年 4 月，俄国与清政府签订撤兵条约，在第二年却没有执行第二次撤兵。围绕中国东北和朝鲜半岛的权益，日俄之间的对立不断加剧，且两国的外交交涉也未促使双方达成共识。于是，1904 年 2 月，日俄正式开战。

（一）山路爱山的“帝国主义信徒论”

“三国干涉还辽”事件后，日本社会对俄国的关注和警惕持续增加。“人类最后的问题乃攻击与防卫、膨胀与衰灭，而可决此者，国民之力也”。❶ 在民友社出身的山路爱山看来，日本和俄国将来难免一战。不过，山路爱山深刻担忧日本处于容易受到孤立的位置，又拒绝轻易地与外国结成攻守同盟，而是主张日本国民要相信本国实力。❷ 1903 年，日俄关系趋于剑拔弩张，山路爱山称日本若非依靠帝国主义则无法生存，并自称帝国主义的信徒。面对谴责帝国主义为侵略主义的言论，山路爱山借用社会进化论中的适者生存原则进行反驳。❸ 在帝国主义的国际关系中，国家的生存高于一切，适者生存原则为一个国家走向帝国主义提供了合理性。

---

❶ 山路愛山「戦国策とマキャベリ」、岡利郎編『民友社思想文学叢書：第 2 巻　山路愛山集　1』、東京：三一書房、1983 年版、第 373 頁。

❷ 岡利郎編『民友社思想文学叢書：第 2 巻　山路愛山集　1』、東京：三一書房、1983 年版、第 385 頁。

❸ 山路愛山「余は何故に帝国主義の信者たる乎」、岡利郎編『民友社思想文学叢書：第 3 巻　山路愛山集　2』、東京：三一書房、1985 年版、第 323 頁。

（二）幸德秋水的“怪物帝国主义论”

20世纪伊始，《万朝报》记者幸德秋水出版了著名的《二十世纪之怪物帝国主义》（1901）。“盛哉所谓帝国主义之流行耶。势如燎原之火。世界万邦皆折服其膝下，无不赞美、崇拜、奉持于此”。[1]《二十世纪之怪物帝国主义》的出版时间是1901年4月，其中观点可以追溯至幸德秋水在1900年9月发表于《日本人》的《所谓战争文学》一文。文中，幸德秋水引用罗伯逊（John M. Robertson，1856—1933）的《爱国心与帝国》（*Patriotism and Empire*），认为爱国心的本质是基于动物天性中的“憎恶、侮蔑、虚夸”[2]，军备扩张是基于政治家、军人与资本家的功名心、利欲心的产物，指责帝国主义是杀人越货的强盗，批判爱国心是动物的兽心。[3]

从1900年11月至1901年2月，幸德秋水连续发表爱国心、军国主义、帝国主义的相关文章，并将此系列文章汇编为《二十世纪之怪物帝国主义》一书。幸德秋水一语道破帝国主义的本质是“以所谓爱国心为经，以所谓军国主义为纬编织之政策”。[4]在幸德秋水的帝国主义论出现之前，日本所有的相关论述都是基于日本如何应对列强蚕食中国的状况而立论的。尽管山田朗指出，幸德秋水此论点和论据均基于罗伯逊。[5]然而，在日本帝国主义诞生之时，日本能够出现像幸德秋水这样从根本上否定帝国主义思想的知识分子，对探寻明治末期帝国主义思想全貌颇具意义。

幸德秋水的论述摆脱了日本作为国家的局限性，将视线投向整个东亚面临的帝国主义环境，进而开辟了日本帝国主义论的新境地。例如，幸德秋水告诫道，受爱国心驱使的国民将成为全世界人类的罪人，席卷列国的

---

[1] 幸德秋水全集編集委員会編『幸德秋水全集』（第3巻）、東京：明治文献、1968年版、第114頁。

[2] 幸德秋水全集編集委員会編『幸德秋水全集』（第3巻）、東京：明治文献、1968年版、第137頁。

[3] 米原謙『日本政治思想』、京都：ミネルヴァ書房、2017年増補版、第124頁。

[4] 幸德秋水全集編集委員会編『幸德秋水全集』（第3巻）、東京：明治文献、1968年版、第117頁。

[5] 山田朗「幸徳秋水の帝国主義認識とイギリス『ニューラディカリズム』」、『日本史研究』9月号、1984年、第37-60頁。

“帝国主义传染病”将会彻底破坏世界文明。[1]“身为社会改革之健儿，以国家良医为己任之志士义人，岂非宜大可奋起之时哉。”[2] 幸德秋水对社会志士的呼吁，表明日本知识分子的思想中开始出现与当时日本提倡目标不同的价值取向。

（三）内村鉴三的反省

内村鉴三在甲午战争时以英文发表了战争正当化评论，翌年则转向批判爱国心只会培养军队的服从精神而抑制独创性。[3] 内村鉴三基于基督教的信仰，对自身曾经肯定战争的行为作出反省，认识到爱国心必须超越日本的国家价值，要具有博爱精神。[4] 值得肯定的是，内村鉴三在日本的国家目标之上追求超越性价值并基于此种价值否定狭隘的爱国心的观点，与上文提及的摆脱了日本一国桎梏而关注东亚状况的幸德秋水之思想具有相似性，尽管后者是反基督信仰的。内村鉴三在为幸德秋水《二十世纪之怪物帝国主义》撰写的序言中表示，人类历史是“信仰与实力之竞争”。这体现了内村鉴三与幸德秋水具有相似的精神追求，即可以不受本国狭隘的利益影响而追求自我的精神信仰。

值得注意的是，日本社会思想界正是在日本逐步走向帝国主义时期出现了排斥帝国主义、追求超越性价值、在个人的精神追求与国家的利益目标之间保持一定精神空间的思想动向。“我之日本乃三百年后之日本也”，但是三百年之后我已不是我。[5] 然而遗憾的是，明治末期一部分知识分子所追求的这种精神空间逐渐消失，个人与国家被越来越紧密地捆绑在一起。

---

[1] 幸徳秋水全集編集委員会编『幸徳秋水全集』（第 3 巻）、東京：明治文献、1968 年版、第 141 頁；第 195 頁。

[2] 幸徳秋水全集編集委員会编『幸徳秋水全集』（第 3 巻）、東京：明治文献、1968 年版、第 195 頁。

[3] 内村鑑三「何故に大文学は出ざる乎」、鈴木俊郎编『内村鑑三全集』（第 3 巻）、東京：岩波書店、1982 年版、第 178 頁。

[4] 内村鑑三「信仰と愛国心」、松沢弘陽・道家弘一郎编『内村鑑三全集』（第 7 巻）、東京：岩波書店、1981 年版、第 214 頁。

[5] 内村鑑三「我の日本」、松沢弘陽・道家弘一郎编『内村鑑三全集』（第 7 巻）、東京：岩波書店、1981 年版、第 58 頁。

本章小结

德富苏峰的“大日本膨胀论”、竹越三叉的“世界之日本”认识、高山樗牛的日本主义与浮田和民的“伦理的帝国主义”，这四者的思想论述各有不同——德富苏峰与竹越三叉竭尽所能地论证日本人种与中国、西洋的不同，从而推导出日本“膨胀”为“世界之日本”的合理性；高山樗牛的征服对象只与利益有关，与“人种”无关，甚至比德富苏峰与竹越三叉更彻底；浮田和民则试图美化帝国主义，掩盖其侵略的本质。不过不能否定的是，他们的共同点在于都是特殊的日本帝国主义的意识形态，4 人与福泽谕吉一样自觉地接受了西欧国际体系的“二重原理”，借用“日本主义”，为甲午战争与日俄战争披上“伦理”的外衣，巩固“世界之日本”的国际地位，实现“大日本膨胀”的目标。

对于中国而言，日俄战争是一场荒诞的战争。但是，对于日本而言，与俄国的战争是亚洲对欧洲之战，是证明日本具有与欧美同等实力的绝好机会。借助日俄战争的胜利，近代日本强行进入世界强国之列，加入帝国主义的大军。日俄战争前后，帝国主义思潮在日本大行其道，但是也有部分人士对此进行反省与批判，试图在个人信仰与国家目标之间保持一定精神空间，只不过历史表明，这种尝试后来以失败而终。以日俄战争的胜利为契机，日本成为亚洲唯一的帝国主义国家。这不仅意味着明治维新以后日本国家目标的实现，也是日本人在国际社会中心理“膨胀”的开始。

终 章

毋庸置疑，回答一个时代的对外特征，首先应该明确该时代的课题。明治时期日本的课题，是建立一个现代民族国家。现代民族国家，在经济层面是一个经历过工业革命的国家；在政治层面是一个中央集权体制国家；在社会层面是一个形成法政秩序结构的国家。面对以西欧列强为代表的文明，日本开国以后的首要任务就是把自己整合为“民族国家”。于是，日本人组建中央政府，培养官僚运行机构，实行征兵制，创建海军和陆军，建立宪政体制，发展资本主义，打破身份制度，废除贵族特权，提倡士农工商四民平等，改革教育体系，改良社会习俗……

明治时期日本人对外认识的变化以甲午战争为分界线。甲午战争之前，明治政府的对内目标是建立近代民族国家，而文明开化、殖产兴业是实现富国强兵的手段与政策。无论是岩仓使节团的对外考察，还是明治时期的启蒙思想运动，抑或是国粹主义思潮的兴起，都是明治政府朝野上下对于上述目标的回应。明治时期日本人的对外认识集中表现在修改条约的问题之中，其中暗含着日本学习和追赶西方，化解欧美列强对于日本的威胁，争取近代国际体系中的对等地位等诉求。虽然期间爆发了“征韩”论争，但也被维新政府领导人以内治优先为由而暂时搁置。内治优先，可以看作是甲午战争前日本对于时代课题的回应。

当然，明治时期的日本人一刻都没有停止对外部世界的观察与思考。甲午战争以后，日本国内为战争的胜利而欢欣鼓舞，时代的课题也从内治优先转变为建设“世界之日本”。时代课题往往催生新的时代思潮，这也是对时代课题的有效反应。在新的国家目标面前，明治时期日本人的对外认识开始“膨胀”。

一、国际秩序框架的变化

19 世纪中期以来，东方国家在西方列强的激烈冲击之下，或是顺应“世界潮流”打开国门，或是依旧闭关抵抗。传统的东亚秩序是一个以中华文明为中心的儒教世界，日本、朝鲜、越南等国家都处于这一秩序之中。日本选择游离于这一秩序的边缘，可以说是对于中国始终抱有一种若即若离的态度，同时与朝鲜等其他亚洲国家维持了一种不同于中国的交往方式。面对西方列强的叩关，日本选择接受西洋文明，此后走上了建设近代国家的道路，而在对外认识与实践方面则走上了“脱亚”与“入亚”相互交错的道路。

在日本接受西洋文明的时期，明治时期日本人的对外认识受到了以西欧为中心的思维模式的影响。在与西洋国家长期持续不平等国际关系的时期，日本对待东洋各国却以文明国自居，视东洋为落后之地、蔑视东洋的心理逐渐占据上风。当然，日本对于东洋的态度，自然与传统东亚秩序的主导者中国产生矛盾，并最终演变成一场颠覆传统东亚秩序格局的战争。从价值观上来说，甲午战争对于东亚秩序的破坏远比对近代国际条约体系的影响要严重。甲午战争是日本对于传统东亚秩序的挑战，《马关条约》的签订可看作是明治日本与传统中华文明的清算，既是对其自身与传统东亚秩序联系的割裂，也是对近代国际条约体系的实践与运用，更是与西洋列强的“联姻”之举。

二、明治时期日本人对外认识的变迁轨迹

笔者在本书中以幕末、明治初期、明治中期、明治后期四个阶段对明治时期日本人的对外认识作出论述，进而揭示了明治时期日本人对外认识所经历的变化轨迹。

首先，随着外来危机的加深，幕末时期的日本人对西方文明的认识集中表现在“锁国攘夷—开国进取”的论争上。此时，西方技术文明的先进性是促使幕府对外政策从锁国到开国发生巨大转变的直接原因。

其次，明治初期的日本人面临建设近代国家的任务。除了技术文明，制度文明也成为其学习的重点。这一时期明治政府的政策以及社会思潮的变化，都清楚地显示当时的日本人认为西洋国家在国际环境中居于上位，

日本、中国、朝鲜等东洋国家居于下位，可以说西方文明在明治初期日本人的对外认识中具有绝对优越性。

再次，西方文明的绝对地位使得日本的欧化风潮走向极端，同时引发明治中期日本知识分子的担忧，开始反省对待西方文明与本国传统文化的态度，国粹主义也由此兴起。于是，明治中期是日本人对西方文明的认识进入相对化的时期。在这个过程中，日本的国际地位开始上升，中国与朝鲜的地位则呈下降态势。

最后，明治末期日本人对外认识的变化影响了日本的外交政策——发动对外战争成为明治政府外交的选项，甲午战争是明治政府对西方文明外衣下的实力（武力）认识而做出的外交实践。甲午战争以后，日本国内对外殖民、推行实力外交的帝国主义思潮兴起，日本自此走向与欧美强国为伍、企图征服亚洲的道路。

三、明治时期日本人对外认识的特征

前文详细叙述了明治时期日本人在不同阶段对外认识的变化与特征。从总体上来看，明治时期日本人的对外认识具备以下三个特征。

第一，明治时期日本人的对外认识展现了其对西洋文明的学习、抨击以及利用的过程。

幕末开国时期，日本有识之士对于西洋文明整体上持肯定态度，主张译介书籍、吸收西方文明。启蒙思想家福泽谕吉在《文明论概略》中提到日本打开国门后，民众才知道有西洋；经过互相比较后，才知道彼此的文明程度差距甚大，人心仿佛发生了一场骚乱。[1] 日本曾经是一个缺乏资源与先进文明的国家，但日本人具有善于学习与钻研的特性。于是，以明六社为主要阵地的启蒙思想家在日本国内开展了一场声势浩大的学习与移植西方文明的运动。与此同时，日本社会也兴起了风俗改良论。

明治维新后，为了修改条约并在短时期内迅速改变西洋人对于日本“半开化”的印象，明治政府采取了极端的欧化政策。结果令此时的日本人一方面担心日本对于西洋文化的移植将撼动日本传统文化的根基，另一方面忧虑引进资本主义将导致君臣抗争与劳资对立。也就是说，日本幕末

[1] 福泽谕吉：《文明论概略·序言》，北京编译社译，商务印书馆，2019，第1页。

开始担心来自西洋的外部威胁由于文明开化运动而潜在于内面，逐渐地成为从国家的内部威胁国家独立。❶ 因此，以政教社为思想阵地的知识分子开始大力抨击欧化政策，掀起了一场在肯定西洋文明的基础上保存和彰显国粹的思潮，所以国粹保存运动的实质是如何对待西洋文明与日本传统文明的问题。国粹主义者希望借机发扬国粹，确立日本人的个性，重构国民精神。

明治时期日本人的对外认识既包含对西洋文明的理解和吸收，也包含对日本传统文化的扬弃。在此过程中，日本人把西洋文明与日本传统文化组合运用于近代国际关系实践之中，甲午战争就是最典型的实践事例。福泽谕吉、陆奥宗光、山县有朋、陆羯南、德富苏峰、竹越三叉、浮田和民等——无论是天保的老人，还是明治的青年；无论是政治界的实力派，还是思想言论界的先锋人物；无论他们是大言不断地鼓动侵略，还是为侵略披上伦理的外衣——都无一例外地都使用“西洋文明”作为自身支持战争的依据，并且强调甲午战争是形成君民一体的日本国体的“良机”。由此可知，在明治时期日本人的对外认识中，西洋文明是帮助日本争取国家独立、获得与西洋国家对等国家地位的工具，并且一切都将最终服从于对外扩张的目标。

第二，明治时期日本人的对外认识展现了日本挣脱传统东亚秩序与尝试主导近代东亚秩序的过程。

东亚秩序是一个内涵不断发生变化的概念。传统东亚秩序是一个以中国为主导，依据古代中国人的天下观，即“华夷”思想而组成的国际秩序。它的特征如同水波纹一样，由内及外地扩散。传统东亚秩序在很大程度上仰仗于亚洲国家和地区向古代中国朝贡，古代中国向朝贡的国家和地区回礼的朝贡制度。所以传统东亚秩序牢固与否，与古代中国的文明和国力能否继续维持朝贡制度有关。所以，当明政府趋于没落、清政府入主中原掌管“中华帝国”的时候，朝鲜与日本出现了对清政府的质疑，纷纷对“华夷”观念进行重新诠释，标榜本国才是“中华”文明的中心。与此同时，17 世纪的西方世界确立了以民族国家为交往主体，以《万国公法》为

---

❶ 石田一良：《日本文化：历史的展开与特征》，许极燉译，上海外语教育出版社，1989，第 215 页。

基本规范的近代国际秩序。这种秩序的特征在于从形式上承认国家一律平等，用文明掩盖了强权的本质。

19世纪以来，近代国际秩序的概念延伸至东亚地区。对处于传统东亚秩序边缘地位的日本而言，近代国际秩序是一把双刃剑——既给日本带来巨大的民族危机与恐惧心理，也为日本提供挣脱旧秩序、进入新秩序的机会。当日本岩仓使节团在普鲁士（德意志）聆听俾斯麦的演讲时，落后小国德意志在欧洲的成功崛起振奋了日本人的士气。他们希望日本成为亚洲的德意志国家的理想呼之欲出。明治时期的日本积极引进西方文明，完备国家体制，一方面与西方国家积极协商修改不平等条约，另一方面对于传统东亚秩序下的朝鲜与中国虎视眈眈。终于，明治政府充分领悟了近代国际秩序的实质，吞并琉球后又迫使朝鲜与其签订《朝日修好条规》，试图用西方的条约击溃传统的东亚秩序，在东亚占领中心位置。

日本挣脱传统东亚秩序的最初标志当属“华夷变态”观念的出现。从《华夷变态》到甲午战争的200多年，是近代日本挣脱传统东亚秩序、上升成为新的东亚秩序中心的时期。也就是说，从甲午战争到日俄战争期间，日本开始尝试从近代东亚秩序的中心上升为近代世界中心，即开始争夺近代国际秩序的主导权。不过，这一次的争夺以日本在第二次世界大战中的惨败告终。

第三，明治时期日本人的对外认识展现了日本身处“亚洲”与“世界”之间的复杂心理。

无论今天的东亚学者对于“东亚”持何种态度，东亚论的出发点都是基于与欧美中心主义的对抗意识。世界近代史是以西方为中心的世界史，非西方国家则是被动地被纳入近代国际条约体系。日本在东亚秩序中具有双重的身份，一种是东亚国家在近代国际秩序中的边缘身份，另一种是在传统东亚秩序中的边缘身份。当然，正如许多前辈学人所指出的一样，“东亚”从来都不是一个简单的地理学概念，而是一种超越地理的文化价值观念，或者说是一种思维方式。[1]

如果从思维方式的角度思考“东亚”的概念，则不能不言及儒教。丸

---

[1] 白永瑞：《从“东亚”寻找创造新史明的可能性》，文汇学人编《洞见：我们这个时代的思想判断　思想经典卷》，上海人民出版社，2015，第205页。

山真男从思想意义的角度对福泽谕吉的“脱亚”作出解释，认为福泽谕吉所说的“脱亚”，实际上是指脱“清政府”和脱“儒教主义”。同时，丸山真男认为，日、中、朝三国对“甲申政变”所持的观望态度使福泽瑜吉产生的挫折感与愤怒是其写作《脱亚论》的动机。[1] 从某种程度而言，丸山真男对于“脱亚”的理解具有一定道理。“脱亚”表面上看是福泽谕吉个人的对外认识，但实际上是明治时期日本人对外认识的集合，也是同时代日本人自我意识的真实反映。

幕末开国时期的日本人在对待西方文明与国际秩序的时候，一度利用儒学的“华夷”与“天下公道”来理解彼我关系。儒学，这种对日本人而言曾经的外来思想是承载新文明的容器，可看作是日本人思想意识中的一种过滤装置。但是，在新的、强有力的文明面前，启蒙思想家开始提倡“实学”，转而将儒学作为无用的学问抛弃。从本质上来说，明治时期的思想家是在更新传统的儒教主义思维方式。西周把“philosophy”翻译为“哲学”的过程，就是明治时期知识阶层利用儒教思想资源理解和转用西方学问的具体事例。“哲学”一词在近代日本被译出后，又反向输入其发源地中国。这可看作是一个象征性的事件，它意味着日本在实现思维方式更替以后，还需要面对如何认识亚洲的问题。

历史上，日本对于世界的认识具有两种图式：一种是天竺、震旦、本朝（日本），另一种是中国、西洋与日本。近代日本因为积极吸收西洋文明而获得独立，在西方优胜劣败的帝国主义伦理中，找到了自己的生存逻辑。换言之，在“富国强兵”的目标面前，日本成功吸收了西方现代文明和武力扩张的精神，朝鲜与中国成为其意欲以武力征服的对象。甲午战争与日俄战争以后，日本思想言论界开始流行“先进日本、落后中国”的论调，强调把中国视作落后的特殊国家。近代日本成功地改变了落后国家的命运，进入当时先进的西洋国家行列。之所以对于近代日本而言亚洲成为征服的对象，是因为“日本并不在亚洲国家之列”的思维已经深深植根于明治时期日本人的对外认识之中。但是，随着日本人征服亚洲野心的逐渐膨胀，世界成为日本计划征服的下一个目标。近代日本在“亚洲”与“世

[1] 丸山真男：《福泽谕吉与日本的近代化·原作者序》，区建英译，学林出版社，1992，第8–9页。

界”之间的关系，或者说明治时期日本人对于亚洲和世界的认识，至今仍然影响着其与亚洲各国的关系。

对于亚洲人民而言，如何面对、接受、理解与超越亚洲的历史，共同建立繁荣、友好、和平、共存的亚洲，是一个巨大的任务。21世纪亚洲国家之间的相互认识，依然离不开亚洲人民的历史认识和历史经验。因此，只有正确理解历史的发展轨迹，才能客观地面对历史留给今人的思想遗产，并在此基础上构建亚洲的未来。

参考文献

一、中文文献

[1] 韦昭,明洁,金良年,等. 国语[M]. 上海:上海古籍出版社,2008.

[2] 怀特. 文化的科学:人类与文明研究[M]. 沈原,黄克克,黄玲伊,译. 济南:山东人民出版社,1988.

[3] 崔世广. 日本现代化过程中文化建设的主要力量及其作用机制[J]. 日本学刊,2008(6):78-90;159.

[4] 张双智. 清代朝覲制度研究[M]. 北京:学苑出版社,2010.

[5] 许赛锋. 从“夷狄观”到“人种论”:近代日本对外视角的一个变动[C]//王启龙. 跨语言文化研究:第12辑. 北京:中国社会科学出版社,2019:226-235.

[6] 渡边浩. 东亚的王权与思想[M]. 区建英,译. 上海:上海古籍出版社,2016.

[7] 杨栋梁,王美平. 近代社会转型期日本对华观的变迁[J]. 日本研究,2008(3):1-7.

[8] 桂岛宣弘. 从德川到明治:自他认识的思想史[M]. 殷晓星,译. 北京:中国社会科学出版社,2019.

[9] 陈玮芬. 自我的客体化与普遍化:近代日本的“东洋”论及藏匿其中的“西洋”与“支那”[J]. 中国文史哲研究集刊,2001(18):367-419.

[10] 筑后则,王铁军. 明治初期日本关于近代文明的三大争论[J]. 日本研究,2007(2):16-19.

[11] 安川寿之辅. 福泽谕吉的亚洲观[M]. 孙卫东,徐伟桥,邱海水,译. 香港:香港社会科学出版社有限公司,2004.

[12] 钱国红. 走近“西洋”和“东洋”:中日世界意识形成的比较研究[M]. 北京:商务印书馆,2009.

[13] 郭连友. 吉田松阴与近代中国[M]. 北京:中国社会科学出版社,2007.

[14] 大庭修. 江户时代日中秘话[M]. 徐世虹,译. 北京:中华书局,1997.

[15] 王勇,陆坚. 中国典籍在日本的流传与影响[M]. 杭州:杭州大学出版社,1990.
[16] 坂野润治. 日本近代史[M]. 杨汀,刘华,译. 北京:新华出版社,2019.
[17] 刘砚,马沁. 日本汉诗新编[M]. 合肥:安徽文艺出版社,1985.
[18] 丸山真男. 福泽谕吉与日本的近代化[M]. 区建英,译. 上海:学林出版社,1992.
[19] 加藤祐三. 日本开国小史:来自柏利的挑战[M]. 蒋丰,译. 北京:中国社会科学出版社,1992.
[20] 朱谦之. 朱谦之文集:第9卷[M]. 福州:福建教育出版社,2002.
[21] 福泽谕吉. 劝学篇[M]. 群力,译. 北京:商务印书馆,2017.
[22] 福泽谕吉. 文明论概略[M]. 北京编译社,译. 北京:商务印书馆,2019.
[23] 船曳建夫."新日本人论"十二讲[M]. 蔡敦达,译. 上海:华东师范大学出版社,2011.
[24] 卞崇道,藤田正胜,高坂史郎. 中日共同研究:东亚近代哲学的意义[M]. 沈阳出版社,2002.
[25] 伊藤博文. 日本帝国宪法义解[M]. 牛仲君,译. 北京:中国法制出版社,2011.
[26] 远山茂树,佐藤进一:日本史研究入门[M]. 吕永清,译. 北京:生活·读书·新知三联书店,1959.
[27] 安善花. 论近代日本的国际秩序观及其实践[J]. 东北亚论坛,2009,18(3):67-72.
[28] 冯玮. 从新闻媒体的宣传看近代日本对朝鲜的认识和政策的演变:兼论对中国的认识[C]//复旦大学韩国研究中心. 韩国研究论丛:第2辑. 上海:上海人民出版社,1996:356-379.
[29] 李小白. 明治维新时期日本人西洋意识的诸类型[J]. 东北师大学报(哲学社会科学版),2006(5):60-64.
[30] 卞崇道,王青. 明治哲学与文化[M]. 北京:中国社会科学出版社,2005.
[31] 步平,北冈伸一. 中日共同历史研究报告:古代史卷[M]. 北京:社会科学文献出版社,2014.
[32] 步平,北冈伸一. 中日共同历史研究报告:近代史卷[M]. 北京:社会科学文献出版社,2014.
[33] 陈恭禄. 中国近代史[M]. 北京:中国工人出版社,2012:259.
[34] 陈秀武.《万国公法》在明治初期的日本[J]. 东北师大学报(哲学社会科学版),2009(2):18-23.
[35] 崔世广. 近代启蒙思想与近代化:中日近代启蒙思想的比较[M]. 北京:北京航空航天大学出版社,1989.

[36] 葛兆光．谁的思想史？为谁写的思想史？近年来日本学界对日本近代思想史的研究及其启示[J]. 中国社会科学,2004(3):53-63;206.
[37] 葛兆光．中国思想史．上海:复旦大学出版社,2013.
[38] 葛兆光．地虽近而心渐远:十七世纪中叶以后的中国、朝鲜和日本[J]. 台湾东亚文明研究学刊,2006,(3)1:275-292.
[39] 郭丽．近代日本的对外认识:以幕末遣欧美使节为中心[M]. 北京:北京大学出版社,2011.
[40] 韩东育．"华夷秩序"的东亚构架与自解体内情[J]. 东北师大学报(哲学社会科学版),2008(1):45-54.
[41] 韩东育．东亚世界的"落差"与"权力":从"华夷秩序"到"条约体系"[J]. 经济社会史评论,2016(2):21-40;126.
[42] 韩东育．从"脱儒入法"到"脱亚入欧"[J]. 读书,2001(3):53-59.
[43] 韩东育．明清前东亚封贡体系的演变实态[J]. 社会科学战线,2018(12):89-100;282.
[44] 韩东育．日本对外战争的隐秘逻辑(1592—1945)[J]. 中国社会科学,2013(4):180-203;208.
[45] 何芳川．"华夷秩序"论[J]. 北京大学学报(哲学社会科学版),1998(6):30-45.
[46] 蒋廷黻．近代中国外交史资料辑要:中[M]. 上海:商务印书馆,1934.
[47] 李庆．日本汉学史:第 1 部[M]. 上海:上海人民出版社,2010.
[48] 刘杰,三谷博,杨大庆,等．超越国境的历史认识:来自日本学者及海外中国学者的视角[M]. 北京:社会科学文献出版社,2006.
[49] 刘文明．"帝国"概念在西方和中国:历史渊源和当代争鸣[J]. 全球史评论,2018(2):3-27;308-309.
[50] 刘岳兵．近代日本中国认识的原型及其变化机制[J]. 历史研究,2010(6):148-162;192.
[51] 茅海建．天朝的崩溃:鸦片战争再研究[M]. 北京:生活·读书·新知三联书店,2014.
[52] 戚其章,王如绘．甲午战争与近代中国和世界:甲午战争 100 周年国际学术讨论会文集[M]. 北京:人民出版社,1995.
[53] 孙承．岩仓使团与日本近代化[J]. 历史研究,1983(6):121-134.
[54] 石之瑜,谢明珊．西方不在西边:西方主义的自我认识方法[J]. 开放时代,2008(1):63-76.
[55] 汤重南,汪淼,强国,等．日本帝国的兴亡[M]. 2 版．北京:世界知识出版

社,2005.

[56] 王家骅. 幕末日本人西洋观的变迁[J]. 历史研究,1980(6):135-149.

[57] 王新生. 日本史随笔[M]. 南京:江苏人民出版社,2011.

[58] 吴怀中. "文明史观"在近代日本对华认识及关系中的影响:从思想史与国际关系的接点出发[J]. 日本学刊,1998(5):91-106.

[59] 邢永凤. 前近代日本人的对外认识[M]. 北京:中国社会科学出版社,2007.

[60] 熊淑娥. 日本近代思想家陆羯南对外认识的双重结构[J]. 东北亚学刊,2016(6):52-58.

[61] 徐洪兴,小岛毅,陶德民,等. 东亚的王权与政治思想:儒学文化研究的回顾与展望[M]. 上海:复旦大学出版社,2009.

[62] 徐静波. 大航海时代以后日本人对外界与自身的新认识[J]. 日本学刊,2009(5):112-124;159.

[63] 严绍璗. 日本中国学史[M]. 南昌:江西人民出版社,1993.

[64] 杨栋梁. 近代以来日本的中国观:第 1 卷　总论[M]. 南京:江苏人民出版社,2012.

[65] 赵德宇,向卿,郭丽. 近代以来日本的中国观:第 2 卷　1603—1840[M]. 南京:江苏人民出版社,2012.

[66] 刘岳兵. 近代以来日本的中国观:第 3 卷　1840—1895[M]. 南京:江苏人民出版社,2012.

[67] 刘岳兵. 日本近现代思想史[M]. 北京:世界知识出版社,2010.

[68] 王美平,宋志勇. 近代以来日本的中国观:第 4 卷　1895—1945[M]. 南京:江苏人民出版社,2012.

[69] 王振锁,乔林生,乌兰图雅. 近代以来日本的中国观:第 5 卷　1945—1972[M]. 南京:江苏人民出版社,2012.

[70] 田庆立,程永明. 近代以来日本的中国观:第 6 卷　1972—2010[M]. 南京:江苏人民出版社,2012.

[71] 杨念群. 何谓"东亚"? 近代以来中日韩对"亚洲"想象的差异及其后果[J]. 清华大学学报(哲学社会科学版),2012,27(1):39-53;159.

[72] 郑匡民. 梁启超启蒙思想的东学背景[M]. 2 版. 上海:上海书店出版社,2009.

[73] 周维宏. 日本近代以来对华认识研究现状分析[J]. 日本研究,2009(3):8-13.

[74] 郑彭年. 日本西方文化摄取史[M]. 杭州:杭州大学出版社,1996.

[75] 希尔. 欧洲思想史[M]. 赵复三,译. 桂林:广西师范大学出版社,2007.

[76] 孙周兴,海德格尔. 海德格尔选集:下卷[M]. 上海:上海三联书店,1996.

[77] 韦伯．韦伯作品集:I 学术与政治[M].钱永祥,林振贤,罗久蓉,等译．桂林:广西师范大学出版社,2004.

[78] 埃利亚斯．文明的进程:文明的社会发生和心理发生的研究[M].王佩莉,袁志英,译．上海:上海译文出版社,2018.

[79] 白永瑞．思想东亚:朝鲜半岛视角的历史与实践[M].北京:生活·读书·新知三联书店,2011.

[80] 萨义德．文化与帝国主义[M].李琨,译．北京:生活·读书·新知三联书店,2003.

[81] 萨义德．东方主义[M].刘北成,译．北京:中央编译出版社,2000.

[82] 艾尔曼．日本是第二个罗马(小中华)吗？18 世纪德川日本"颂华者"和"贬华者"的问题:以中医和汉方为主[C]//复旦大学文史研究院．从周边看中国．北京:中华书局,2009:1-25.

[83] 贝拉．德川宗教:现代日本的文化渊源[M].王晓山,戴茸,译．北京:生活·读书·新知三联书店,1998.

[84] 杜斯,三谷太一郎,等．剑桥日本史:第 6 卷 20 世纪[M].王翔,译．杭州:浙江大学出版社,2019.

[85] 蒂利．强制、资本和欧洲国家:公元 990—1992 年[M].魏洪钟,译．上海:上海人民出版社,2012.

[86] 阿伦特．极权主义的起源[M].林骧华,译.2 版．北京:生活·读书·新知三联书店,2014.

[87] 本尼迪克特．菊与刀[M].吕万和,熊达云,王智新,译．北京:商务印书馆,2005.

[88] 奇尔科特．批判的范式:帝国主义政治经济学[M].施杨,译．北京:社会科学文献出版社,2001.

[89] 詹森．剑桥日本史:第 5 卷 19 世纪[M].王翔,译．杭州:浙江大学出版社,2014.

[90] 横井小楠,花立三郎．国是三论[M].熊达云,管宁,译．北京:中国物资出版社,2000.

[91] 近代日本思想史研究会．近代日本思想史:第 1 卷[M].马采,译．北京:商务印书馆,1965.

[92] 近代日本思想史研究会．近代日本思想史:第 2 卷[M].李民,贾纯,华夏等译.北京:商务印书馆,1991.

[93] 近代日本思想史研究会．近代日本思想史:第 3 卷[M].那庚辰译,北京:商务印书馆,1992.

[94] 井上清. 日本帝国主义的形成[M]. 宿久高,林少华,刘小冷译,北京:人民出版社,1984.

[95] 陆奥宗光. 蹇蹇录[M]. 伊舍石,译. 北京:商务印书馆,1963.

[96] 南博. 日本人论:从明治维新到现代[M]. 邱琡雯,译. 桂林:广西师范大学出版社,2007.

[97] 内藤湖南研究会. 内藤湖南的世界:亚洲再生的思想[M]. 马彪,胡宝华,张学锋,等译. 西安:三秦出版社,2005.

[98] 三谷太一郎. 日本的"近代"是什么:问题史的考察[M]. 曹永洁,译,北京:社会科学文献出版社,2019.

[99] 森有礼. 文学兴国策[M]. 林乐知,任廷旭,译. 上海:上海书店出版社,2002.

[100] 升味准之辅. 日本政治史:第1册 幕末维新 明治国家之成立[M]. 董果良,译. 北京:商务印书馆,1997.

[101] 石田一良. 日本文化:历史的展开与特征[M]. 许极燉,译. 上海:上海外语教育出版社,1989.

[102] 松本三之介. 国权与民权的变奏:日本明治精神结构[M]. 李冬君,译. 北京:东方出版社,2005.

[103] 丸山真男. 日本的思想[M]. 区建英,刘岳兵,译. 北京:生活·读书·新知三联书店,2009.

[104] 丸山真男. 日本近代思想家福泽谕吉[M]. 区建英,译. 2版. 北京:世界知识出版社,1997.

[105] 丸山真男. 日本政治思想史研究[M]. 王中江,译. 北京:生活·读书·新知三联书店,2000.

[106] 丸山真男. 丸山真男讲义录:第6册[M]. 唐永亮,译. 成都:四川教育出版社,2017.

[107] 信夫清三郎. 日本外交史[M]. 天津社会科学院日本问题研究所,译. 北京:商务印书馆,1992.

[108] 信夫清三郎. 日本政治史:第1卷 西欧的冲击与开国[M]. 周启乾,译. 上海:上海译文出版社,1982.

[109] 野村浩一. 近代日本的中国认识:走向亚洲的航踪[M]. 张学锋,译. 北京:中央编译出版社,1999.

[110] 苅部直. 丸山真男:一位自由主义者的肖像[M]. 唐永亮,译. 北京:中国人民大学出版社,2021.

[111] 永田广志. 日本哲学思想史[M]. 陈应年,姜晚成,尚永清,等译,北京:商务印书

馆,1992.

[112] 源了圆．德川思想小史[M].郭连友,译．北京:外语教学与研究出版社,2009.

[113] 增田涉．西学东渐与中国事情[M].由其民,周启乾,译．南京:江苏人民出版社,2010.

[114] 中根千枝．日本社会[M].许真,宋峻岭,译．天津:天津人民出版社,1982.

[115] 中塚明．还历史的本来面目:日清战争是怎样发生的[M].于时化,译．天津:天津古籍出版社,2005.

[116] 竹内好．近代的超克[M].李冬木,赵京华,孙歌,译．北京:生活·读书·新知三联书店,2005.

[117] 子安宣邦．福泽谕吉《文明论概略》精读[M].陈玮芬,译．北京:清华大学出版社,2010.

[118] 子安宣邦．东亚论:日本现代思想批判[M].赵京华,译．长春:吉林人民出版社,2004.

[119] 子安宣邦．近代日本的亚洲观[M].赵京华,译．北京:生活·读书·新知三联书店,2019.

[120] 子安宣邦．近代日本的中国观[M].王升远,译．北京:生活·读书·新知三联书店,2020.

[121] 佐藤正幸．历史认识的时空[M].郭海良,译．上海:上海三联书店,2019.

[122] 佐佐木毅,金泰昌．公与私的思想史[M].刘文柱,译．北京:人民出版社,2009.

[123] 佐佐木毅,金泰昌．日本的公与私[M].刘雨珍,韩立红,种健,译．北京:人民出版社,2009.

[124] 艾森斯塔特．日本文明:一个比较的视角[M].王晓山,戴茸,译．北京:商务印书馆,2008.

[125] 汤因比,萨默维尔．历史研究[M].郭小凌,王皖强,杜庭广,等译．上海:上海人民出版社,2010.

[126] 霍布森．帝国主义[M].纪明,译．上海:上海人民出版社,1960.

二、日文文献

[1] 日本史籍協會．岩倉具視関係文書:第1卷[M].復刻版．東京:東京大學出版会,1983.

[2] 宮内省．岩倉公実記:中巻[M].東京:岩倉公旧籍保存会,1927.

[3] 多田好問．岩倉公実記:中巻[M].東京:原書房,1968.

[4] 浮田和民．帝国主義と教育[M].東京:民友社,1901.

[5] 浮田和民．倫理的帝国主義[M].東京:隆文館,1909.

[6] 植村正久．植村正久著作集:第2巻[M].東京:新教出版社,1966.

[7] 鈴木俊郎．内村鑑三全集:第3巻[M].東京:岩波書店,1982.

[8] 松沢弘陽,道家弘一郎．内村鑑三全集:第7巻[M].東京:岩波書店,1981.

[9] 篠原一,三谷太一郎．岡義武著作集:第6巻 国民的独立と国家理性[M].東京:岩波書店,1994.

[10] 篠原初枝:コンストラクティヴィズムと歴史研究:接点あるいは親和性[J].アジア太平洋討究,2005(8):1-16.

[11] 大国隆正．大国隆正全集:第3巻[M].増補版．東京:国書刊行会,2001.

[12] 日本史籍協會．大久保利通文書[M].復刻再刊版．東京:東京大學出版會,1983.

[13] 明治大学大学史資料センター．尾佐竹猛著作集:第9巻[M].東京:ゆまに書房,2006.

[14] 明治大学大学史資料センター．尾佐竹猛著作集:第14巻[M].東京:ゆまに書房,2006.

[15] 加藤秀俊,亀井俊介．日本とアメリカ:相手国のイメージ研究[M].東京:日本学術振興会,1991.

[16] 陸羯南．陸羯南全集:第1巻[M].東京:みすず書房,1968.

[17] 陸羯南．陸羯南全集:第2巻[M].東京:みすず書房,1968.

[18] 陸羯南．陸羯南全集:第3巻[M].東京:みすず書房,1969.

[19] 陸羯南．陸羯南全集:第4巻[M].東京:みすず書房,1970.

[20] 陸羯南．陸羯南全集:第9巻[M].東京:みすず書房,1975.

[21] 陸羯南．陸羯南全集:第10巻[M].東京:みすず書房,1985.

[22] 幸徳秋水全集編集委員会．幸徳秋水全集:第3巻[M].東京:明治文献,1968.

[23] 佐久間象山．象山全集:第1巻[M].増訂版．東京:信濃教育会出版部,1975.

[24] 佐々克堂先生遺稿刊行会．克堂佐々先生遺稿[M].復刻版．東京:大空社,1988.

[25] 佐藤誠三郎．幕末・維新期における対外意識の書類型[M]//佐藤誠三郎,R.ディングマン．近代日本の対外態度．東京:東京大学出版会,1974:1-34.

[26] 志賀重昂全集刊行会．志賀重昂全集:第4巻[M].東京:志賀重昂全集刊行会,1929.

[27] 志賀重昂全集刊行会．志賀重昂全集:第8巻[M].東京:志賀重昂全集刊行会,1929.

[28] 高山林次郎,斎藤信策,姉崎正治．樗牛全集:第 4 巻[M].東京:博文館,1904－1906.

[29] 瀧井一博．伊藤博文演説集[M].東京:講談社,2011.

[30] 竹越三叉．支那論[M].東京:民友社,1894.

[31] 竹越三叉．倦鳥求林集[M].東京:岡倉書房、1935.

[32] 竹越三叉．三叉演説集[M].東京:二酉社,1908.

[33] 鳥谷部春汀．春汀全集:第 2 巻[M].東京:博文館,1909.

[34] 大久保利謙．西周全集:第 1 巻[M].東京:宗高書房,1960.

[35] 大久保利謙．西周全集:第 3 巻[M].東京:宗高書房,1966.

[36] 林子平,村岡典嗣．海国兵談[M].東京:岩波文庫,1939.

[37] 朴春日．近代日本文学における朝鮮像[M].増補版．東京:未来社,1985.

[38] 丸山真男．丸山真男講義録:第 2 冊[M].東京:東京大学出版会,1999.

[39] 慶応義塾．福澤諭吉全集:第 2 巻[M].東京:岩波書店,1959.

[40] 慶応義塾．福澤諭吉全集:第 5 巻[M].東京:岩波書店,1959.

[41] 慶応義塾．福澤諭吉全集:第 7 巻[M].東京:岩波書店,1959.

[42] 慶応義塾．福澤諭吉全集:第 10 巻[M].東京:岩波書店,1960.

[43] 慶応義塾．福澤諭吉全集:第 14 巻[M].東京:岩波書店,1961.

[44] 大山梓．山県意見書[M].東京:原書房,1966.

[45] 山崎正董．横井小楠遺稿[M].東京:日新書院,1942.

[46] 岡利郎．民友社思想文学叢書:第 2 巻　山路愛山集　1[M].東京:三一書房,1983.

[47] 岡利郎．民友社思想文学叢書:第 3 巻　山路愛山集　2[M].東京:三一書房,1985.

[48] 山路愛山．基督教評論・日本人民史[M].東京:岩波書店,1966.

[49] 足立栗園．吉田松陰修養訓[M].東京:富田文陽堂,1914.

[50] 山口県教育会．吉田松陰全集:第 1 巻[M].東京:岩波書店,1938 年版.

[51] 山口県教育会．吉田松蔭全集:第 9 巻[M].東京:岩波書店,1939 年版.

[52] 雑賀博愛．吉田松陰集[M].東京:興文社,1943.

[53] 松尾尊兊．吉野作造選集:11　開国と明治文化[M].東京:岩波書店,1995.

[54] 鹿野政直．日本の名著:37　陸羯南・三宅雪嶺[M].東京:中央公論社,1971.

[55] 芝原拓自,猪飼隆明,池田正博．日本近代思想大系:12　対外観[M].東京:岩波書店,1988.

[56] 田中彰,宮地正人．日本近代思想大系:13　歴史認識[M].東京:岩波書

店,1991.
[57] 今井宇三郎,瀬谷義彦,尾藤正英. 日本思想大系:53　水戸学[M]. 東京:岩波書店,1973.
[58] 佐藤昌介,植手通有,山口宗之. 日本思想大系:55　渡辺華山・高野長英・佐久間象山・横井小楠・橋本左内[M]. 東京:岩波書店,1971.
[59] 大川周明. 近世社会経済学説大系:佐藤信淵集[M]. 東京:誠文堂新光社,1935.
[60] 松本三之介. 現代日本思想大系:1　近代思想の萌芽[M]. 東京:筑摩書房,1966.
[61] 松本三之介. 近代日本の中国認識:徳川期儒学から東亜協同体論まで[M]. 東京:以文社,2011.
[62] 神島二郎. 現代日本思想大系:10　権力の思想[M]. 東京:筑摩書房,1965.
[63] 明治文化研究会. 明治文化全集:思想篇[M]. 東京:日本評論社,1967.
[64] 明治文化研究会. 明治文化全集:外国文化篇[M]. 東京:日本評論社,1968.
[65] 明治文化研究会. 明治文化全集:文明開化篇[M]. 東京:日本評論社,1967.
[66] 明治文化研究会. 明治文化全集:雑誌篇[M]. 東京:日本評論社,1955.
[67] 明治文化研究会. 明治文化全集:正史篇　上巻[M]. 東京:日本評論社,1968.
[68] 大久保利謙. 明治文学全集:3　明治啓蒙思想集[M]. 東京:筑摩書房,1967.
[69] 植手通有. 明治文学全集:34　徳富蘇峰集[M]. 東京:筑摩書房,1974.
[70] 柳田泉. 明治文学全集:36　民友社文学集[M]. 東京:筑摩書房,1970.
[71] 松本三之介. 明治文学全集:37　政教社文学集[M]. 東京:筑摩書房,1980.
[72] 河上徹太郎. 明治文学全集:39　内村鑑三集[M]. 東京:筑摩書房,1967.
[73] 松田栄一. 明治文学全集:77　明治史論集　1[M]. 東京:筑摩書房,1965.
[74] 山室信一,中野目徹. 明六雑誌[M]. 東京:岩波書店,2009.
[75] 東京大学史料編纂所. 大日本古文書:幕末外国関係文書　第18巻[M]. 東京:東京大学出版会,1985.
[76] 外務省. 日本外交年表並主要文書:上巻[M]. 東京:原書房,1965.
[77] スティール. 庶民と開国:新たな対外世界像と自国像[J]. 季刊日本思想史,1994(44):38-56.
[78] 朝尾直弘. 鎖国[M]. 東京:岩波書店,2004.
[79] 荒野泰典. 近世日本と東アジア[M]. 東京:東京大学出版会,1988.
[80] 荒野泰典,石井正敏,村井章介. アジアの中の日本史:Ⅱ　外交と戦争[M]. 東京:東京大学出版会,1992.
[81] 板沢武雄. 日蘭文化交渉史の研究[M]. 東京:吉川弘文館,1959.

［82］ 伊藤隆．日本の内と外［M］．東京：中央公論新社，2014.
［83］ 伊藤信哉，萩原稔．近代日本の対外認識：Ⅰ［M］．東京：彩流社，2015.
［84］ 伊藤信哉，萩原稔．近代日本の対外認識：Ⅱ［M］．東京：彩流社，2017.
［85］ 市川浩史．覚憲『三国伝燈記』と三国：中世初期における対外感の一側面［J］．季刊日本思想史，1994（44）：23－37.
［86］ 朝尾直弘．岩波講座日本歴史：13　近世　5［M］．東京：岩波書店，1977.
［87］ 維新史料編纂事務局．維新史：第2巻［M］．東京：明治書院，1940.
［88］ 稲田雅洋．自由民権の文化史：新しい政治文化の誕生［M］．東京：筑摩書房，2000.
［89］ 犬塚孝明．明治維新対外関係史研究［M］．東京：吉川弘文館，1987.
［90］ 色川大吉．明治精神史：下［M］．東京：講談社，1976.
［91］ 色川大吉．自由民権［M］．東京：岩波書店，1981.
［92］ 植手通有．日本近代思想の形成［M］．東京：岩波書店，1974.
［93］ 大久保利谦．岩倉具视［M］．增补版．東京：中央公论社，1980.
［94］ 大久保利謙．岩倉使節の研究［M］．東京：宗高書房，1976.
［95］ 大谷正．日清戦争［M］．東京：中央公論新社，2014.
［96］ 岡本幸治．近代日本のアジア観［M］．京都：ミネルヴァ書房，1998.
［97］ 片山慶隆．日露戦争と新聞：「世界の中の日本」をどう論じたか［M］．東京：講談社，2009.
［98］ 勝田政治．大久保利通と東アジア：国家構想と外交戦略［M］．東京：吉川弘文館，2016.
［99］ 鹿野政直．明治の思想［M］．東京：筑摩書房，1964.
［100］ 神島二郎．近代日本の支配構造［M］．東京：岩波書店，1961.
［101］ 唐木順三，竹内好．近代日本思想史講座：8　世界のなかの日本［M］．東京：筑摩書房，1961.
［102］ 苅部直．「維新革命」への道：文明を求めた十九世紀日本［M］．東京：新潮社，2017.
［103］ 河原美耶子．日本近代思想の形成過程その一：東洋対西洋観を中心として［J］．教育学雑誌，1993（27）：16－27.
［104］ 北岡伸一．後藤新平：外交とヴィジョン［M］．東京：中央公論社，1988.
［105］ 北島万次．豊臣政権の対外認識と朝鮮侵略［M］．東京：校倉書房，1990.
［106］ 久米邦武．特命全権大使米欧回覧実記：1［M］．田中彰校注，東京：岩波書店，1977.

[107] 久米邦武. 特命全権大使米欧回覧実記:3[M]. 田中彰校注,東京:岩波書店,1979.

[108] 久米邦武. 特命全権大使米欧回覧実記:4[M]. 田中彰校注,東京:岩波書店,1980.

[109] 久米邦武. 特命全権大使米欧回覧実記:5[M]. 田中彰校注,東京:岩波書店,1982.

[110] 黒住真. 近世日本社会と儒教[M]. 東京:ぺりかん社,2003.

[111] 黒住真. 複数性の日本思想[M]. 東京:ぺりかん社,2006.

[112] 高増傑. 平和と暴走の葛藤[M]. 東京:公共政策研究所,2004.

[113] 国家学会. 明治憲政経済史論[M]. 複製版. 東京:宗高書房,1974.

[114] 酒井哲哉. 近代日本の国際秩序論[M]. 東京:岩波書店,2007.

[115] 佐藤誠三郎,ディングマン. 近代日本の対外態度[M]. 東京:東京大学出版会,1974.

[116] 佐藤能丸. 明治ナショナリズムの研究:政教社の成立とその周辺[M]. 東京:芙蓉書房,1998.

[117] 澤田次郎. 近代日本のアメリカ観:日露戦争以降を中心に[M]. 東京:慶應義塾大学出版会,1999.

[118] 信夫淳平. 国際政治の進化及現勢[M]. 東京:日本評論社,1925.

[119] 篠原一,三谷太一郎. 近代日本の政治指導[M]. 東京:東京大学出版会,1965.

[120] 銭国紅. 日本と中国における「西洋」の発見[M]. 東京:山川出版社,2004.

[121] 高野明. 日本とロシア:両国交渉の源流[M]. 東京:紀伊国屋書店,1971.

[122] 竹内好,橋川文三. 近代日本と中国[M]. 朝日新聞社,1974.

[123] 武田知己,萩原稔. 大正・昭和期の日本政治と国際秩序:転換期における「未発の可能性」をめぐって[M]. 京都:思文閣出版,2014.

[124] 田崎篤郎. 古代に見られる中国文化への憧憬と自土意識:『日本霊異記』における地獄観の成立をめぐって[J]. 季刊日本思想史,1994(44):3-22.

[125] 田中明彦,川島真. 20 世紀の東アジア史:I　国際関係史概論[M]. 東京:東京大学出版会,2020.

[126] 田中彰. 「脱亜」の明治維新:岩倉使節団を追う旅から[M]. 東京:日本放送出版協会,1983.

[127] 田保橋潔. 近代日本外国関係史[M]. 増訂版. 東京:原書房,1976.

[128] 田中明彦,川島真. 20 世紀の東アジア史:I　国際関係史概論[M]. 東京:東京大学出版会,2020.

[129] 鶴見祐輔.〈決定版〉正伝・後藤新平:1　医者時代　前史—1893年(後藤新平の全仕事)[M].東京:藤原書店,2004.

[130] 鶴見祐輔.〈決定版〉正伝・後藤新平:2　衛生局長時代　1892—98年(後藤新平の全仕事)[M].東京:藤原書店,2004.

[131] 鶴見祐輔.〈決定版〉正伝・後藤新平:3　台湾時代　1898—1906年(後藤新平の全仕事)[M].東京:藤原書店,2005.

[132] 徳富蘇峰.近世日本国民史:開国日本　4[M].東京:講談社,1979.

[133] 徳富蘇峰.蘇峰自伝[M].東京:日本図書センター,1997.

[134] 友田昌宏.幕末維新期の日本と世界:外交経験と相互認識[M].東京:吉川弘文館,2019.

[135] 中村元.日本人の思惟方法〈普及版〉[M].東京:春秋社,2012.

[136] 中村隆英,伊藤隆.近代日本研究入門[M].東京:東京大学出版会,1977.

[137] 中塚明.近代日本の朝鮮認識[M].東京:研文出版,1995.

[138] 長谷川雄一.大正期日本のアメリカ認識[M].東京:慶應義塾大学出版会,2001.

[139] 西田毅.「平民主義」から「自由帝国主義」へ:竹越三叉の政治思想[C]//日本政治学会.年報政治学1982:近代日本の国家.東京:岩波書店,1983.

[140] 西田毅.概説日本政治思想史[M].京都:ミネルヴァ書房,2009.

[141] 朴忠錫,渡辺浩.国家理念と対外認識[M].東京:慶応大学出版会,2001.

[142] 橋川文三,鹿野政直,平岡敏夫.近代日本思想史の基礎知識:維新前夜から敗戦まで[M].東京:有斐閣,1974.

[143] 原田敬一.日清戦争論:日本近代を考える足場[M].東京:本の泉社,2020.

[144] 坂野潤治.近代日本の国家構想[M].東京:岩波書店,1996.

[145] 坂野潤治.近代日本とアジア:明治・思想の実像[M].東京:筑摩書房,2013.

[146] 東アジア近代史学会.日清戦争と東アジア世界の変容[M].東京:ゆまに書房,1997.

[147] 檜山幸夫.近代日本の形成と日清戦争:戦争の社会史[M].東京:雄山閣,2001.

[148] 平石直昭.日本政治思想史:近世を中心に[M].東京:放送大学教育振興会,2001.

[149] 古屋哲夫.近代日本のアジア認識[M].東京:緑陰書房,1996.

[150] 福澤諭吉.福翁自伝[M].改定版.東京:岩波書店,1954.

[151] 細谷雄一.軍事と政治　日本の選択:歴史と世界の視座から[M].東京:文藝

春秋,2019.
[152] 藤間生大．近代東アジア世界の形成[M]. 東京:春秋社,1977.
[153] 本田逸夫．明治中期の「国際政治学」:陸羯南『国際論』とNovicow J. , La politique internationaleをめぐって[J]. 法学,1996,59(6):905-932.
[154] 松沢弘陽．近代日本の形成と西洋経験[M]. 東京:岩波書店,1993.
[155] 松沢弘陽．日本政治思想[M]. 改訂版．東京:放送大学教育振興会,1993.
[156] 松沢裕作．自由民権運動:〈デモクラシー〉の夢と挫折[M]. 東京:岩波書店,2016.
[157] 松田宏一郎．江戸知識から明治の政治へ[M]. 東京:ぺりかん社,2008.
[158] 松本三之介．明治精神の構造[M]. 東京:日本放送出版協会,1981.
[159] 松本三之介．明治思想における伝統と近代[M]. 東京:東京大学出版会,1996.
[160] 松本健一．日本の近代:1　開国・維新　1853—1871[M]. 東京:中央公論新社,2012.
[161] 松本三之介．明治精神の構造[M]. 東京:日本放送出版協会,1981.
[162] 丸山真男．現代政治の思想と行動[M]. 東京:未来社,1964.
[163] 源了圓．横井小楠における攘夷論から開国論への転回[J]. アジア文化研究,2000(26):197-224.
[164] 三谷太一郎．近代日本の戦争と政治[M]. 東京:岩波書店,1997.
[165] 三谷太一郎．近代と現代の間[M]. 東京:東京大学出版会,2018.
[166] 三宅雪嶺．同時代史:第1巻[M]. 東京:岩波書店,1949.
[167] 森公章．古代日本の対外認識と通交[M]. 東京:吉川弘文館,1998.
[168] 毛利敏彦．大久保利通[M]. 東京:岩波書店,1969.
[169] 毛利敏彦．明治六年政変[M]. 東京:中央公論新社,1979.
[170] 山田朗．幸徳秋水の帝国主義認識とイギリス「ニューラディカリズム」[J]日本史研究,1984(9):37-60.
[171] 山添博史．江戸時代中期に胚胎した日本型「近代的」国際秩序観[J]. 国際政治,2004(139):13-28.
[172] 山室信一．思想課題としてのアジア:基軸・連鎖・投企[M]. 東京:岩波書店,2001.
[173] 山室信一.「帝国」日本の学知:第8巻　空間形成と世界認識[M]. 東京:岩波書店,2006.
[174] 米原謙．日本ナショナリズムにおける“アメリカの影”[J]. 日本思想史学,2009(41):3-12.

［175］ 米原謙．徳富蘇峰［M］．東京：中央公論新社，2003.

［176］ 米原謙．国体論はなぜ生まれたか：明治国家の知の地形図［M］．京都：ミネルヴァ書房 2015.

［177］ 米原謙．日本政治思想史［M］．増補版．京都：ミネルヴァ書房，2017.

［178］ 劉明修．台湾統治と阿片問題［M］．東京：山川出版社，1983.

［179］ 渡辺浩，朴忠錫．韓国・日本・「西洋」［M］．東京：慶応大学出版会，2005.

［180］ 渡辺浩．東アジアの王権と思想［M］．増補新装版．東京：東京大出版会，2016.

［181］ 渡辺浩．近世日本社会と宋学［M］．増補新装版．東京：東京大学出版会，2010.

［182］ 渡辺浩．日本政治思想史：十七—十九世紀［M］．東京：東京大学出版会，2010.

［183］ 和田守．近代日本と徳富蘇峰［M］．東京：御茶の水書房，1990.

附　录

日本思想家横井小楠的对外认识

1853年，美国提督佩里率领舰队驶入江户湾。由此，日本历史进入幕末维新时期。如何回应外来压力并寻找到一条合适的出路，是幕末维新时期日本政府面临的主要课题。幕末日本人的思想状况因此经历了重大的转变，而横井小楠正是其中的代表人物。笔者选取横井小楠作为幕末维新时期日本从锁国攘夷到开国进取思潮变迁中的典型案例，考察其对外认识的转变过程，揭示该时期日本人对外认识的特质。

本文以横井小楠的对外认识转变过程为主线，首先结合日本国内外形势的变化，考察其从一名激烈的攘夷论者转变为开国论者的思想历程；其次从横井小楠的“天下公共之道”[1]的理论出发，分析其借用儒学概念解体“华夷”观念和置换“华夷”观念主体的过程，指出其与前辈思想家对于“华夷”观念诠释的异同；最后从贸易视角切入，分析横井小楠的国际政治思想，并由此把德川幕府建立的武家社会的“武”之道转换为近代社会的“商”之道归结为横井小楠的国际政治思想的特征。

[1] 关于“公共”问题的最新研究成果，参阅林美茂：《公共哲学序说：中日关于公私问题的研究》，中国人民大学出版社，2020。

一、横井小楠的思想转变历程

横井小楠（1809—1869），通称平四郎，名时存，号小楠，晚年又号沼山，出生于肥后藩（今日本熊本县）藩士家庭。1818 年进入藩校时习馆学习，1837 年担任时习馆居寮长（舍长）。1839 年奉藩命到江户游学，投入林大学头门下并结识佐藤一诚等学友。江户游学期间，横井小楠还结识了幕府重臣川路圣谟、水户藩士藤田东湖等幕末时期的政治活跃人物。

1841 年，横井小楠回到肥后藩，与长冈是容、下津久马、元田永孚、荻昌国等创建研究会，结成“实学党”，于同年起草了《时务论》。1843 年，横井小楠创设私塾，招收德富一敬❶等弟子。该私塾在 1847 年被正式命名为“小楠堂”。1849 年，横井小楠招收福井藩士三寺三作入塾，从而获得出仕福井藩的机会。

1851 年，横井小楠周游各藩，结交了梁川星岩、桥本作内、吉田松阴等志士。1855 年，横井小楠移居沼山津村（今日本熊本市秋津町沼山津）。坂本龙马、井上毅等曾先后到访此地。1858 年，横井小楠接受了松平庆永的邀请，参与福井藩的藩政改革。1868 年 4 月，横井小楠应明治政府邀请出任“参事”，参与新政府的筹建工作。1869 年，横井小楠在江户（今东京都）被暗杀。横井小楠一生著述颇丰，其中的重要著述包括《夷虏应接大意》（1853）、《国是三论》（1860）、《攘夷三策》（1862）、《沼山对话》（1864）、《沼山闲话》（1865）等。

（一）横井小楠与“锁国论”

1. 日本“锁国”的来历

一般认为，“锁国”一词源于 19 世纪初期原长崎通事❷志筑忠雄（1760—1806）在 1801 年翻译的《日本志》中的附录论文标题“锁国论”。《日本志》的作者是德国医生坎贝尔。坎贝尔曾在 1690 年（元禄三年）以出岛荷兰商馆医生的身份在日本逗留了约两年时间。坎贝尔的原题是《对

❶ 德富一敬是德富苏峰、德富芦花兄弟之父。

❷ 特指江户幕府在长崎从事翻译或贸易事务的官员。

日本帝国禁止本国人渡海出国、禁止外国人进入日本，以及完全禁止这个国家与海外世界的交流是源于极为妥当的根据的论证》。[1] 在坎贝尔看来，日本德川幕府的对外政策是极为“妥当”之举。

志筑忠雄是荷兰语翻译，所以其翻译依据的是荷兰语版本，并将题目译为《论今之日本人闭锁全国、无论国内国外使国民未敢与异域之人通商之举是否获得了利益》。[2] 这无疑是一次“误译”，属于翻译上的硬伤。为什么日译者志筑忠雄要把原作者坎贝尔题目中肯定的意思翻译成怀疑的语气呢？这要从志筑忠雄所处的时代环境说起。

从 18 世纪后半期开始，日本面临的国际环境和国内环境都发生了巨大的变化。国际方面俄国商人在 1778 年踏上国后岛，要求与松前藩通商；1792 年 9 月 3 日，俄国特使陆军中尉拉克斯曼（A. K. Laksman）亲自率领船只护送遇难漂流的日本人抵达北海道根室，并且携带叶卡捷琳娜二世的国书要求通商。松平定信拒绝了俄国大帝的国书，发给拉克斯曼准许进入长崎港的信牌（入港许可证），拉克斯曼最终没有入港而是被遣返回国。

国内方面，第八代将军德川吉宗（1684—1751）推行了“享保改革”（1716—1745），试图化解幕府在财政方面的困难。1727 年，荻生徂徕向吉宗进献《政谈》，主张解决武士阶层的贫困问题。1787 年，幕府老中松平定信开始推行“宽政改革”（1787—1793），但改革遭遇各方压力，松平定信本人也不得不在 1793 年辞去了老中的职务。天明大饥荒以来，日本国内社会矛盾日趋严重。

志筑忠雄就是在日本面临上述内外困境的时候开始翻译《日本志》，他在阐述自己的翻译动机时称：

> 今予翻译此书，不徒为玩娱之具。我辈生于此难得之国，逢此难得盛世，与太平之草木共蒙无上雨露之惠，此亦为添言此乐时之兴一助。兼及异国异风之可怖、邪说暴行之可恶，求于普天之下，得悟无更可尊之人与可仰之教，唯愿此书于固御外亲内之最切用之心之道，

---

[1] 荒野泰典『近世日本と東アジア・序』、東京：東京大学出版会、1988 年版、第 ii 頁。

[2] 朝尾直弘『鎖国』、東京：岩波書店、2004 年版、第 32 頁。

亦有些微裨益。[1]

在志筑忠雄的翻译出现之前，日本人不曾用“锁国”来形容本国的体制。尽管坎贝尔的“锁国论”原本是对近代以前日本政治经济自给自足的一种肯定，但是当时的日本知识分子对“锁国”这个词的接受和认识具有体制批判的色彩。[2]“锁国论”的流行与“锁国”观念的形成，是日本知识分子从把“锁国”理解为德川体制的保护性措施转变为德川体制的潜在威胁这一对外危机意识增强的产物。

2.《锁国论》读后感

虽然志筑忠雄的《锁国论》日译本直到49年后才由日本国学家黑泽翁满（1795—1859）以《异人恐怖传》的题目出版面世，但是其手抄本早在幕末知识分子中广为流传，影响力极大。横井小楠与《锁国论》的渊源可见于《游学杂志》与《读锁国论》，从中可以判断他第一次阅读《锁国论》是在1839年游学江户时期。横井小楠在《游学杂志》中首先记录了他于天保己亥（1839）春三月从熊本出发前往江户游学的经历，在提到《锁国论》时他写道：“阅读志筑忠雄翻译的《锁国论》，乃西洋人坎贝尔所著。”[3] 横井小楠对《锁国论》的记述主要围绕世界都市的规模和天主教问题展开：第一，横井小楠认为意大利国都罗马、法兰西国都巴黎、英格兰国都伦敦是欧洲三大都市，它们均非西欧的中心城市，然而在历史上久负盛名，城市规模都要小于江户。[4] 第二，横井小楠谈及天主教的问题，他认为丰臣秀吉禁教的原因是因为深知葡萄牙宗教将危及日本的国家安全。[5]

横井小楠从基督教给日本带来危害的角度出发，认为禁教是深谋远虑的措施，理由在于：第一，葡萄牙的基督教虏获人心，愚弄人民，不仅是日本的国耻，还可能成为祸乱之根源；第二，坎贝尔在书中详

---

[1] 小堀桂一郎『鎖国の思想』、東京：中央公論新社、1974年版、第143頁。转引自刘岳兵：《日本近现代思想史》，世界知识出版社，2010，第26页。

[2] 荒野泰典『近世日本と東アジア・序』、東京：東京大学出版会、1989年版、第ii頁。

[3][4] 横井小楠「遊学雑志」、山崎正董編『横井小楠遺稿』、東京：日新書院、1942年版、第809頁。

[5] 横井小楠「遊学雑志」、山崎正董編『横井小楠遺稿』、東京：日新書院、1942年版、第810頁。

细描写了葡萄牙与日本的贸易情况，基督教的传播使得日本金银货物大量流向海外，导致日本国力空虚。❶ 此外，横井小楠还将日本与中国的外来宗教政策进行比较，认为康熙皇帝允许基督教在中国传播导致中国的基督教分为两派：一派与儒教混为一谈，允许祭祀孔子与祖先；另一派没有与儒教混同。混同派受到中国的禁止，未混派被驱逐出去。横井小楠还提出，中国是文明之国，所以中国人鲜少信仰基督教，因而对国家的危害有限。❷

3.《读锁国论》

虽然横井小楠在《游学杂志》中提到基督教在日本传播的危害，但是如果据此认为横井小楠支持锁国政策是出于对基督教的恐惧与防范心理，似有武断之嫌。以下将结合《读锁国论》文本分析横井小楠之“锁国论”的成因。

> 我邦孤峙东海之中，得天地之中，物足人蕃。外有山海风涛之险，内有列国藩屏之固，雄视万国二千年矣。昔日蒙古举十万军来侵，一风涛淹灭之。尔后丑虏不敢萌觊觎之心，抑天之于我邦，非有独厚之者存焉哉。丰太阁以雄大绝一切万国之通。当今之制因之，独许进港者清兰二国。此二国我非修好结交，书籍药物有所需于彼，又非因其交通以窥察万国之动静。但二国之通久且谨故许而不绝，所以示我覆天之仁也。至近世和兰学渐行，有见泰西诸州沿革之势。遂愕其战舰火器之大且巧，动以鲁西细亚、英格兰等吞并之事虚喝我邦人。是其人眼无渊识，胆落虚声安知天下之势。天下之势不唯我有眼者能知之，彼泰西人既已知之。乃如坎贝尔见我士气之刚锐，知我土地所产之百物自足，而极服我锁国卓越之见也。盖泰西诸州大抵襟带相接，犹我七道。不得不交互为生。是彼之与我同球而殊地也。故在彼开通为道，在我闭锁为道。各得其所宜，而后谓之顺天。夫民赖以为生者天也。天之所赋既殊地则治法亦不得不殊，是坎贝尔之所论而非各所以安斯民之道哉。不唯夫坎贝尔泰西人所论往往出于此。予闻

---

❶❷ 横井小楠「遊学雑志」、山崎正董編『横井小楠遺稿』、東京：日新書院、1942 年版、第 812 頁。

西博而特言，云和兰千七百年间鲁西细奉其国王之命，轻舸回旋东洋，窥测我海上之险易。海浅岸高风涛暴起称叹天险而去。西博而特在我邦者五年，悉我邦内外之情实。与舌官某书所见特与坎贝尔合。则丑虏之绝志于我者，在彼既为一定之见也。虽然吴子不云乎，在德而不在险。我赖其险而不修德，则滔天之祸覆地之变，何世之无。益修其德益固其锁。不安丑虏既绝之念而不赖天险之可赖。岂非天下所以保万世之安之道哉。

方今五大洲内列国分裂强国弱吞并未地为王。朝治夕乱无定。犹我永禄天正际。而我邦独愿泰平之治日益……❶

从横井小楠的《读锁国论》中可以看出他与坎贝尔的《日本志》具有高度共鸣。首先，《锁国论》作者坎贝尔认为日本山海险绝、士气刚锐、物产丰饶、自给自足，对于日本的锁国政策给予肯定，而横井小楠则援引坎贝尔的观点论证了锁国的合理性。

其次，在横井小楠看来，上天赋予西欧与日本不同的地理环境，所谓地殊而治异。欧洲大陆比邻相接应该采取开放的政策，而日本孑然屹立于东海之中，理应采取闭关锁国政策，所以在与西欧的对比之中，又凸显日本锁国的合理性。

最后，虽然横井小楠认识到日本的天险有利于锁国，但是他也认识到过分依赖地理环境将有可能招致滔天大祸，强调“益修其德”才是“保万世之安之道”。值得注意的是，崇德修行是儒者的共同特点，横井小楠视为一名儒者自然也不例外。在幕末日本人对外认识逐渐深化、思想状况发生重要转变的过程中，儒学经常被视为一种理解外部世界的手段和资源，关于这一点，笔者将在后文详述。

（二）横井小楠的“大义”攘夷论

1853年，美国人佩里率领军舰抵达日本要求通商；十日后，俄国人普提雅廷携带俄国大帝的国书出使长崎，幕府为此派出筒井政宪与川路圣谟前往长崎接待。横井小楠在江户游学期间曾经拜访过川路圣谟，称“久仰

---

❶ 横井小楠「読鎖国論」、山崎正董編『横井小楠遺稿』、東京：日新書院、1942年版、第692-693頁。

此人大名，果乃非常之英物”。[1] 因此，横井小楠闻讯赶到长崎，意欲与川路圣谟商讨应对俄国使者的策略。不料普提雅廷以幕府使节迟迟未到为由离开了长崎港。于是，横井小楠把对幕府与外国使节、官员的交涉建议整理成《夷虏应接大意》，请长崎港职员转交川路圣谟。

《夷虏应接大意》的主要内容围绕幕府在接待美俄使节时应该采取的策略展开。横井小楠在篇首就亮出了自己的观点，他说：

> 我国之所以优于万国，以君子国称于世界乃以天地之心为体、重仁义之故也。所以接待亚墨利加、鲁西亚使节亦应以此贯彻天地仁义之大道为原则。倘若不贯彻此条理[2]，和则损害国体，战则必败无疑。此二者乃显然易见，无须反复言说。凡我国处理外夷之国是，有道之国则许之通信、无道之国则拒绝之，不外乎此二者也。不分有道无道，而一切拒绝之，则昧天地公共之实理，遂至失信义于万国者，必然之理也。[3]

横井小楠在《夷虏应接大意》的主要观点可以归纳为以下三点。

第一，横井小楠依旧主张锁国攘夷。在他看来，幕府前代领导人充分理解此理，并且依据此理允许与中国、荷兰开展贸易，而其他国家皆有悖于此理，所以禁止往来。美国人佩里带来的国书中称“锁国乃日本国是”，这是因为其完全不了解日本国是的缘故。但是，倘若日本人也与外国人一样认为锁国是日本的国体，而且在与外国交涉时不了解“以天地仁义为宗乃国是大道”，那么则有可能令己方失去信义，引起对方的愤怒，最终严重损害日本之国体。[4]

第二，横井小楠认为日本有教养、重仁义，所以要比世界上其他国家优越。如果美国依然像上次一样我行我素率领军舰硬闯日本海域的话，应该斥责其无礼无道，而且日本应不与此等国家交往。这样一来，他们的使节定当叩头赔礼，痛改前非，乞求日本许可通商。倘若对方置若罔闻，意

---

[1] 横井小楠「遊学雑志」、山崎正董編『横井小楠遺稿』、東京：日新書院、1942 年版、第 803 頁。

[2] 即道理。

[3][4] 横井小楠「夷虜応接大意」、山崎正董編『横井小楠遺稿』、東京：日新書院、1942 年版、第 11–12 頁。

欲挑起事端，则是“彼曲我直”，日本应当殊死抗争，显然是百战百胜。[1]

第三，横井小楠主张以“大义理”为处理外交问题的原则。具体而言，对于佩里带来的国书，幕府只要回复日本的“既定国是”乃与“有道”之国交往，与无道国家绝交，日本并非完全闭关锁国的国家即可。对待俄国则如同对待美国一样，要先阐述拒绝对的“大义理”。即使俄国希望帮助日本，也应该告诉俄国借助他国之力不符合日本的原则，俄国定当以为日本与美国不同，是“有道信义”之邦，因而前来乞求通商。[2]

如果日美两国的事态发展到美国率领军舰前来示威的地步，届时就是日本以血战严惩其罪恶之时。不过，如果日本与俄国通商，那么世界万国将嘲笑日本“不勇”，这将是日本的严重耻辱。虽然现在不是与俄国交往贸易的时机，但是如果对方要求开国，日本则可以回答后年此时再来协商。“凡天地之间只有道理，以道理晓之谕之，则夷狄禽兽不能不服也”。[3]综上所述，足见横井小楠对于自己的言论主张过分自信，体现其对世界形势不够了解、盲目乐观的一面。

横井小楠在文中把当时日本的对外交往情况划分为四种类型，并且各有评价。第一，沉溺于安逸享乐，屈他人之威倡议和，此为最下等。第二，拘泥锁国旧习，不分理非，拒绝一切外国，主张决战。虽然优于前项，却不知天地自然之道理，终将必败无疑。第三，虽憎恨外国无礼欲与之决战，又顾虑日本太平已久，天下士气颓废，故暂时屈身与彼等交和，趁机提振士气，振兴国力以待他日再战，但日本人心涣散、士气怠惰，三令五申而无益，天下遂将土崩瓦解。第四，下定必战之心，以选用幕府各藩杰出人才为第一要务，举贤改政，知天下人心大义，士气一新，精兵强将。[4]

横井小楠认为第四类是最佳对策，他说：“战争胜败不仅在于器械枪炮，也在于天地正义是否获得贯彻，人心是否获得提振。人心振奋时器械枪炮亦将随之充备也。百夷千蛮何足畏惧？利害得失显而易见也。故我奉

---

[1][2][3][4] 横井小楠「夷虜応接大意」、山崎正董編『横井小楠遺稿』、東京：日新書院、1942年版、第12-13頁。

天地之大义以迎接彼等之道乃在今日之一义也。”[1] 除此之外别无良方，只要阐明大义拒绝夷虏，将不战而使之畏惧信服，这就是横井小楠的对付夷虏的“大义”。最后，横井小楠总结道：“夫我国以天地有生之仁心为宗旨，与天地神明共诛不信不义之国，示大义于海外万国。振奋天下（日本国内）之士气，以万全之器械炮舰，使万国丑夷降服于我正义之事态乃确定无疑也。”[2]

《夷虏应接大意》的一个突出特征就是将“大义”贯彻全文。横井小楠所言的“大义”，应该是借用了传统的道德概念。通常而言，大义是指人们在社会生活中应该遵循的基本规范，有时特指臣民对国家应尽的本分。儒教中的君臣之道、父子之道就属于此类范畴。江户时代是武士社会，提倡“大义灭亲”，以“奉公灭私”为第一要义。

与此不同，《夷虏应接大意》中多次出现的“大义”是对外交往的原则。在传统国际秩序趋于瓦解、国际形势骤变的情况下，德川幕藩体制下的君臣道德显然无法解释国家与国家之间的关系。于是，横井小楠把儒教中的道德概念推而广之，试图以此构建国家与国家的平等关系。可以说，横井小楠对“大义”的阐述超越了一国一藩的藩篱，超越了传统儒教的“君臣之道”，超越了国境。由于《万国公法》直到 1865 年才传入日本，[3] 所以横井小楠基于大义的国际交往原则之思想来源，应该还要归功于他的儒学素养。

值得注意的是，横井小楠在此以有道和无道作为日本与外国交往的标准，即认为不能是非不分地一概断绝往来。可以说，横井小楠的“大义”攘夷论，与 1850 年致福井藩士三寺三作书简[4]中不惜一切代价也要攘击外夷的观点相比，已经开始有条件地选择交往对象国。横井小楠“一边在现实中拒绝开国，一边在理念中形成他走向开国之路的理论”[5]，这是其思想发生变化的征兆。

---

[1][2] 横井小楠「夷虜応接大意」、山崎正董編『横井小楠遺稿』、東京：日新書院、1942 年版、第 13-14 頁。

[3] 陈秀武：《〈万国公法〉在明治初期的日本》，《东北师范大学学报（哲学社会科学版）》2009 年第 2 期。

[4] 山崎正董編『横井小楠遺稿』、東京：日新書院、1942 年版、第 134-138 頁。

[5] 源了圆：《横井小楠的“公共思想”及其对公共哲学的贡献》，载佐佐木毅、金泰昌主编《公共哲学：第 3 卷　日本的公与私》，刘雨珍、韩立红、种健译，人民出版社，2009，第 281 页。

（三）从“锁国论”到“开国论”的思想转变

1. 横井小楠与《海国图志》

1855年，对于幕末日本来说相当关键，因为这一年德川幕府与各国签订了“安政五国条约”。同样，这一年对于横井小楠来说，也是一个重要的年份。这不仅是因为他在这一年迁居沼山，更因为他的思想在这一年经历了重要的转变。中国在鸦片战争中的溃败对日本造成强烈的冲击。魏源在鸦片战争后写作了《圣武记》与《海国图志》。这些书籍相继传入日本，对日本人的精神思想产生了重要影响。其实，《海国图志》也是促使横井小楠从一名攘夷论者转变为开国论者的重要契机。

鸦片战争的结果震惊了日本的知识分子。他们除了在第一时间收集和编撰与此相关的书籍，还积极译介中国人写作的书籍，借由中国人的自我反省全面深化自身的世界认识。魏源（1794—1857）的《海国图志》（1842）作为反省鸦片战争的书籍，率先被译介到日本。该书被日本人翻刻、训点、翻译多达20余版，在日本受欢迎的程度和影响力远远超过了在中国的情况。

鸦片战争于1842年8月终结。同年，魏源出版了《圣武记》，12月又自费出版了《海国图志》。《海国图志》刊行后在社会上引发了巨大的反响，于是魏源作出增修，在1848年又出版了60卷本。《圣武记》与《海国图志》于1848年和1851年先后传入日本。1853年，佩里率领舰队抵达日本要求通商遭到幕府拒绝。佩里离开日本以后，日本朝野群情激奋，纷纷商讨海防对策。此时，魏源的《海国图志》因其丰富的海外地理知识，加之作者对于清政府在鸦片战争中惨败的反思和具有战略防御意味的海防论，正好为遭受美国开国通商压力的明治政府提供了借鉴的范本，令明治政府和书商不惜重金竞相购买。根据大庭修在《江户时代日中秘话》中的研究，《圣武记》和《海国图志》当时在日本的需求量比较大，而且价格一直上涨。幕末长崎交易所有关中国书籍输入的账簿显示：1851年运至日本3部《海国图志》，其中的两部，分别被御文库与学问所“御用”，剩下的一部被老中牧野备前守买去；1853年载抵日本的1部留在长崎会所；1857年运来12部，其中的7部被幕府购买，5部进行招标；1851年该书的进价是130刃，而1859年启太郎书店的中标价是436刃，书价比初次传入日本时增长了 3 倍还多……[1]从这一侧面可看出明治政府朝野上下对《海国图志》的重视。

对于《海国图志》在日本的畅销现象，增田涉评论道："若从给予我国以刺激或影响的角度来谈有关世界地理和地志的汉文著作的话，那么恐怕就必须以《海国图志》为第一了。"[2] 此外，李庆在《日本汉学史》中写道："笔者在瑞典斯德哥尔摩大学图书馆，参观该馆珍藏的日本明治早期草子本时，发现包这些草子本的竟是《海国图志》的零页。由此也可见该书当时在日本流布之广"。[3]《海国图志》能够获得日本人的极大关注，与作者魏源对外来危机的敏锐意识以及书中提供的地理知识和防卫战略密不可分。

关于横井小楠与《海国图志》的关系，在其留下的文献中并无记述，但是他的弟子内藤泰吉在自述传记《北窗闲话》中称："安政二年，二十八岁时，先生因《海国图志》日益趋于主张开国论，开始每日与我对谈，废寝忘食持续百余日。先生谈论兵法，俺以医术对之，启发颇多。自此对谈以来，大抵能知先生之学意"。[4]

在致福井藩士村田巳三郎的书信中，横井小楠说道："近代翻刻之《海国图志》，亚墨利加之部其国志明白有之，鲁西亚之部殊知大略。"[5] 据此能够推断的是，横井小楠读过"筹海篇""美国篇"与"俄国篇"。《海国图志》中"筹海篇"是被日本翻刻、训点最多的部分，这与当时明治政府朝野急切构建军事与安全战略的迫切心理密不可分。

虽然在坎贝尔眼里，日本采取锁国之策乃"极为妥当"之选择。不过，坎贝尔在荷兰商馆担任医生还是 18 世纪中期的事情，距离美国、俄国、英国等军舰在日本海域附近频繁出没的 19 世纪中叶，已经过去了约一

---

[1] 大庭修：《江户时代日中秘话》，徐世虹译，中华书局，1997，第 183 页；大庭修：《江户时代末期的舶载中国书籍与日本》，王勇译，载王勇、陆坚编《中国典籍在日本的流传与影响》，杭州大学出版社，1990，第 280-282 页。

[2] 增田涉：《西学东渐与中国事情》，由其民、周启乾译，江苏人民出版社，2010，第 23 页。

[3] 李庆：《日本汉学史》（第 1 部），上海人民出版社，2010，第 52 页。

[4] 内藤游『北窓閑話』、東京：民友社、1927 年版、第 7 頁。转引自三上一夫『横井小楠の新政治社会像』、京都：思文閣出版、1996 年版、第 40 頁。

[5] 安政三年十二月二十一日書簡「村田巳三郎へ」、山崎正董編『横井小楠遺稿』、東京：日新書院、1942 年版、第 243 頁。

个世纪。所谓世界大势已然“豹变”，因循祖法显然已经不合时宜。近代中国在鸦片战争中一败涂地，中国与日本之间只有所谓的“一衣带水”的距离，换句话说，其实就是唇亡齿寒。更何况近代西欧天文、地理、航海技术发展迅猛，英国、法国、美国都相继走上资本主义的道路，所以这正是日本在世界范围内“大展身手”的时候。

此外，频频骚扰日本的俄国不惜重金聘请荷兰技师发展军事技术，并在短时间内达到显著水平。日本虽然落后，但是也有迎头赶上的先例可循。近代中国与俄国在面对世界形势剧变之时，一静一动的应对措施直接关系到国家的前途命运。当然，军事手段不符合传统中国的对外交往习惯，但是没有军事海防，就必须面对他国的滋扰欺辱，这是不得不承认的事实。那么，基于上述情况，明治时期的日本应该何去何从呢？

横井小楠对上述问题进行了深入的思考，他的思考与《海国图志》不无联系。《海国图志》不仅令横井小楠认识到攘夷论已经穷途末路，必须要打开国门走上“师夷长技以制夷”的道路，而且《海国图志》之“美国篇”令其认识到立国的三个必要条件，这些集中反映在其1860年成书的《国是三论》之中。[1]

2.《国是三论》中的“锁国”与“开国”思想

（1）强兵论——军事开国

在《国是三论》中，横井小楠从“富国”“强兵”以及“士道”三个方面阐述了自身的开国思想。横井小楠对于军事海防的主张，体现在《国是三论》之“强兵论”中，而且开篇一段的问答，就体现了横井小楠对于强兵的基本主张：

问：论当世之兵者，或坚执用固有之短兵相接战术，或主西洋枪阵之猛烈。请问孰优孰劣，利害如何？

答：若以昔时日本一国论之，两论无可无不可。然当今航海大开，势必以海外诸国为对手，故守卫日本孤岛，强兵莫过于海军。[2]

---

[1] 源了圓「『開国』と『公共』との思想的関連」、源了圓編『横井小楠のすべて』、東京：新人物往来社、1998年版、第149頁。

[2] 横井小楠：《国是三论》，花立三郎注释，熊达云、管宁译，汤重南校译，中国物资出版社，2000，第56页。

首先，横井小楠在回答日本的强兵之策时，运用“孤岛”一词形容日本的地理形势。“日本乃亚细亚东海中一孤岛，犹如英吉利之如欧罗巴。该国环海险恶，且有飓风爆发之惧，航海颇为难，故能自免外寇侵犯。”❶日本与英国的地理环境相似，大海是天然的军事屏障。不过，“外国形势大变，航海之术大进，海洋之通航便捷超通逾陆地。自火轮发明以来，万里亦如比邻。地球之上，除冰海外，未有不可至之地。当今时势，天险亦难持，日本欲独立锁国谅难实行。”❷也就是说，坎贝尔的《锁国论》与横井小楠此前的《读锁国论》中赞美的军事优势，此时已经转变为劣势，所以依旧坚持“锁国”谋求“独立”在现实中行不通。

其次，关于是否应该采用传统的“短兵相接战术”或“西洋枪阵”的问题，横井小楠表达了否定的意见：如果日本依旧固执旧见，认为短兵陆战是日本的优势，又或者为抵御外夷而贸然学习枪阵，实在是一种可怜的“陋习”，因为世界形势大变，现在航路大开，日本的对手是从海外乘船而来的西方国家。“现今日本孤岛，犹如大船，四海如陆地，我以陆军待彼海军，犹如乘船战于陆地，彼主我客也。”❸敌我双方实力发生逆转，对方进退自如，日本全然无法动弹。如果对方用两三艘军舰在海上游弋，那么日本只能疲于应付，不战自毙。横井小楠认为，“短兵相接”的想法已经落伍于时代。

最后，在分析了海内外的形势与日本的不利因素之后，横井小楠认为要保卫日本这座孤岛，“可知陆军之无用而必兴海军也”❹，这种想法与魏源的《海国图志》是相通的。横井小楠的“陆军无用”一说，与1853年《夷虏应接大意》中与敌方“血战”以降服夷虏的主张迥然不同。其实，横井小楠在1854年写过《陆兵问答书》❺，文中以攘夷为前提，主张充实陆军加强国防力量。但是清政府溃败的消息与阅读《海国图志》受到的影响，促使横井小楠放弃陆兵转向海防建设。

（2）富国论——贸易开国

以上分析了横井小楠从军事上论述开国加强海防建设的转变，笔者接

---

❶❷❸❹ 横井小楠：《国是三论》，花立三郎注释，熊达云、管宁译，汤重南校译，中国物资出版社，2000，第68－69页。

❺ 横井小楠「陸兵問答書」、山崎正董編『横井小楠遺稿』、東京：日新書院、1942年版、第14－19頁。

下来试图以《国是三论》中的《富国论》为文本，分析横井小楠的贸易开国思想。横井小楠首先站在锁国论者的角度，阐述开国的五种危害：

> 先就是锁国之见论之。本邦五谷金银乃至其他，万物丰饶，不待求它，人民遂其生产业无所缺，数百年锁国事知不足之事。然今若启锁钥，从我出者乃我有用之物，自彼人者乃我无用之物也。以有用易无用，害之一。出彼者若多，于我则不足敷用，害之二；其物告罄不足敷用，则致价昂，害之三；得其利者两三商贾，而被其害者全国，害之四；纵令以物品换金银，金银本不缺，以无用之物减有用之物如故，害之五。❶

就在横井小楠论述开国交易之害时，日本已经开始交易，导致物价上涨。不仅士农工商阶层日趋困顿，全日本人民的生活都受到交易带来的危害。那么，是不是不开交易继续锁国就对日本没有危害呢？对此，横井小楠答道："锁国乃二百余年之陋习，其害尤大，然人皆不留心锁国之害矣。"❷

> 二百年前，乃继乱世之后，衣食住等，万事朴素简易，凡事与乱世相比，故人事安稳，未有不足。然随太平年久，骄奢成风。日本国中诸大名之度支奢侈烦琐，参勤交代乃至今日诸项用度，消金银次第增多，而金银增加无方。国中人口增加，而土地一如古昔，费处多而出处少。在下者准是，富贵者忘分骄狂。贫穷者亦趋效之，忘贫恃骄，因是皆招至穷困潦倒。加之沐浴太平恩泽，游手徒食之辈（但至今日武士亦成游手徒食之类也）至十之九。降生者依然如前，唯增食口而已，故物价自贵。物价贵则金银不足，余银不足则四民穷困。然农、工、商以力而食，力役之价随物价而增，故犹可为。唯称士者，上自大名，进项有限，若出项超其限，实无可为之方。❸

接着，横井小楠叙述了锁国封建制下藩内人民的生活与思想状况。横

---

❶ 横井小楠：《国是三论》，花立三郎注释，熊达云、管宁译，汤重南校译，中国物资出版社，2000，第10页。

❷❸ 横井小楠：《国是三论》，花立三郎注释，熊达云、管宁译，汤重南校译，中国物资出版社，2000，第14-15页。

井小楠认为，如果依旧坚持施行锁国封建之制，则“诸大名各锁闭一国一郡，不惜利己害他，无处不利政聚敛，然仍难补国用之不足。无奈乃借诸士俸禄，挤压豪农豪商，吮吸细民膏血，以救今日之急。农、商亦因此疲敝，为免物价上涨之苦，其敝又及于士。以交互穷困。由之不问上下，荣辱礼节紊乱，民心离叛，遂至一揆，讼穷迫上者匪鲜。如此年积月累，终必招骚乱，此乃势也”。❶

德川锁国封建之制建立的基础是各藩内部的封闭以及外在形式上的联合政治结构，加上随着战国乱世的终结，德川治世日趋平稳，人口日益增加，人心欲望膨胀，但是生产能力却没有提高。于是，社会需求与社会生产形成了结构性矛盾。德川政府只能数次倡导“大行节俭”，然而收效甚微。无奈之下，幕府开始了宽政改革、享保改革、天保改革，改革成果不甚理想。幕府统治下的各藩也进行改革。但是，无论是幕府还是各藩的改革目的都是“聚敛”细民膏血。早在1843年的《时务策》中，横井小楠就对藩营殖产兴业提出批评，认为这是把百姓逼入绝境的“聚敛”的政策。地方大名的藩政改革导致农、商、士交互贫困，长年累月下来，终将使“士庶上下人气险恶，落入鄙野”❷。人伦秩序失常，迟早将引发社会动荡。

横井小楠总结道：“方今得航海自由，万国交易有如比邻。如此，日本仍独固守锁国之法，必难免外寇兵衅。当其时，以治世亦极困难之国势严兵备，驱离叛、逆戾之士民之策，奏攘夷之功，可谓甚无胜算。此乃锁国之害也。”❸ 也就是说，在世界各国互通贸易、航海技术又非常发达的国际新形势下，日本的锁国攘夷政策根本毫无胜算。至此，横井小楠对开国与锁国的弊端都进行了分析。那么，应该如何改善日本当时的状况呢？横井小楠的答案是行“公共之道”。

---

❶ 横井小楠：《国是三论》，花立三郎注释，熊达云、管宁译，汤重南校译，中国物资出版社，2000，第15页。其中，“一揆”日文原意指“统一准则”“志同道合”，后转指日本中世武士、近世农民结成的团体及其斗争形态。

❷❸ 横井小楠：《国是三论》，花立三郎注释，熊达云、管宁译，汤重南校译，中国物资出版社，2000，第16页。

二、横井小楠对“道”与“华夷”的重新诠释

（一）“华夷”观念的由来

1850年5月30日，横井小楠在写给弟子福井藩藩士三寺三作的书简中写道：“夫我神州，百王一代三千年来独立于天地之间，世界万国无与比之，纵使人民皆死、土地尽失，亦无与丑虏致和之道理”[1]。在横井小楠看来，日本是“神州”，世界万国皆是“丑虏”，对待“丑虏”自然应当毫不犹豫地予以抗击。横井小楠此时的想法或许与后期水户学存在共鸣之处。笔者在前文已经叙述过横井小楠在1839年游学江户时结交水户藩藩士藤田东湖，接触到后期水户学派的学说。尊王攘夷曾一度是后期水户学派的口号。在这封给三寺三作的书简中，横井小楠通篇运用的都是“浩然正大之气”“神州固有之正气”等类似表达。

此时的横井小楠一方面正在勤读《中庸》等经典，另一方面与家老长冈监物等同道结成“实学党”，反对肥后藩的主流派“学校党”。与横井小楠参与各项活动的同仁，无一例外都是攘夷论的拥护者。笔者在本文第一部分已经叙述了横井小楠从一名激烈攘夷论者转变为寻求“公共之道”的开国论者的思想历程，那么在横井小楠的“攘夷”与“开国”之间，存在怎样的思想转换呢？关于这个问题，要先从“华夷”在横井小楠思想逻辑中的转换过程说起。

何芳川指出：“正本清源，所谓‘华夷’之说，缘起于我国上古华夏族体的形成时期。它所界定的，主要是黄河流域、特别是黄河中下游地区的华夏族体（本身就是许许多多部落、部落联盟汇聚的结果）同今日中国境内的其他族体之间的差异，以及由此所带来的一切问题。”[2]《国语·周语上》中写道：

> 夫先王之制：邦内甸服，邦外侯服，侯、卫宾服，蛮、夷要服，戎、狄荒服。甸服者祭，侯服者祀，宾服者享，要服者贡，荒服者王。日祭、月祀、时享、岁贡、终王。先王之训也，有不祭则修意，

[1] 山崎正董編『横井小楠遺稿』、東京：日新書院、1942年版、第135-136頁。

[2] 何芳川：《“华夷秩序”论》，《北京大学学报（哲学社会科学版）》1998年第6期。

有不祀则修言，有不享则修文，有不贡则修名，有不王则修德，序成而有不至则修刑。于是乎有刑不祭，伐不祀，征不享，让不贡，告不王。于是乎有刑罚之辟，有攻伐之兵，有征讨之备，有威让之令，有文告之辞。布令陈辞而又不至，则增修于德而无勤民于远，是以近无不听，远无不服。❶

《国语》把“蛮夷”并为一类，划归于五服之中的“要服”。换言之，其他族体需要向天子朝贡。这里的天子自然是指华夏族体的天子。由于秦汉统一帝国的形成与对外交往关系的扩大，原本用来形容中国境内华夏与其他族体关系的“华夷之说”，其内涵被延伸至古代国家的对外关系之中，形成了所谓的“华夷秩序”。可见，“华夷之说”与“华夷秩序”之间既存在联系，却并不完全相同。随着“中华帝国”版图与中华文明影响力的不断扩大，“华夷秩序”的范围也在不断延伸。“中华帝国”维持“华夷秩序”的制度保证便是朝贡制度，日本与中国的关系，或者说日本是否承认“华夷秩序”的证明，就是是否向中国朝贡。历史记载表明，日本一直有意识地游离于朝贡体系之外。所以，足利义满向明政府称臣获得“日本国王”称号的做法，在日本历史上是非常罕见的现象。有学者指出，这是“出于与天皇相对立的考虑”，❷笔者认为，这种“出于与……相对立的考虑”，是日本人思考逻辑的出发点，也是日本民族心理的重要特征。日本历史上的政治形态，从摄关政治形态下的天皇与摄政、关白的关系，到武家政治形态下的天皇与将军（朝廷与幕府）的关系，都是一种“相对立”意识的产物。自然，这种“相对立”的重要作用之一，就是对原有或传统秩序的解体。山鹿素行等江户时代的代表性思想家，早在横井小楠之前就对“华夷”的主体作出置换，具体内容在此不再展开。

（二）横井小楠对“华夷”的重新诠释

回到横井小楠的“华夷”观念的问题上来，“相对立”的思考模式再一次发挥了作用。横井小楠在1853年的《夷虏应接大意》中指出，日本优越于万国的原因在于以天地之心为教养、重视仁义，因此，有道与无道

❶ 韦昭注、明洁辑评、金良年导读、梁谷整理：《国语》，上海古籍出版社，2008，第1-2页。

❷ 胁田晴子：《天皇与中世文化：以文化的政治性为中心》，载徐洪兴、小岛毅等主编《东亚的王权与政治思想：儒学文化研究的回顾与展望》，复旦大学出版社，2009，第3页。

是日本处理外国事务、与外国交涉时候的基本方针，即“公共之道”是超越了国家、民族、边境的普遍精神。在1864年的《沼山闲话》中，横井小楠进一步指出，日本开国推行于宇内的“道乃天地自然之道，乃我胸中自有仁之一字。人识此仁之一字乃即自然之道也”。[1]

需要指出的是，横井小楠在此结合了儒学中“天下为公”与“道”的观念，超越了“道”本身对于自然与人类社会秩序的规范和要求，将其内涵延伸至国际关系（天下）领域，使其成为一种新的国际秩序准则。可以说，这是一种主动把西欧列强纳入以日本为中心的“公共之道”体系的主张。横井小楠在此不仅借用朱子学的概念诠释了国际关系，而且将日本纳入以“仁义道理”为核心的国际关系体系的中心，既是对朱子学的转用，也是对建立在以儒教为核心内容的中华文明优越性的否定。这种否定的直接结果，就是借助朱子学的“道理”消解传统的儒家之“道”，并且把欧美国家编入“道”之体系，重新确立日本为“公共之道”核心的过程。横井小楠把公共之道的内涵上升为超越国家与文明的高度，从而挣脱了东方的束缚，又把西方国家纳入自己的体系，同时为是否开国做好了理论铺垫。

在叙述横井小楠对于朱子学理解的变化之前，要先关注横井小楠与过去的盟友长冈监物对于朱子学认识的分歧。横井小楠在结束江户游学重返肥后藩时，曾经与长冈监物等组成了具有改革精神的“实学党”以对抗“学校党”。不过，这两位曾经的同道却在1855年分道扬镳。原因是他们对《大学》首章的“大学之道在明明德，在新民”的理解完全不同。长冈监物采用的是正统解释，认为欲新民，为政者必须先表明自己内在的道德，这样民众自然就成为新民。然而横井小楠的观点是，今日急务在于新民，只有通过新民的行动，为政者的德才得以表明。横井小楠的解释虽然偏离了正统观点，却为从功能上认识思想，通过实践行动创造性地发展思想提供了可能。[2]

横井小楠在《国是三论》《富国论》中的明显变化是，不再称呼西方

---

[1] 横井小楠：《国是三论》，花立三郎注释，熊达云、管宁译，汤重南校译，中国物资出版社，2000，第158页。

[2] 源了圆：《德川思想小史》，郭连友译，外语教学与研究出版社，2009，第195-196页。

国家为“夷虏”，而是“万国”或“世界万国”。他对此前视西洋为外夷、日本优越于西洋的“华夷”观念进行自我批评，并且提出应该以中国清政府的失败为借鉴：

> 然自称中国华域。待万国以蛮夷无异古昔。今之清政府由古之所谓北狄而兴，灭明而人中国，邦俗亦为之一变。……升平日久，其弊流于骄傲文弱。海外诸国往往穷理开智，施仁崇义，国富兵强，不知诸夏之落伍甲，仍待之以昔日夷狄，蔑视等于禽兽，终于道光年间，因鸦片之乱而为英国所挫，不得已而立和亲条约。[1]

横井小楠认为，中国一直以中华自居，从未改变对待“蛮夷”的态度，但是在经历太平盛世之后，已经显现骄傲羸弱的弊端。另外，曾经受到中国蔑视的“夷狄”却在推行仁义，国力逐渐强大；中国对自己的落后毫无自知，终于招致鸦片战争的惨败，被迫接受英国强加的不平等条约。总的来说，中国与日本其实已经大大落后于西方国家了，并且中日两国关系密切，唇齿相依，所以日本应该吸取中国的教训，避免遭受外国的侮辱。

除了对西洋国家在称呼上的改变，横井小楠最大的变化则体现在对传统“华夷”观念主体作出置换的方面。对于横井小楠而言，“中华”与“外夷”的标准不再是儒教文明或“文化中国”，而是可以行天下之经纶的“道”。横井小楠指出：“道乃天下之道。无我国、外国之分。道之所有者，虽外夷仍可为中国也，无道者，虽为我国、支那即夷也。不得初云中国、云夷也。”[2]

《富国论》中同样出现对于“公共之道”的解释。不过，这一次论述围绕的不再是与西方国家的交涉问题，而是具体的“交易”问题，横井小楠说，诸国以如此公共之道来开日本锁钥之时，日本犹执锁国之旧见，务营私之政而不知交易之理，岂不愚哉？[3]在此，横井小楠把“锁国之旧见”与“营私之政”，“交易之理”与“公共之道”放在彼此相对的概念中，

---

[1][3] 横井小楠：《国是三论》，花立三郎注释，熊达云、管宁译，汤重南校译，中国物资出版社，2000，第43页。

[2] 源了圆：《横井小楠的“公共思想”及其对公共哲学的贡献》，载佐佐木毅、金泰昌主编《公共哲学：第3卷　日本的公与私》，刘雨珍、韩立红、种健译，人民出版社，2009，第283页。

推导出交易乃开启锁国之钥匙的结论。由此，“交易”成为践行“公共之道”这种普遍精神的手段，成为开国通商思想的合理解释。此外，横井小楠又补充道：

> 天地气运与万国形势不可以人而私，勿论以日本一国之私锁闭。即开交易，而以锁国之见开之，开闭同为形式，有弊害而难得长久之安。如乘天地气运，随万国之形势，以公共之经纶天下，则万无妨碍，今日所忧必不足忧矣。❶

也就是说，横井小楠并不认同“以日本一国之私锁闭”，对以锁国之见而开的交易持否定的态度，主张开国与闭国终究只是形式，应该超越形式追求“以公共之道经纶天下”的开国。由上可见，横井小楠对开国还是锁国的态度已经非常明显。不过，无论是锁国还是开国，又或是交易，最终的目的都是一致的，就是于天下万国行“公共之道”。

（三）横井小楠“华夷”观的特征

前文叙述了横井小楠巧妙地把儒学的“道理”概念上升为规范天下秩序的“公共之道”。进而，他在有关“交易”的论述中成功地将其当作贯彻“公共之道”的途径，从而扫清了走向开国的思想障碍。由此可以看出横井小楠对外认识的一些特点。简而言之，就是横井小楠对于“华夷”观念的重新诠释，与此前德川时代的其他学者的观点在思想上具有相似性，但也有不同之处。

总结来说，相似之处表现在三个方面。第一，都设定了一个普遍精神作为区分“华夷”的标准，同时强调“华夷”的主体具有流动性特点，并借此否定中国是传统“华夷”的中心。第二，都对外部形势变化表现得非常敏感，或者说需要通过参照物才能定位自己的处境。从此前的中国到现在的西方强国，日本的这面“镜子”发生了改变，但不变的是日本对于映照在“镜子”中的自身形象的重视。第三，日本无论是在德川前期以“文化中国”自居，试图取代中国成为“中华文明”的中心，还是在幕末开国时期尝试借助“公共之道”化身世界中心，中国都是其不言自明的比较对

---

❶ 横井小楠：《国是三论》，花立三郎注释，熊达云、管宁译，汤重南校译，中国物资出版社，2000，第22页。

象。同时不能否定的是，明治时期日本人对于同时代中国的负面认识一直在增强。

不同之处则体现在两个方面。第一，德川时代以前的学者将中华文明或文化中国作为区分“华夷”的标志，一方面都试图强调本国在继承和发扬中华文明的优势，另一方面都不约而同地以中国明清易代为理由，强调自身之于“中华”的合法性，这一点与朝鲜的情况类似。再看横井小楠，他的对外认识范围已经超越儒教文明的范围——东亚（东南亚），世界万国已被纳入他的考量之中。第二，横井小楠的“华夷”观念的主体标准，已经从中华文明转变为超越一切国家的“天地之公道”，并且在这个全新的国际秩序中赋予日本中心的地位。不过必须指出的是，“天地之公道”是从朱子学演变而来的概念，而横井小楠把国际形势纳入了这一解释框架。从这一点来说，横井小楠是站在朱子学的立场上重新诠释了朱子学概念。

在此，尤其不能忽视的是，幕末开国时期的日本所面临的国际形势的变化。迫在眉睫的外来压力是令幕末知识分子的思想发生转变的前提条件。不同的时代为思想家提出了不同的思想课题，但同时代不同国家的思想家可能具有相似性。例如，源了圆通过对横井小楠与中国清末变法派之间的比较，认为他们在军事与科技之外都认识到西方文明的优越性，从而主张学习西方政治制度，他们希望借助这种学习谋求现实政治的变革，反省儒教传统，进而对儒教进行彻底改革，同时希望通过发扬儒教的根本精神以解决时代课题。[1] 结合横井小楠对“华夷”观念的重新诠释，可以说这种评价非常中肯。

三、横井小楠的西洋认识

（一）对国际关系的理解

横井小楠曾经在1853年的《夷虏应接大意》中主张“有道之国则许之通信、无道之国则拒绝之”[2]，表明其赞同“有条件地开国”的态度，并

[1] 源了圆：《德川思想小史》，郭连友译，外语教学与研究出版社，2009，第190页。

[2] 横井小楠「夷虜応接大意」、山崎正董編『横井小楠遺稿』、東京：日新書院、1942年版、第11頁。

且赞赏了德川幕府前代领导人——虽然其采取锁国的政策，但依旧与中国、荷兰、朝鲜三个有道国家交往。世界形势不断发生变化，身处幕末开国之际的横井小楠，他心目中的“有道之国”包含哪些国家呢？

> 然方今万国形势丕变，各国大开治教。美利坚华盛顿以来立三大规模：一、天地间惨毒莫过杀戮，故顺天意息宇内战争；二、求知识于世界万国，以裨益治教为务；三、全国大总统之权柄让贤不传子，废君臣之义，专以公共和平为务，政法治术以迄其他百般技艺器械，凡地球上称美善者悉取之为我用，大揭好生之仁风。于英吉利也，政体一秉民情，官无论大小，必尽依民议，随其所便而不强其所恶。战争媾和亦然。因是与俄国战，与中国战，兵戈数年，死伤不知其数，开销不知几万，皆取之于民，然民无一人怨嗟。他如俄国及其他各国，文武学勿论，皆多设病院，幼稚院、聋哑院等，政教悉依伦理，无不急生民之所急，殆符三代之治教。❶

在此，横井小楠一改此前对佩里以及普提雅廷的武力恫吓要誓死血战的言论，也不再强调英国是中国与日本共同的危险。他对美国、英国、俄国等可谓赞赏有加，认为它们的政教都符合“三代之治教”。可以说，横井小楠依然借助了儒学的概念去理解西方的政治文明，并且认定欧美国家的制度文明优越性。与佐久间象山单纯认可“西洋艺术”相比，横井小楠的西洋认识可谓更加深刻，因而对于国际关系有着更为清醒的认识。

举例来说，横井小楠在上述引文中认为，英国在与中国的鸦片战争中死伤巨大，开销惊人，但英国人民对政府没有一句怨言，证明英国政体充分体现了民意。横井小楠曾经阅读过魏源的《圣武记》与《海国图志》，在《富国论》中也提出要以中国的鸦片战争为鉴，可以说他对鸦片战争之于中国的意义十分清楚。因此在上述言论的背后，横井小楠似乎忘记了中国人民因为英国的殖民战争付出了惨重代价。

横井小楠能够撇开中国而赞美英国，所以可以称其为现实主义者。但当外国在日本海附近采取行动真正威胁日本之时，横井小楠的叙述口吻就

---

❶ 横井小楠：《国是三论》，花立三郎注释，熊达云、管宁译，汤重南校译，中国物资出版社，2000，第42页。

不再轻描淡写。1861 年，俄国巡洋舰“波萨德尼克号”航行到对马，宣布要长期驻扎。英国也早就注意到对马的战略位置，并于 1855 年和 1859 年先后派遣军舰赴对马调查。英国不能允许俄国占领对马，于是派遣东方舰队驶人对马要求俄国撤离，对马事件至此告一段落。❶

对马事件促使幕府认识到俄国与英国在争夺日本的控制权。这种争夺是以实力为基础的，当时的英国实力更强，所以俄国只能屈服于英国的威慑，放弃占领对马。日本也因此获得了一次喘息的机会。横井小楠意识到在不远的将来，将发生一场争夺日本的海上控制权的战争，因而说“可以和美国协议而除去战争之害”，又说“如有用我者，则先至美国投之以诚信，想大大的与其协议”。❷ 对于外国，横井小楠已经不再是一副晓之以道理、拒人千里之外的态度，而是开始赞赏其文物制度，并且将其视作必要时应该求助的对象。这说明横井小楠已经认识到争霸与联盟在国际关系中的重要作用。

在 1864 年的《沼山对话》中，横井小楠对国际关系表达了更深层次的理解。当井上毅问道：“既然洋人已经施行仁政，已经懂得利人之道，那么荷兰会将雅加达交还给土著王，英国也会把印度还回它原来的主人而各得其所吗?”横井小楠回答道：“恐甚难。是必竟各国各抱割据见之习气，自利其心，而全无至诚恻怛之根元，甚不易以天为心，法至公至平之天理也。”❸ 横井小楠认为，西洋各国都具有各据一方的自私自利之心，心中只有本国的利益而无视于他人是否合适，根本做不到以天地之心顺应天地之理。不过，西洋各国历经战争后明白了多行不义必自毙的道理，所以改变了对待他国的方式。例如，英国在印度减轻租税以收买人心，以防止印度如同美国一般宣布独立。总的来说，西方各国在方式方法上进行了调整，给人一种实施仁政的印象，但实际上其所作所为的出发点是为自己本国的利益考虑。据此，可以说横井小楠完全看透了实行殖民的英国等国家

---

❶ 信夫清三郎：《日本政治史：第一卷　西欧的冲击与开国》，周启乾译，上海译文出版社，1982，第 280-281 页。

❷ 源了圆：《横井小楠的“公共思想”及其对公共哲学的贡献》，载佐佐木毅、金泰昌主编《公共哲学：第 3 卷　日本的公与私》，刘雨珍、韩立红、种健译，人民出版社，2009，第 281 页。

❸ 横井小楠：《国是三论》，花立三郎注释，熊达云、管宁译，汤重南校译，中国物资出版社，2000，第 148 页。

的真实意图，对于国际关系的认识变得非常现实。

那么，在横井小楠眼里，日本这个国家应该何去何从呢？井上毅认为开国论之内有三说，第一，“正大国本，以神圣之道推广于宇内”；第二，“欲自强横行海内，须创水军、开航海之说也”；第三，“同彼之四海兄弟之说，敞开胸臆，与彼通一体交易之利者也”。❶ 对于井上毅的三种说法，横井小楠认为道乃自然之道而非神圣之道，胸中有仁字即自然之道，故依靠海军力量“横行”的做法实不足取，与四海兄弟互通交易，直抒胸臆的做法才是推广日本之道的正确途径。

横井小楠一方面认识到国际关系中大国争霸、小国沦为殖民地的残酷现实，另一方面又认为日本应该避免“横行”而推行天道。横井小楠的内心对于这两种矛盾的思想是如何调和的呢？或许，以下可以作为横井小楠对此问题的回答：“在此，日本应起仁义之大道，而不为强国，明此道，为世界服务。一气战死一万两万之事必须避免。于是，我日本要么成为印度（成为殖民地），要么成为世界第一等的仁义之国，除此二者外，别无他路”。❷ 可以说，仁义与天地之公道是横井小楠在现实无奈情况下的一种理想追求。

（二）横井小楠的国际政治思想特点

1866年，横井小楠的侄子横井左平太、横井大平兄弟启程赴美留学。横井小楠鼓励他们“明尧舜孔子之道，尽西洋器械之术，何止富国，何止强兵，布大义于四海而已”。❸ 可以说，这句话很好地概括了横井小楠的思想，“尽西洋器械之术”是一种积极摄取西方技术文明的态度，“布大义于四海而已”是横井小楠的精神追求。他所谓的“大义”是“尧舜孔子之道”的产物。维新以后，明治天皇发布的五条誓文之一就是“以天地公道为基”，可以说横井小楠的思想成功地被维新领导层吸收。对于日本应该如何在国际关系中立足的问题，横井小楠指出了贸易的重要性，并且破除“藩”篱，将天下纳入视野。以下，笔者将分别从这两个方面考察横井小

---

❶ 横井小楠：《国是三论》，花立三郎注释，熊达云、管宁译，汤重南校译，中国物资出版社，2000，第158页。

❷ 源了圆：《横井小楠的“公共思想”及其对公共哲学的贡献》，载佐佐木毅、金泰昌主编《公共哲学：第3卷　日本的公与私》，刘雨珍、韩立红、种健译，人民出版社，2009，第283页。

❸ 山崎正董編『横井小楠遺稿』、東京：日新書院、1942年版、第726頁。

楠的国际政治思想。

1. 国际秩序的贸易视角

在《富国论》中，横井小楠首先阐述了锁国带给日本的弊端。他的这种想法在《沼山对话》中得到进一步阐释。他说："今日本三千五百万生灵，其衣帛食肉之族，不过六百万，其余大抵冻馁之民。是毕竟尚以锁国；一国，各计自己之便利。若正大之融通不行，则财货贩售之口无自由。贩售不自由，故诸国物产，每每皆滞，坐至陈腐。物产滞而不售，则游民难就工职，无应手业，是必空手送日，愈益可怜。百口之民，其七十人以农为业，其余三十人，或老幼贫民，难操农业，徒空余力，皆为游民。今日本全国十之有三乃为游民，至此贫弱，诚有道理。"❶

横井小楠认为，今天日本之所以在列强面前处于劣势，从根本上说是因为日本国弱民穷，锁国是导致日本国力衰退、社会凋敝的原因，加之幕藩体制下各藩"为己利而不顾他藩之害"，最终导致日本国内物价高腾，四民生活困顿，由此导致民心离叛，社会秩序紊乱，只有"开交易之道"才是良策。

横井小楠接着说道："观今洋人为，火轮船、蒸汽车、传信器、水车木绵等，凡便利民生日用者，皆讲究造作，究其至极。近来又掘通红海海峡，以为海路，诚利莫大焉。其上又交通万国，广大交易之利，故渠等国富兵强，民用利厚，租税等亦得其宽。此可谓经纶之功业，得圣人之作者也。"❷ 与日本的凋敝相比，横井小楠列举了西方政体优良、便民设施健全、火车轮船交通发达、借助电报等可以灵活地传递信息，认为这些都是西方国富兵强的原因。日本要达到此目的，就应该抛弃愚昧的武力攘夷的想法，打开国门与外国通商开展贸易，他说："（西洋人提倡的一切）察其本处，毕竟出于利害，暴虐无理，终受其害。惟今万国皆无夺人之国者也。七分合战，莫若三分交易之大利。"❸

同时，他以自己的境况为例，叙述了交通便利之利，以及日本至今仍

---

❶❷ 横井小楠：《国是三论》，花立三郎注释，熊达云、管宁译，汤重南校译，中国物资出版社，2000，第141–142页。

❸ 横井小楠：《国是三论》，花立三郎注释，熊达云、管宁译，汤重南校译，中国物资出版社，2000，第152页。

然为贫穷国家的原因。"……然者，皆以熊本乃都会，得融通交易之利故也。今此去熊本仅二里，某[1]纵然欲为日雇，谁雇之？更无赖妻女以为赁引者。诚迷惑境界也。是毕竟无得融通之道故也。况更远五七里之乡，则更难涉次第。是以可知交通融通之便于民生者。是以交通融通之道未得取法制于日本全国，故今之日本乃为如此之贫国也。"[2]

从以上两段话可以看出横井小楠认为：第一，此时世界无法割据，已经建立起万国通商的巨大体系；第二，欧洲各国正是通过这个体系实现了富强，与此相对，日本尚未建立全国交通体系，因此日本落后于外国。横井小楠提出，国家的生存和发展离不开国与国之间的贸易活动，日本只有融入国际贸易才能摆脱贫穷走向富强。总体来说，横井小楠对世界格局的把握是从国家与国家交通贸易的方便与否开始的，他认为奠定世界秩序格局的不是战争，而是经济实力和贸易，强调了贸易的重要性。横井小楠的国际政治思想特征在于"他从国家之间的联系着眼观察世界格局，从经济活动来观察国家和世界局势，从国际贸易来观察整个世界的秩序"。[3]

值得注意的是，横井小楠在说明通商交易之利的时候，依然是从圣人和经典中论述其合理性。例如，他说"又读禹贡，禹之顺导水利之功业，西洋人见之亦甚感叹其作用之广大。又禹贡以简古之文体，于九州之物产，逐一记载，察以立有无交换之法制基本。是以可知圣人之事业也。其他若易中所见舟楫交易之道理，亦圣人之作始也"。[4]"舟楫交易之道理"出自《易经·系辞下》，即"舟楫之利，以济不通，致远以利天下"。意思是用舟楫渡水上，以远行未通之地，为天下带来利益。从横井小楠认为交易之法始于圣人，可知他在论述通商贸易是国富兵强之策时遵循的依旧是儒学的立场。

2. "一藩—日本—天下"的国际政治视角

前文叙述了横井小楠从贸易的角度观察国际秩序以及国际秩序由经济实力决定的观点，所以"一国（一藩）"应该从大局出发，摒弃自私营利

---

[1] 横井小楠的自称。

[2][4] 横井小楠：《国是三论》，花立三郎注释，熊达云、管宁译，汤重南校译，中国物资出版社，2000，第141页。

[3] 高増傑編『平和と暴走の葛藤』、東京：公共政策研究所、2004年版、第40頁。

的陈见，打破沟壑开展贸易。如果说横井小楠对于贸易的主张是沿着“天下—日本——藩”的逻辑顺序推进的话，那么其政治构想则是按照反向的逻辑顺序设定。

针对“天下之大姑且舍之，先请问千国之经纶宜如何哉?”的问题，横井小楠回答道：“宏论万国之器量始可治日本国，有统日本国之器始可治一国，有管辖一国之器量始可治一职，此乃理之当然也。公共之道固不可分天下国家，然宜知若先论一国之事，然后扩充之即可及于天下者也。”[1] 在此，横井小楠强调只有具备世界性的视野，具备治理世界政治的能力，才可以治理日本；只有具备治理日本的能力，才可以治理一藩；只有具备治理一藩的能力，才可以做好本职工作，而且贯彻天下公共之道不应该把天下与国家分离，一藩的政治可以与“万国”政治相通。

换言之，在横井小楠看来，国际政治与国内政治是相互联系的，不应该割裂开来理解。这表明横井小楠在思考日本国内政治问题的时候已经自然地与国际政治联系在一起。“世界”是一个有机联系的整体。因此，与“天下的公共之道”相比，日本一国的政治乃“私”之道；与日本政治相比，一藩的政治乃“私”之道。所以，为了布大义于四海，无论是从经济上还是从政治上，一藩都应该放弃“私”的割据意识，在“四海之内皆兄弟”的理念下推行“天下公共之道”。把德川幕府统治下的各藩武士为一藩藩主奉公的思想转换成以贸易为国家奉公的思想，也就是说，从武家社会的“武”之道转换为近代社会的“商”之道，这就是横井小楠的国际政治思想之特征。

（原题为《横井小楠的对外认识》，收录于崔世广主编《文化、文学与中日关系》，中国社会科学出版社 2013 年 12 月版）

---

[1] 横井小楠：《国是三论》，花立三郎注释，熊达云、管宁译，汤重南校译，中国物资出版社，2000，第 23 页。

从台湾殖民政策看后藤新平的对外认识

1894 年中国与日本之间因为朝鲜问题爆发了甲午战争，1895 年 4 月 17 日，两国在日本春帆楼签订了《马关条约》，战争以日本的胜利而告终。《马关条约》共 11 款内容，其中重要的一条就是中国将辽东半岛、台湾岛及其所有附属各岛屿、澎湖列岛割让给日本。辽东半岛的割让因为“三国干涉”而未成，但是台湾及其附属各岛屿的割让不仅对中国，而且对日本，甚至对整个远东局势都产生了深远的影响。

1895—1945 年，日本在台湾维持了长达 50 年的殖民统治，而奠定日本对台湾长期殖民统治基础的人正是后藤新平。本文主要以后藤新平对台湾的殖民理念与原则、政策手段以及效果为中心，结合当时国际形势变化与日本国内政治的发展情况，考察后藤新平的“殖民地论”，揭示其对外殖民认识的特征与造成的影响。

一、后藤新平其人与台湾的渊源

（一）后藤新平其人

后藤新平（1857—1929），生于日本水泽藩（今日本岩手县奥州市）的一个医生家庭。1873 年进入福岛第一洋学校，翌年转入须贺川医校。1876 年赴爱知县医院任职，1880 年起担任院长并兼任爱知医校校长。1883 年进入日本内务省卫生局，1887 年写成《普通生理卫生学》，1889 年发表《国家卫生原理》。1890 年自费留学德国，1892 年获得慕尼黑大学医学博士学位，回日本后任内务省卫生局长。1895 年担任临时陆军检疫部事务长官，负责建设检疫所，对参加过甲午战争的士兵进行检疫。

同年，后藤新平就台湾鸦片政策向伊藤博文递交意见书。1896 年担任日本在台湾设置的殖民机构——台湾总督府的卫生顾问，并陪同总督桂太郎、日本内阁总理伊藤博文视察台湾。1898 年在总督儿玉源太郎的邀请下出任台湾总督府民政局长❶。1906 年担任“南满洲铁道株式会社”总裁，同时兼任台湾总督府顾问及关东都督府顾问。1908 年开始先后担任第二届及第三届桂太郎内阁的递信大臣，1916 年开始先后任寺内正毅内阁内务大臣及外务大臣。1920 年任东京市长，倡导革新市政，1923 年任第二次山本权兵卫内阁内务大臣兼帝都复兴院总裁。后藤新平在淡出政界后提倡“政治伦理化”，1929 年逝于京都。

（二）后藤新平与台湾的渊源

后藤新平原本是一名医生，正是因为其在 1877 年的日本西南战争与 1895 年的中日甲午战争以后对陆军伤病员的检疫等工作得到肯定而获得进入日本政界的机会，从一名医生逐渐转变为政治家。可以说，医学是后藤新平毕生事业的基础，也是其对外殖民认识的基础。关于后藤新平与台湾的渊源，他曾经在写给长与专斋的一封信中提到，“小生好外科，根于台湾之役，培植于西南之役，盖有以也。战时则从事军医，平时屈于救治疾病”。❷

值得注意的是，后藤新平立志医学的契机，是 1874 年因为日本对琉球和台湾的野心而爆发的强行出兵侵略台湾的事件。正是台湾促使后藤新平对外科医学产生了兴趣，医学知识又帮助其逐步走上仕途，从而得以在台湾“大显身手”。

二、日本对台湾殖民统治初期的状况

1898 年 3 月 2 日，后藤新平担任台湾总督府民政局长，3 月 28 日与总督儿玉源太郎一道赴台“上任”，到 1906 年 11 月 13 日担任“满铁”总裁为止，他在台湾任职长达 8 年 8 个月之久。在理解后藤新平对台湾的殖民政策的内涵之前，有必要首先对其上任时日本对台湾殖民统治的情况进行梳理。

（一）日本殖民统治台湾的机构

如上所述，日本在甲午战争中获胜，从中国清政府手中割据了台湾。

---

❶ 1898 年 3 月后藤新平赴台任职时的官职名称是“民政局长”，1898 年 6 月日本官制改革后改称“民政长官”。

❷ 鶴見祐輔『〈決定版〉正伝・後藤新平：1　医者時代　前史—1893 年（後藤新平の全仕事）』、一海知義校訂、東京：藤原書店、2004 年版、第 398 頁。

日本战胜了中国，在欣喜若狂的同时，也面临着如何殖民统治台湾的问题，而且似乎一时没有找到合适的方法。从表 1 可以看出，设置在台湾的总督府是日本政府殖民统治台湾的实际执行机构，同时，总督府又受到日本国内拓殖务省管辖，在对台殖民政策方面受到一定限制。

表 1　1898 年 6 月以前日本殖民统治台湾主要事件

时间	事件	备注
1895 年 4 月	签订《马关条约》	日本割占台湾
1895 年 6 月	制定台湾事务局官制	伊藤博文任首任台湾事务局总裁
1895 年 8 月	发布台湾总督府条例，下设民政局、陆军局、海军局	军政统治
1896 年	颁布《台湾总督府条例》、《拓殖务省官制》以及《关于在台湾施行的相关法令法律》，即“六三法”	赋予台湾总督府行政权、军事指挥权以及事实上的立法权
1897 年 10 月	发布总督府官制，下设总督官方、民政局、财政局、陆军幕僚、海军幕僚	
1898 年 6 月	儿玉源太郎任台湾总督，改革行政组织，下设官房、民政部、陆军幕僚、海军幕僚	后藤新平担任台湾总督府民政局长，倡导“去武发展民政”

（二）日本在台湾的殖民统治情况

儿玉源太郎在担任台湾总督期间，还先后兼任日本内阁陆军大臣、内务大臣和文部大臣。而且，在日俄战争期间，他也担任了参谋次长和“满洲军总参谋长”等职务，事实上是日本陆军对外作战的最高指挥官。在儿玉源太郎担任参谋次长以后，台湾总督的角色实际上由后藤新平扮演。[1]

那么，在后藤新平上任之前，日本在台湾的实际统治情况如何呢？第一，在军事方面，从表 2 可以看出，前三任台湾总督在任时间均不长，1898 年儿玉源太郎担任第四任总督时，包括儿玉本人在内，台湾总督均为军人出身，并且每人都有显赫的资历。可以说，日本对台湾殖民统治的最

[1] 北岡伸一『後藤新平：外交とヴィジョン』、東京：中央公論社、1988 年版、第 36 頁。

初的3年期间，其对台湾进行武力统治的色彩浓厚，即所谓的“武官政治”。❶日本武力统治台湾，引起了台湾民众的反抗，台湾岛内抗日活动（日本将参与活动的人污称为“土匪”）此起彼伏，成为日本殖民统治的一大难题。

表2 1906年及以前的历任台湾总督

任序	姓名	出身	任期
第1任	桦山资纪	海军	1895年5月—1896年6月
第2任	桂太郎	陆军	1896年6月—1896年10月
第3任	乃木希典	陆军	1896年10月—1898年2月
第4任	儿玉源太郎	陆军	1898年2月—1906年4月
第5任	佐久间左马太	陆军	1906年4月—1915年5月

第二，在财政方面，后藤新平赴任时台湾的经济状况惨淡。米、砂糖、樟脑等主要农产品生产力低下，仅靠台湾本土的税收来源不足以维持日本在台湾的殖民统治。1895年度从临时军费中支出的“台湾关系费”总额是2789万日元，而日本当年国家年支出总额为8531.7万日元，“台湾关系费”占约33%。次年则为1814.3万日元，虽然比上一年有所减少，但是日本当年国家年支出总额为1亿688.6万日元，仍然占约17%，由此足见殖民统治台湾对于日本财政来说是一个沉重的负担。❷鉴于此种情况，当时日本政界就出现了放弃台湾或者以1亿日元价格把台湾“卖给”法国的意见❸，足见台湾面临的财政形势之严重。

第三，在台湾社会风气民心方面，一方面，大约在清朝康熙末年，吸食鸦片的方法传入，台湾民众吸食鸦片成风，成为日本殖民统治的又一大难题；另一方面，根据日本与中国清朝政府签订的《马关条约》，台湾人民需要在条约签订后的两年时间内决定自己的“国籍”归属地。当时台湾岛内既有台湾常住民，也有来自福建、广东、广西等地的迁居者。因此对于当时的台湾民众来说，无论是现实的落叶归根，还是内心的精神归属，

❶ 鶴見祐輔『〈決定版〉正伝・後藤新平：3 台湾時代 1898—1906年（後藤新平の全仕事）』、一海知義校訂、東京：藤原書店、2005年版、第25頁。

❷ 「第十三議会報告書」第544頁；转引自小林道彦『日本の大陸政策 1895—1914：桂太郎と後藤新平』、東京：南窓社、1996年版、第76頁。

❸ 男爵後藤新平述『日本植民論』、東京：公民同盟出版部、1915年版、第17頁。

其选择都不是日本。

三、后藤新平的台湾殖民统治政策

后藤新平在台湾大刀阔斧地开展殖民活动，内容涉及行政、经济产业、交通、卫生医疗等各方面，具体内容可归纳如下：

首先，在行政方面，开展大规模调查活动，将近代警察制度与台湾“保甲制度”结合，采取军事与怀柔并用的手段打击台湾人民的反抗活动。在日本对台湾逐渐进行殖民统治的过程中，大量台湾民众被夺去宝贵的生命。[1] 其次，在经济产业方面，发行台湾事业公债以确保台湾财源，设立鸦片、樟脑、食盐等各项专卖制度。同时，积极招揽新渡户稻造等人才，改良砂糖生产等技术。尽管这创造了巨大的经济利润，但也导致台湾本土产业的崩溃。再次，在交通方面，整顿道路、桥梁、铁路、港湾等交通网络，为将台湾产业纳入日本近代化轨道提供必要的基础设施支持。最后，在卫生医疗方面，疏通自来水与下水管道，设立医校与公共卫生制度，有效地遏制传染病的传播。

在后藤新平对台湾的殖民政策与在台湾的具体殖民活动中，有两项内容尤其值得注目，那就是推行鸦片渐禁政策和开展大规模调查事业，因为它们集中体现了后藤新平的殖民思想。

（一）推行鸦片渐禁政策

1895 年 11 月 13 日，时任日本内务省卫生局局长的后藤新平受内务相芳川显正之托，递交了《关于台湾鸦片制度的相关意见》。12 月 14 日，此意见被正式提交给台湾事务局总裁伊藤博文。1897 年 1 月 21 日，日本颁布了《台湾鸦片令》。后藤新平晚年曾对此回顾道：“（被采纳）是因为伊藤公贤明，其实可能更仰赖圣天子之御英断，受今日世界识者称赞之最良制度如此诞生。”[2]

被后藤新平自诩为“最良制度”的，就是鸦片渐禁政策。他在《关于

---

[1] 后藤新平自述道：“从 1898 年至 1902 年杀害的台湾‘土匪’为 11950 人。特别是在最后的大讨伐时，死者达到 467 名。”後藤新平『日本植民政策一斑・日本膨張論』、東京：日本評論社、1944 年版、第 64 頁。

[2] 後藤新平「三十年の回顧」、拓殖大学創立百年史編纂室編『後藤新平：背骨のある国際人』、東京：拓殖大学、2001 年版、第 229 頁。

台湾鸦片制度的相关意见》中提出的具体方案，主要内容有两项。

（1）效仿日本国内现行制度，采用政府专卖形式禁止自由贸易与通商，由此将鸦片纳入卫生警察管辖范围，以此显示政府威信。

（2）在台湾岛内设置特许药铺，只允许销售药用鸦片，鸦片吸食者持记账本购买鸦片。当时鸦片进口税为80万日元，而采用专卖制度以后，则升至240万日元，以此充作殖民的卫生费用。❶

其实，后藤新平最初主张严禁鸦片，后来改为渐禁政策，其原因主要在于以下两点。

第一，鸦片不同于一般药物，一旦开始吸食则容易成瘾难以戒除，全面禁烟在台湾实施起来具有相当的难度。而且，更为重要的是，如果全面禁烟可能会招致重度鸦片吸食者的反抗，而这将有损台湾殖民政府的权威。当时日本在台湾的统治不断受到台湾民众的反抗，抗日活动不断。如果因为全面禁烟而招致更多的反抗活动，则是台湾殖民统治者最不愿意看到的局面。

在《关于台湾鸦片制度的相关意见》一文中，后藤新平指出，如果全面禁烟，将违反“民意”，妨碍台湾民众“服从”帝国，难免引发“土匪”暴动。为了一项鸦片制度需要驻扎两个师以上的兵力以及支出庞大的军费，还要付出生命的代价，会危害岛内和平，很难说是增加领土、谋求殖民的适当之举。❷

第二，如果全面禁烟，无疑切断了台湾总督府的重要财政收入来源。毋庸讳言，台湾总督府的财政状况不容乐观。对此，后藤新平在1898年1月12日的《台湾统治救急案》中明确指出：“至少在今后三四十年间，鸦片都是台湾的重要财源，采用所谓以毒制毒的政策进行财政整顿。”❸不过，后藤新平将鸦片专卖的费用用于卫生事业的设想没有实现，这些费用后来被充作一般事业经费。

---

❶ 鶴見祐輔『〈決定版〉正伝・後藤新平：2　衛生局長時代　1892—98年（後藤新平の全仕事）』、一海知義校訂、東京：藤原書店、2004年版、第595-596頁。

❷ 鶴見祐輔『〈決定版〉正伝・後藤新平：2　衛生局長時代　1892—98年（後藤新平の全仕事）』、一海知義校訂、東京：藤原書店、2004年版、第592-593頁。

❸ 鶴見祐輔『〈決定版〉正伝・後藤新平：2　衛生局長時代　1892—98年（後藤新平の全仕事）』、一海知義校訂、東京：藤原書店、2004年版、第655頁。

在后藤新平主政台湾的时期，鸦片收入占据了总督府收入的2—4成，是主要的财政收入来源。[1] 而且，在鸦片渐禁政策推行的后期，为了增加鸦片收入，台湾总督府在专卖的鸦片中悄悄减少了吗啡的含量。[2] 鸦片专卖对于殖民统治下的台湾经济自立的意义可见一斑。

（二）开展大规模调查事业

对于近代日本来说，台湾总督府财政自立仅仅是日本殖民台湾的一个基本前提而非最终目的，更为重要的目标是要让台湾成为日本走向近代化的资源与市场，并且通过成功殖民台湾，在欧美国家面前呈现一个“文明”的日本形象。

1. 土地调查

后藤新平在日本国内放弃台湾的言论声中走马上任台湾总督府民政局长。他深知殖民台湾对于日本帝国的重要性，因此首要任务就是要实现台湾的近代化，而土地制度改革则是最基础的一步。于是，后藤新平在上任后不久，于1898年7月公布了《台湾地籍规则》和《土地调查规则》，9月设立了临时台湾土地调查局。他本人担任局长，中村是公担任次长，开始大规模的土地调查事业。内容包括测量整个台湾岛的土地，确定地籍，制作地图账本等。当然，土地调查的意义绝不仅仅限于土地本身，还涉及对台湾地文环境的勘探、土地和人员的归属、对台湾岛全岛的精确测量等。

后来，土地调查事业取得了巨大的“成果”。首先，是日本殖民政府用台湾公债从大租户手上购买了地租权，小租户继续得以保有租权；其次，是发现了数量庞大的隐田，土地调查结束后，台湾登记的土地面积从36万余甲更新为63万余甲，相当于调查前的约1.7倍。[3] 如此一来，日本通过变更地租与地价，实现殖民统治下的台湾财政自立可谓指日可待。最后，是通过三角测量，日本详细掌握了台湾的所有基本情况，其绘制的地

---

[1] 劉明修『台湾統治と阿片問題』、東京：山川出版社、1983年版、第106-116頁。

[2] 劉明修『台湾統治と阿片問題』、東京：山川出版社、1983年版、第189頁。

[3] 鶴見祐輔『〈決定版〉正伝・後藤新平：3　台湾時代　1898—1906年（後藤新平の全仕事）』、一海知義校訂、東京：藤原書店、2005年版、第311頁。

图甚至精确到了“米田、茶园、儿童捕鱼的小河和猪狗活动的山林”[1]，令整个台湾岛完全处于日本政府的掌控之中。

2. “台湾旧惯调查”

1898年1月12日，伊藤博文第三次组阁，井上馨担任大藏大臣。后藤新平受井上馨之命起草了《台湾统治救急案》。后藤新平在文中开宗明义，认为殖民统治能否成功的关键在于人才，这是千古不变的道理。如果要问台湾行政中最迫切需要改良的是什么的话，则是应该恢复岛内一直以来存在的自治行政的惯例，这是当务之急中的首要任务。[2]

在后藤新平眼中，台湾人民是被清朝放任已久的“化外之民”，文化程度普遍不高但是自治制度甚为发达。堡庄街社等均有自治自卫的传统。可以说，自治传统相当于当时台湾岛的一种“民法”。要改良台湾行政的方法之一，就是恢复“旧的传统习惯”。[3] 另外，后藤新平依旧以其“生物学原则”为根本指导思想，用“鲷鱼与比目鱼之眼”为例，指出：

> 不能像鲷鱼一样改变比目鱼眼睛的位置。鲷鱼的眼睛正好分布在头的两侧，比目鱼的眼睛只在头的一边。尽管看上去有点奇怪，却不能像鲷鱼一样将比目鱼的眼睛分开放在头的两侧，因为比目鱼的两只眼睛位于同一侧是出自生物学的必要。不能将其分置在头的两侧也就是这个原因。在政治上也应该重视这一点。
>
> 社会习惯、制度都各自有其存在的理由，都是因为从前的需要而形成的。不分青红皂白地在未开化之国实施文明国的文化与制度，可谓是文明的逆政。绝对不能做这种事情。
>
> 因此，我们在统治台湾的时候，首先要科学地调查该岛的旧惯制度，实施与民情相宜的政治。[4]

同时，后藤新平举出英国殖民统治香港的例子，认为以文明为利器改

---

[1] 鶴見祐輔『〈決定版〉正伝・後藤新平：3　台湾時代　1898—1906年（後藤新平の全仕事）』、一海知義校訂、東京：藤原書店、2005年版、第308頁。

[2][3] 鶴見祐輔『〈決定版〉正伝・後藤新平：2　衛生局長時代　1892—98年（後藤新平の全仕事）』、一海知義校訂、東京：藤原書店、2004年版、第650頁。

[4] 鶴見祐輔『〈決定版〉正伝・後藤新平：3　台湾時代　1898—1906年（後藤新平の全仕事）』、一海知義校訂、東京：藤原書店、2005年版、第477頁。

变民心和法令乃非英国殖民之本义，因此需要采取科学的殖民政策。为了彻底尊重台湾的“传统习惯”，更好地对台湾进行有效的统治，后藤新平开展了大规模的“旧惯调查事业”。

1900年，后藤新平设立了“临时台湾旧惯调查会”并亲自担任会长，聘请京都帝国大学冈松参太郎教授负责调查事业，最终形成了《台湾私法》《清国行政法》和《台湾番族惯习研究》三部报告书。对此，有日本学者评价“台湾旧惯调查”本来是出于政治目的而开始的调查事业，但是因为始终采取学术性的方法并且获得了强有力的支持而成为留给后世的一项文化事业。对于后藤新平而言，它不仅是政治业绩，也是对世界文化的一大贡献。[1]

在评价“台湾旧惯调查”时，特别需要指出的有四点。第一，“台湾旧惯调查”沿袭了后藤新平一贯持有的“生物学的原则”，是达尔文进化论在殖民统治中的实践。后藤新平在《日本殖民论》中指出，“总而言之，对人类的性质进行急剧的人工改造，违背进化的原则”。[2]

第二，日本将台湾称为“未开化”，将一部分台湾人民称为“生番”，具有一种自诩为文明国的自负和对台湾民众的蔑视。此外，后藤新平在《台湾的实况》的演讲中提到自己赴台时“困难重重”，而“台湾又在列国环视之中”。[3] 1900年前后正是日本争取与欧美国家修改条约的最后冲刺阶段，如何在殖民统治中采取温和的政策避免刺激当地民众的反抗，也是日本在争取修改条约时希望获得西欧国家积极评价的地方。

第三，后藤新平曾经明言在未开化之地实施文明国的文化与制度，可谓是文明的“逆政”。如果在台湾引进新的行政、立法、司法制度，就需要配备相应的人力、物力和财力。不过，台湾财政状况不佳正是日本统治台湾最初3年时悬而未决的难题。换言之，如果以尊重当地习惯为理由，适当保留原来的制度并且将其控制在日本殖民政府掌控能力的范围之内，如“将台湾原有的保甲制度和警察制度相结合，那么既可以减轻统治的阻

---

[1] 北岡伸一『後藤新平：外交とヴィジョン』、東京：中央公論社、1988年版、第42頁。

[2] 男爵後藤新平述『日本植民論』、東京：公民同盟出版部、1915年版、第52頁。

[3] 後藤新平「台湾の実況」、拓殖大学創立百年史編纂室編『後藤新平：背骨のある国際人』、東京：拓殖大学、2001年版、第24頁。

力，又可适当地节俭统治经费”[1]，而这也正是后藤新平所追求的台湾财政自立的有效手段之一。

第四，“台湾旧惯调查”是基于立法与行政的目的而开展的，是日本推行殖民统治、树立政治权威的需要[2]，同时“兼具资料收集的性质”[3]。与土地调查事业一样，后藤新平重视调查的态度和在台湾的调查实践，为其以后担任“满铁总裁”，在中国东北继续推行殖民活动、收集情报方面积累了丰富的经验。

四、后藤新平的对外殖民认识特征

后藤新平担任台湾总督府民政长官之际，正好是日本获得甲午战争胜利、开始以“帝国”姿态登上国际舞台的时期。因此，在考察后藤新平对台湾殖民的政策、意见及具体实践时，首先需要从当时的国际形势和日本面临的课题入手。

（一）帝国主义时代下的对外膨胀论

1898 年美西战争爆发，美国以此为契机取代英国主导世界秩序，世界开始进入帝国主义时代。对外扩张和争夺殖民统治权是帝国主义阶段的一个重要特征。日本自明治维新以来，一直在努力地追赶西方，试图展示一个文明强大的“日本帝国”形象。在后藤新平看来，日本帝国应该实现的目标是“日本的日本—世界的日本—日本的世界”，换言之，日本应该不断地向外膨胀和扩张，而甲午战争为日本提供了实现海外殖民统治的机会。

后藤新平曾经在 1916 年将自己在台湾的经历写作成《日本膨胀论》，他对该书宗旨的描述是“将日本民族从狭小的天地中救出，移植于世界的沃野”。[4] 为了说明日本对外膨胀扩张的“正当性”，他追溯日本民族的膨

---

[1] 小林道彦『日本の大陸政策　1895—1914：桂太郎と後藤新平』、東京：南窓社、1996 年版、第 83 頁。

[2] 溝部英章「後藤新平論（一）：闘争的世界像と“理性の独裁”」、『法学論叢』第 100 巻 2 号、1976 年 11 月、第 83 頁。另可参阅溝部英章「後藤新平論（二）：闘争的世界像と“理性の独裁”」、『法学論叢』第 101 巻 2 号、1977 年 5 月。

[3] 鈴木慎太郎「後藤新平と岡松参太郎による台湾旧慣調査をめぐる評価：福島正夫論文の検討を中心として」、『名古屋大學法政論集』第 250 号、2013 年 7 月、第 438 頁。

[4] 後藤新平『日本植民政策一斑・日本膨張論』、東京：日本評論社、1944 年版、第 145 頁。

胀历史，指出“大和民族，日本民族是怎样的民族呢？是始于开拓大八洲（日本国），带有统御使命，从高天原而下的民族”，是“优秀强大的民族”。❶

接着，后藤新平又列举了德国和英国对外膨胀的事例，认为日本应该顺应世界潮流实现对外扩张。后藤新平曾于1890年自费赴德国留学，他对于德国的俾斯麦首相赞赏有加，而他崇拜俾斯麦的原因就在于其实现和保持了德意志帝国的统一。❷ 另外，后藤新平特意邀请《大日本膨胀论》的作者德富苏峰为自己的著作撰写序言，足见其对日本对外膨胀的坚定野心。❸

后藤新平深刻地认识到成功进行殖民统治是证明日本已经步入文明国家行列的重要途径，是提升日本国际地位的有效手段。❹ 因此，后藤新平要努力减轻日本政府的财政负担，让台湾实现财政自立。这就要确保日本政府不会因为财政原因放弃对台湾的殖民统治。因为，对于后藤新平而言，日本对台湾的殖民统治也是保持日本帝国“统一”的一部分。

（二）殖民统治的根本理念

作为台湾总督府民政长官，自1898年至1906年，后藤新平在台湾的直接殖民活动长达8年之久。前面已经提到，时任台湾总督儿玉源太郎因为身兼多职，几乎无暇顾及台湾，而深受其赏识的后藤新平可以称得上是那一时期台湾的实际殖民统治者。在后藤新平眼里，殖民统治台湾的困难在于：

> 又就台湾内部思考，土匪扰乱尚未镇定，生番处置尚未确立，恶疾瘴病尚未除去。几多土语番语，施政困难。欠缺良好港湾，交通之便尚未开发。虽此等困难于湾统治上之不幸，克服此困难化不幸为幸

---

❶ 後藤新平『日本植民政策一斑・日本膨張論』、東京：日本評論社、1944年版、第212頁。

❷ 鶴見祐輔『〈決定版〉正伝・後藤新平：1　医者時代　前史—1893年（後藤新平の全仕事）』、一海知義校訂、東京：藤原書店、2004年版、第610頁。

❸ 後藤書簡41（1924年9月5日）、高野静子編『往復書簡　後藤新平—徳富蘇峰 1895—1929』、東京：藤原書店、2005年版、第157頁。

❹ 参阅酒井哲哉「後藤新平論の現在：帝国秩序と国際秩序」、『環：歴史・環境・文明』8月号、2002年、第351頁。オーシロ・ジョージ「後藤新平と新渡戸稲造」、『環：歴史・環境・文明』8月号、2002年、第348頁。

福，在于如何施政运用。[1]

虽然困难重重，但是后藤新平认为只要采取适当的政策，就能够化解目前的困局。接着，后藤新平阐述了其台湾殖民统治法则：

> 凡殖民经营大体，在于今日科学之进步，必须确立生物学之基础。何为生物学的基础？增进科学的生活，殖产、兴业、卫生、教育、交通、警察等，皆基于此，以立生存竞争场里，实现适者生存之理，如彼动物度寒暑，耐饥渴，顺应境遇生存，吾等随时与地，克服诸般困难，得施设急所，发扬台湾经营之光辉。[2]

上文提到的"生物学的基础"，是后藤新平对外殖民统治的根本理念。后藤新平将人等同于动物，认为在殖民统治地区应该采用适者生存的法则，并且实践"社会进化论"。

（三）殖民统治两原则

在"生物学基础"根本理念的指导下，后藤新平对台湾提出了殖民统治两原则。1898 年，后藤新平曾陪同桂太郎和伊藤博文考察台湾地区，回到日本后他曾就殖民统治原则提出了两点意见。

> 第一原则即目的是使人民对政府感到心悦诚服……第二点是收支相抵或尽量使收益大于支出。[3]

从第一点可以看出，一方面，后藤新平非常重视台湾民众对日本殖民政府的态度；另一方面，也可以看出日本政府无法平息台湾民众对殖民政府的不满。有鉴于此，后藤新平主张日本对台湾的统治由军政统治过渡至民政统治，为殖民政策披上"文明"与"温和"的外衣。

第二点则是从财政方面来考虑统治成本的问题。如果不能够减轻日本政府对于台湾的财政负担，那么日本政府有可能放弃对台湾的殖民统治。

---

[1] 鶴見祐輔『〈決定版〉正伝・後藤新平：3　台湾時代　1898—1906 年（後藤新平の全仕事）』、一海知義校訂、東京：藤原書店、2005 年版、第 51 頁。

[2] 鶴見祐輔『〈決定版〉正伝・後藤新平：3　台湾時代　1898—1906 年（後藤新平の全仕事）』、一海知義校訂、東京：藤原書店、2005 年版、第 52 頁。

[3] 「カークード氏　台湾ニ関スル覚書説明筆記」第一回、第 2 頁、『後藤新平文書』マイクロR25-7-33-3；转引自野村明宏「植民地に於ける近代的統治に関する社会学：後藤新平の台湾統治をめぐって」、『京都社会学年報』第 7 号、1999 年、第 3 頁。

后藤新平对于财政的重视，或者说“用经济效果来评价政治是否成功”[1]的视角，可谓是其作为政治家的独特之处。

日本从清政府手中割据了台湾，获得了自己近代的第一块海外殖民统治地区。日本对台湾的殖民统治，与普通战胜国获取战利品不同，因为台湾在亚洲近代史上具有重要的意义。日本对台湾的殖民统治，不仅是当时日本民族殖民统治能力的试验，而且是近代日本的“使命”能否达成的关键。[2] 正是日本对台湾的殖民统治，帮助新兴帝国日本抛弃了恪守日本本土的300年历史习惯，成为“大日本主义”积极登上世界舞台的基石。

（原题为《后藤新平的对外殖民观——以其台湾殖民政策为中心》，收录于崔世广等主编《日本的自画像与他画像》，中国社会科学出版社2016年7月版）

❶ 前田康博「後藤新平」、神島二郎編集『現代日本思想大系：10　権力の思想』、東京：筑摩書房、1965年版、第219頁。

❷ 鶴見祐輔『〈決定版〉正伝・後藤新平：3　台湾時代　1898—1906年（後藤新平の全仕事）』、一海知義校訂、東京：藤原書店、2005年版、第19頁。

日本思想史年表*

公历	和历	思想事项	相关事项
1605	庆长十年	林罗山谒见德川家康。1607 年林罗山遵照德川家康命令剃发，改称道春	
1613	庆长十八年		德川幕府禁止基督教
1633	宽永十年		幕府颁布禁止日本人从事海外贸易的法令
1635	宽永十二年		幕府规定外国船只的入港、贸易仅限于长崎平户，禁止日本人赴海外或从海外回国
1636	宽永十三年		幕府将抵日葡萄牙人集中隔离在出岛
1639	宽永十六年		禁止葡萄牙人入港
1641	宽永十八年		幕府将抵日荷兰人集中隔离在出岛
1662	宽文二年	伊藤仁斋在京都堀川开设家塾	
1696	元禄九年	获生徂徕出仕柳泽吉保	
1752	宝历二年	本居宣长入京都堀景山门下学医	
1763	宝历十三年	5 月，本居宣长与贺茂真渊会面	
1792	宽政四年		9 月，俄国使节拉克斯曼抵达根室
1798	宽政十年	本居宣长完成《古事记传》	
1806	文化三年		11 月，“文化薪水给予令”
1812	文化九年	平田笃胤完成《灵能真柱》	

* 明治维新以后，明治天皇在明治五年十一月十九日，即公历 1872 年 12 月 9 日发布诏书，宣布废除旧历，自 1873 年 1 月 1 日起改用公历纪年法。

续表

公历	和历	思想事项	相关事项
1824	文政七年		5 月，英国捕鲸船于常陆大津滨登陆
1825	文政八年	3 月，会泽正志斋写作《新论》	2 月，幕府颁布“异国船驱逐令”
1837	天保八年		6 月，美国船莫里逊号护送漂流民至浦贺港，日本实施炮击（“莫里逊号”事件）
1838	天保九年	3 月，德川齐昭《弘道馆记》完稿	
1839	天保十年	横井小楠游学江户并与藤田东湖交流	
1840	天保十一年		7 月，鸦片战争爆发一事经由《荷兰风说书》传入日本
1842	天保十三年	11 月，佐久间象山写作《就海防事向藩主上书》	7 月，幕府取消“异国船驱逐令”，允许提供燃料、淡水和食物（“天保薪水给予令”）
1851	嘉永四年	12 月，吉田松阴访问水户	
1853	嘉永六年	横井小楠写作《夷虏应接大意》	6 月，佩里来航
1854	安政元年	佐久间象山写作《省諐录》	1 月，佩里再度来航并缔结《日美亲善条约》
1858	安政五年		6 月，《日美友好通商条约》签署；9 月，安政大狱事件
1860	万延元年	横井小楠写作《国是三论》	3 月，樱田门外之变（水户藩士暗杀幕府大老井伊直弼）
1866	庆应二年	福泽谕吉首次编刊《西洋事情》	
1867	庆应三年		10 月，大政奉还
1868	明治元年	加藤弘之《立宪政体略》出版	1 月，戊辰战争爆发；3 月，明治天皇在紫宸殿举行《五条誓文》颁布仪式

续表

公历	和历	思想事项	相关事项
1871	明治四年		10月，岩仓具视等率遣欧美使节团出发
1872	明治五年	2月，福泽谕吉首次编刊《劝学篇》	3月，废除神祇省，设立教部省；4月，设置教导职
1873	明治六年		10月，明治六年政变
1874	明治七年	1月，板垣退助等提交《民选议院设立建议书》；3月，《明六杂志》创刊	
1875	明治八年	8月，福泽谕吉《文明论概略》出版	
1877	明治十年		2月，日本西南战争爆发
1878	明治十一年	9月，福泽谕吉《通俗民权论》《通俗国权论》出版	
1880	明治十三年		3月，爱国社改称“国会期成同盟”；4月，片冈健吉等提交开设国会请愿书
1881	明治十四年	3月，《东洋自由新闻》创刊；9月，福泽谕吉《时事小言》出版	10月，明治十四年政变（天皇颁布明治二十三年《开设国会之敕谕》）
1882	明治十五年	5月，福泽谕吉《帝室论》出版；10月，加藤弘之《人权新说》出版	
1886	明治十九年	10月，德富苏峰《将来之日本》出版	
1887	明治二十年	2月，德富苏峰创立民友社，《国民之友》创刊；5月，中江兆民《三醉人经纶问答》出版	4月，首相官邸举行大型化装舞会
1888	明治二十一年		2月，大隈重信就任外相
1889	明治二十二年	2月，陆羯南创办报纸《日本》	2月，《大日本帝国宪法》颁布

续表

公历	和历	思想事项	相关事项
1890	明治二十三年		7月，日本第一届众议院选举；10月，《教育敕语》颁布；12月，第一届日本帝国议会召开
1891	明治二十四年	1月，因内村鉴三在第一高等学校未向《教育敕语》鞠躬行礼引发“内村鉴三不敬事件”	
1892	明治二十五年	1月，久米邦武的《神道乃祭天之古俗》被《史海》转载	
1893	明治二十六年	12月，德富苏峰《吉田松阴》出版	10月，“大日本协会”成立
1894	明治二十七年	12月，德富苏峰《大日本膨胀论》出版	7月，丰岛海战打响，中日甲午战争爆发
1895	明治二十八年		4月，在德俄法三国干涉下，日本“归还”辽东半岛
1896	明治二十九年	4月，桑田熊藏等设立社会政策研究会（翌年更名为社会政策学会）	
1898	明治三十一年		6月，德国强租胶州湾；6月，俄国强租旅顺、大连；7月，英国强租威海卫
1899	明治三十二年	3月，德富苏峰与陆羯南围绕帝国主义爆发论争	
1900	明治三十三年	5月，木下尚江发表《“忠君爱国”的疑问》	6月，日本决定出兵镇压义和团；9月，立宪政友会成立
1901	明治三十四年	4月，幸德秋水《二十世纪之怪物帝国主义》出版	5月，日本社会民主党（幸德秋水等组织）成立，两日后被禁
1902	明治三十五年		1月，《日英同盟条约》签署
1903	明治三十六年	5月，藤村操留下遗书《岩头之感》后投瀑自杀；7月，幸德秋水《社会主义神髓》出版；11月，幸德秋水、堺利彦等成立平民社	

续表

公历	和历	思想事项	相关事项
1904	明治三十七年		2月，日俄战争爆发
1905	明治三十八年	2月，吉野作造发表《何谓国家魂》，木下尚江通过《“新人”的国家宗教》批判吉野	9月，日俄签署《朴茨茅斯条约》；11月，《乙巳条约》（第二次《日韩协约》）签署（日本掌握大韩帝国外交权）
1906	明治三十九年	5月，北一辉《国体论及纯正社会主义》出版	
1908	明治四十一年	5月，河上肇写作《国情一变乎》；10月，德富苏峰《吉田松阴》（修订版）出版	
1910	明治四十三年	12月，河上肇写作《时势之变》	8月，《日韩合并条约》签署
1911	明治四十四年	2月，河上肇写作《日本独特的国家主义》	1月，“大逆事件”中的24名被告被判决死刑；7月，第三次《日英同盟条约》签署（美国被排除在条约对象外）
1912	大正元年		12月，第一次护宪运动
1913	大正二年	德富苏峰《时务一家言》出版	
1914	大正三年		7月，孙文在东京创建中华革命党。7月，第一次世界大战爆发
1915	大正四年	5月，吉野作造《日支交涉论》出版，同年11月至1916年5月，北一辉写作《支那革命外史》	1月，日本提出对华“二十一条”
1916	大正五年	1月，吉野作造发表《论宪政之本义及其完成至善至美之途径》；2月，大山郁夫发表《政治的机会均等主义》；3月，吉野作造发表《关于对支根本策的决定之日本政客的昏迷》；10月，德富苏峰《大正青年与帝国前途》出版	

续表

公历	和历	思想事项	相关事项
1917	大正六年	3月，山川均发表《建在沙子上的德莫克拉西》	11月，俄国爆发十月革命
1919	大正八年	4月，《改造》创刊；6月，《解放》创刊；8月，北一辉写作《国家改造案原理大纲》	3月，朝鲜半岛发生三一运动；5月，中国发生五四运动
1920	大正九年	1月，大山郁夫发表《迈向民众文化世界》	
1921	大正十年	7月，石桥湛山发表《放弃一切的觉悟》《大日本主义的幻想》	同年11月至1922年2月，华盛顿会议召开
1922	大正十一年	8月，山川均发表《无产阶级运动的方向转换》	
1924	大正十三年		1月，日本第二次护宪运动开始；5月，美国国会通过《排日移民法》
1925	大正十四年	10月，福本和夫发表《“方向转换”将经历各种怎样的过程，同时我们又将经历其中怎样的过程呢?》	3月，日本国会通过《治安维持法》《普通选举法》
1927	昭和二年	12月，山川均发表《政治的统一战线!》	
1928	昭和三年	3月，石桥湛山发表《支那应首先养其实力》	2月，日本首次实施“男子普通选举”；6月，张作霖在中国沈阳遇袭
1930	昭和五年		1月，伦敦海军会议召开
1931	昭和六年		9月，日本关东军炸毁南满铁路柳条湖段（“九一八”事变）
1932	昭和七年		2月，伪满洲国“建国”宣言。5月，日本爆发“五一五事件”
1933	昭和八年	2月，蜡山政道《日满关系研究》出版；4月，泷川事件爆发；10月，昭和研究会成立	2月，国际联盟决议要求日军从中国东北撤军（日本3月宣布退出国际联盟）

续表

公历	和历	思想事项	相关事项
1936	昭和十一年	2月，石桥湛山发表《举国非合法化》；12月，尾崎秀实写作《张学良政变的意义》	2月，日本爆发“二二六”事件；12月，中国爆发西安事变
1937	昭和十二年	11月，河合荣治郎发表《支那问题论》	7月，七七事变爆发
1938	昭和十三年	9月，蜡山政道发表《东亚协同体的理论》	1月，《不以国民政府为对手》（“第一次近卫声明”）发表；11月，《建设东亚新秩序》（“第二次近卫声明”）发表
1939	昭和十四年	1月，尾崎秀实发表《“东亚协同体”的理念及其成立的客观基础》	9月，德军入侵波兰（第二次世界大战爆发）
1940	昭和十五年	2—5月，丸山真男发表《近世儒教发展中徂徕学的特质及其与国学的关联》	9月，日德意三国结盟
1941	昭和十六年	7—9月，丸山真男发表《近世日本政治思想中的“自然”与“作为”》	10月，佐尔格事件曝光，尾崎秀实被捕；12月，日军攻击美国夏威夷珍珠港
1942	昭和十七年	1月，《世界史的立场与日本》发表；9—10月《近代的超克》发表	
1944	昭和十九年	7月，大塚久雄发表《最高度“自发性”的发扬》	
1945	昭和二十年		8月，日本接受《波茨坦公告》；9月，昭和天皇拜访麦克阿瑟；10月，驻日盟军总部（以下简称GHQ）发布废除《治安维持法》、释放政治犯等民主化指令；10月，日本政府设立宪法问题调查委员会

续表

公历	和历	思想事项	相关事项
1946	昭和二十一年	4月，大塚久雄发表《近代的人间类型的创造;》5月，丸山真男发表《超国家主义的逻辑与心理》；11月，佐佐木惣一发表《国体即将变更》	1月，昭和天皇发布《建设新日本诏书》；2月，GHQ向日本政府递交宪法草案
1947	昭和二十二年	3月，和辻哲郎发表《就有关国体变更请教佐佐木博士》	4月，日本第二十三届众议院选举，社会党成为第一大党（片山哲内阁成立）
1949	昭和二十四年		2月，第三次吉田茂内阁成立
1950	昭和二十五年	2月，山川均发表《媾和、中立与再武装》	6月，朝鲜战争爆发；7月，麦克阿瑟指示日本创建警察预备队
1951	昭和二十六年	1月，日本社会党大会通过“和平四原则”；3月，和平问题谈话会发表《三论和平》	9月，旧金山和会召开
1952	昭和二十七年	1月，丸山真男发表《“现实”主义的陷阱》	
1955	昭和三十年		10月，日本社会党左右两派统一；11月，自由党和民主党组成自由民主党
1956	昭和三十一年	11月，丸山真男发表《批判“斯大林批判”》；11月，松下圭一发表《大众国家的成立及其问题性》	2月，苏联共产党召开第二十次大会（批判斯大林）；10月，《日苏共同宣言》签署；12月，日本加入联合国
1958	昭和三十三年	大江健三郎发表《人羊》《战斗的今日》等	
1960	昭和三十五年	6月，“无声之声会”举行首次游行	1月，《日美安全保障条约》（“日美新安保条约”）签署；5月，自民党强行表决通过“日美新安保条约”

续表

公历	和历	思想事项	相关事项
1964	昭和三十九年	12月，日本社会党通过纲领性文件《日本通向社会主义的道路》	10月，日本东海道新干线开通、东京奥运会召开
1965	昭和四十年	4月，“越平联”（越南和平！市民联合）举行首次游行	2月，美军开始空袭北越；6月，《日韩基本条约》签署
1966	昭和四十一年	6月，松下圭一发表《“市民”类型的人的现代可能性》	
1967	昭和四十二年	6月，江藤淳《成熟与丧失——“母亲”的崩溃》出版	
1968	昭和四十三年		8月，苏联等五国军队入侵捷克斯洛伐克
1969	昭和四十四年	10月，平田清明《市民社会与社会主义》出版	1月，东京大学安田讲堂解除封锁；11月，佐藤荣作与尼克松会谈之际发布联合声明，宣布美国将于1972年归还冲绳施政权
1970	昭和四十五年	1月，江藤淳发表《“儿戏”的世界终结之时》	3—9月，大阪世界博览会召开
1972	昭和四十七年	11月，丸山真男发表《历史意识的“古层”》	2月，浅间山庄事件；同月，尼克松访问北京；9月，《中日联合声明》签署
1973	昭和四十八年		10月，第四次中东战争爆发并引发石油危机
1975	昭和五十年		5月，越南战争结束
1979	昭和五十四年	8月，村上泰亮等《作为文明的家社会》出版	12月，阿富汗发生武装政变
1980	昭和五十五年	3月，天谷直弘发表《“町人国家日本”二掌柜的絮叨》；10月，江藤淳《一九四六年宪法——它的束缚》出版	
1982	昭和五十七年		11月，中曾根康弘内阁成立

续表

公历	和历	思想事项	相关事项
1983	昭和五十八年	8月，岛田雅彦《献给温柔的“左翼”的嬉游曲》出版	
1984	昭和五十九年	山崎正和《灵活的个人主义的诞生》出版	
1985	昭和六十年		3月，戈尔巴乔夫当选苏联共产党中央总书记
1986	昭和六十一年		12月，越南共产党提出革新开放政策（Doi Moi）
1988	昭和六十三年	4月，富永健一发表《“战后社会”之幕开启了吗?》	5月，波兰格但斯克造船厂工人开始大罢工
1989	平成元年		11月，柏林墙倒塌；12月，美苏首脑在马耳他会晤
1990	平成二年		10月，德国统一
1991	平成三年		1月，海湾战争爆发；12月，苏联解体
1992	平成四年	11月，弗朗西斯·福山《历史的终结与最后的人》出版	9月，日本开始向柬埔寨派遣自卫队
1993	平成五年	5月，小泽一郎《日本改造计划》出版	8月，内阁官房长官河野洋平就“慰安妇”问题发表谈话（“河野谈话”）；同月，非自民党的联合政权——细川护熙内阁成立
1994	平成六年	10月，西尾干二《不同的悲剧　日本与德国》出版	3月，日本国会通过政治改革相关法案，包含在众议院选举中实施小选区制等内容
1995	平成七年	8月，村山富市内阁发表战后50年首相谈话（“村山谈话”）	1月，阪神大地震；3月，东京地铁毒气事件
1996	平成八年		9月，民主党成立

续表

公历	和历	思想事项	相关事项
1997	平成九年		1月，“新历史教科书编撰会”成立
1998	平成十年	6月，塞缪尔·亨廷顿《文明的冲突》日文版出版（原著于1996年出版）	
1999	平成十一年	10月，西尾干二《国民的历史》出版	
2001	平成十三年	《新历史教科书》出版。10月，小林善范《新傲慢主义宣言 SPECIAL 战争论2》出版	4月，小泉纯一郎内阁成立；9月，美国爆发“九一一”恐怖袭击事件
2002	平成十四年		9月，小泉纯一郎首相访问朝鲜，双方签署《朝日平壤宣言》
2003	平成十五年	7月，小林善范《新傲慢主义宣言 SPECIAL 战争论3》出版	3月，伊拉克战争爆发
2006	平成十八年	7月，安倍晋三《迈向美丽国家》出版	9月，第一次安倍晋三内阁成立
2009	平成二十一年		9月，日本民主党、国民新党、社民党联合成立鸠山由纪夫内阁
2010	平成二十二年		中国的GDP超越日本，位居世界第二
2011	平成二十三年		“三一一”大地震
2012	平成二十四年		9月，野田佳彦内阁宣称对钓鱼岛实施所谓“国有化”；12月，第二次安倍晋三内阁成立
2013	平成二十五年		12月，日本国会通过《特定秘密保护法》
2014	平成二十六年		7月，日本内阁通过解禁集体自卫权决议

续表

公历	和历	思想事项	相关事项
2015	平成二十七年	8 月，安倍晋三内阁发表战后 70 年首相谈话（“安倍谈话”）	9 月，日本国会通过新安保法；12 月，日韩外相宣布就“慰安妇”问题达成共识
2016	平成二十八年	8 月，明仁天皇发表《关于象征履职的天皇陛下讲话》（又称“象征讲话”或“生前退位讲话”）	
2017	平成二十九年		6 月，日本国会通过《有组织犯罪处罚法》修正案、《关于天皇退位等皇室典范特例法》（《皇室典范特例法》）
2019	令和元年		4 月，明仁天皇正式退位；5 月，德仁皇太子即位
2020	令和二年		新型冠状病毒肺炎全球大流行
2021	令和三年		6 月，日本国会通过《国民投票法》修正案；7 月，2020 年东京奥运会在延期一年后，于紧急事态中举办

后　记

本书是在我的博士论文基础上修改而成的。自2013年博士毕业后进入中国社会科学院日本研究所文化研究室以来，我的研究兴趣始终没有离开日本思想史领域。其间，在持续思考的过程中我不断修改润色论文，今天终于迎来了和它告别的时刻。

在此，我要感谢所有关心和帮助过我的师友。其中，最应该感谢的是我的导师崔世广先生。在先生的指引下，我得以进入思想史研究领域，并选择一种求知的生活方式。在以思想史研究为志业后，米原谦先生给予我莫大的鼓励和教益，令我常怀感动。当然，对于向来尊重和支持我做出任何选择的父母，我永远心存感恩。最后，我要对为本书出版付出巨大耐心和精力的李硕博士道一声感谢。

当然，我非常清楚本书的主题还有进一步拓展的空间，而且内容仍有很大的改进余地。力所不逮及言犹未尽之处，留待今后继续努力。

熊淑娥

2021年8月3日于北京